AF613916

ARCHIVES
DU COGNER

(J. CHAPPÉE — LE MANS)

Série H — Art. 97

Cartulaire de l'abbaye de Saint-Sauveur de Villeloin

PUBLIÉ PAR

L'ABBÉ L.-J. DENIS

PARIS
HONORÉ CHAMPION,
LIBRAIRE
5, quai Malaquais

LE MANS
A. DE SAINT-DENIS,
LIBRAIRE
Rue Saint-Jacques

1911

ARCHIVES
DU COGNER

Série H — Art. 97

ARCHIVES

DU COGNER

(J. CHAPPÉE — LE MANS)

Série H — Art. 97

Cartulaire de l'abbaye de Saint-Sauveur de Villeloin

PUBLIÉ PAR

L'ABBÉ L.-J. DENIS

PARIS
HONORÉ CHAMPION,
LIBRAIRE
5, quai Malaquais

LE MANS
A. DE SAINT-DENIS,
LIBRAIRE
Rue Saint-Jacques

1911

AVANT-PROPOS

Le premier nom tracé en tête de ce Cartulaire de Villeloin doit être celui du marquis de Luppé.

Qu'il me permette de le remercier tout d'abord. Il a bien voulu se dessaisir, pour moi, du précieux volume par voie d'échange.

L'importance du document a décidé de son immédiate publication. C'est mon excellent ami l'abbé Denis qui s'en est chargé. Merci à lui aussi.

Le Cartulaire, il l'a copié, annoté, mis au point tout prêt pour l'impression. Il a collationné aux archives de l'Indre et d'Indre-et-Loire toutes les chartes encore existantes en original. Il a étudié les lieux et la topographie ; il a commenté les chartes primordiales, élucidé leur texte, fixé l'incertitude de leur chronologie.

Je serais heureux si de toute cette peine, de tous ces soins et de tous ces sacrifices était sorti un bon outil de travail pour ceux qui construisent le grand édifice de l'histoire générale.

J. CHAPPÉE.

INTRODUCTION

Le manuscrit qui fait l'objet de la présente publication est le livre troisième du Cartulaire de l'abbaye de Saint-Sauveur de Villeloin. Les autres livres de ce recueil sont aujourd'hui perdus ; celui-ci, par suite de circonstances que nous ignorons, devint la propriété de M. le marquis de la Grange, membre de l'Institut. De sa collection il passa en celle de M. le marquis de Luppé, son petit-neveu, qui l'a cédé à M. Julien Chappée. Il est actuellement conservé aux Archives du Cogner, où il forme l'article 97 de la Série H.

C'est un petit in-quarto, de 26 centimètres sur 20, encore pourvu de son ancienne reliure en ais de bois recouverts de cuir blanc, qui présentement renferme 6 feuilles de papier et 102 de parchemin. Le Cartulaire n'avait à l'origine que 94 folios ; le surplus lui a été ajouté au XVIIe siècle.

Les pages du Cartulaire, réglées de 27 ou 28 lignes tracées à l'encre pâle, sont divisées en deux colonnes de 190 millimètres sur 64. Elles fournissent le texte de 156 chartes, transcrites en fort belle gothique du début du XIVe siècle. Leurs titres sont de véritables rubriques, et leurs initiales, qui occupent la hauteur de deux lignes, sont enjolivées d'ornements divers et rehaussées de couleur rouge, bleue ou verte. Quelques-unes de ces initiales paraissent contemporaines de la copie ; d'autres, d'une exécution moins soignée, semblent plus récentes (1). Parfois le titre ou l'initiale manque, et l'espace réservé au travail de l'enlumineur est resté inoccupé ou a été dans la suite rempli en cursive. Seule cette partie ancienne porte un foliotage en chiffres arabes.

Le plus ancien document que contient le Cartulaire est du XIe siècle, et le plus rapproché de nous, de l'année 1294. Au XVe siècle on ajouta, au verso du folio 94, un état des biens possédés par l'abbaye aux environs de Châtillon. L'écriture gothique de ce document est très effacée : aussi n'avons-nous pu le lire qu'en partie et sans être absolument certain de l'avoir exactement déchiffré.

Sur les marges du manuscrit, des notes furent inscrites au XVIIe siècle. Les unes soulignent un point spécial (2), les autres indiquent au début de chacune des chartes, dont l'original était conservé au trésor de l'abbaye, la cote de classement de cet original (3). Lorsqu'il n'existait plus, sa perte est signalée par la lettre D.

Ces notes sont de la main du prieur Pierre Brunet, auquel on est redevable de la conservation du Cartulaire.

Il était, quand il s'en occupa, en assez mauvais état : deux feuilles (les 37e et 38e) en avaient été arrachées, et les huit premières avaient leurs marges déchirées. Brunet substitua deux feuilles blanches à celles qui manquaient et restaura les autres en les encadrant dans de solides onglets. Il augmenta en outre le volume des six feuillets liminaires de papier et de huit autres feuillets de parchemin, qu'il plaça deux en tête du Cartulaire et six à la fin. Les premiers, destinés probablement à recevoir un titre, sont restés blancs ; sur les derniers il dressa la table des chartes et un catalogue des abbés.

---

(1) Deux lettres O initiales du nombre de ces dernières sont surchargées du monogramme du prieur Pierre Brunet.

(2) Par exemple : F° 2 : *Jus venationis nobis concessum* ; f° 21 : *Unum modium bladi* ; f° 43 : *Jus venationis nobis licitum* ; f° 45 : *Pro sacbrista* ; f° 53 : *Pour le Chamberier* ; *Fault sçavoir qu'est devenu cela* ; f° 54 : *Les prieurs forains n'ont usages ès bois de Chédon.*

(3) Cette même cote se retrouve avec d'autres plus anciennes au dos de l'original. Elle représente, croyons-nous, un nouveau classement des archives de l'abbaye fait par Pierre Brunet.

La table ne présente en elle-même aucun intérêt, consistant simplement dans l'énumération des chartes faite suivant l'ordre de la copie, à l'aide des rubriques, dont souvent la teneur est abrégée.

Quant au catalogue, il ne fournit qu'une sèche nomenclature. Aucun des événements de la vie des abbés n'y est mentionné, et l'époque de l'existence de chacun d'eux n'est qu'imparfaitement fixée par une seule date. Ce catalogue est d'ailleurs en désaccord sur plus d'un point avec celui qu'a imprimé Hauréau au tome XIV du *Gallia*.

* * *

Sur les feuillets liminaires Pierre Brunet composa en guise de préface une notice historique de l'abbaye, dans laquelle il raconte ses origines (1). Ce travail, doté d'un long titre de dix lignes qu'orne en frontispice le monogramme de l'auteur, est malheureusement sans valeur. C'est ainsi que Brunet attribue la fondation du monastère, faite à la prière d'Audacher, qui fut abbé de Cormery de 837 à 868, à l'empereur Charlemagne mort en 814, sans s'apercevoir de l'anachronisme qu'il commet en faisant intervenir en même temps ces deux personnages. Un anonyme — que nous supposons être l'abbé de Marolles — a corrigé sur le manuscrit cette erreur chronologique, en restituant à Charles-le-Chauve le mérite de cette fondation.

Cette notice a du moins l'avantage de nous fournir plusieurs documents qui ne figurent pas dans le Cartulaire.

Le premier et le plus ancien est le diplôme de fondation, donné à Verberie par Charles-le-Chauve, le VI des calendes de juin de la dixième année de son règne (27 mai 850), tel qu'il était conservé au trésor de l'abbaye dans une « pancarte... en parchemin scellée d'un grand sceau de cire blanche et signée du seing dudict empereur ». Hauréau, qui a publié ce diplôme d'après une copie différente de la nôtre datée diversement du VI

(1) Pierre Brunet s'occupa de recherches historiques. La Bibliothèque de Tours et les Archives d'Indre-et-Loire conservent quelques-uns de ses travaux.

des calendes de juillet (20 juin 850), n'a pas cru possible de suspecter son authenticité. Nous nous rangeons volontiers à son avis. Le style de ce diplôme est en effet conforme à celui des actes authentiques de Charles-le-Chauve, et sa date correspond au séjour que fit le roi à Verberie de fin mai, à juin 850 (1). Cette concordance est à notre avis une sérieuse garantie d'authenticité ; un faussaire ne l'aurait pas fortuitement trouvée. A supposer même qu'il ait été au courant de l'itinéraire du roi, il nous semble que préférablement à Verberie il aurait choisi un lieu plus proche de Villeloin, en donnant à son faux une date correspondant à un séjour que Charles y aurait fait. Cela lui eût été facile, le roi ayant passé plusieurs fois à Tours et dans les environs (2).

Le second document est une confirmation du premier par un empereur Louis. Son lieu d'émission n'est pas indiqué, et sa date est exprimée ainsi : *Data mense mayo Kl. junias, anno IIII° regnante domno Hludovico, serenissimo imperatore.* Il est aisé de se convaincre de la fausseté de cet acte et de se rendre compte de l'intention et du procédé de son auteur. Pensant que le diplôme de fondation était de Charlemagne, il fait intervenir dans la confirmation son fils Louis le Débonnaire. Sa pensée de prêter au fils du fondateur le document qu'il fabriquait ressort évidente de l'expression qu'il emploie : *nos morem paternum sequentes*. Quelques-uns — et parmi eux le correcteur de Pierre Brunet — comprenant qu'il était impossible de faire remonter à Charlemagne la fondation et par conséquent de maintenir à Louis le Débonnaire la paternité de l'acte qui nous occupe, plutôt que de reconnaître qu'il était apocryphe, préférèrent l'attribuer à Louis II le jeune, empereur d'Allemagne. Cette attribution n'est pas heureuse, car — outre que l'expression *nos morem paternum sequentes*, admissible dans la bouche de Louis le Débonnaire parlant de Charlemagne, ne l'est plus dans celle de Louis le Jeune parlant de Charles-le-Chauve — l'acte lui-même suppose que le roi fondateur était décédé et fait suivre son nom de la formule

(1) Voir *Le Règne de Charles-le-Chauve, première partie*, par Ferdinand Lot et Louis Halphen, pp. 218 et 219. Les auteurs, qui mentionnent plusieurs diplômes donnés par Charles-le-Chauve pendant son séjour à Verberie, ne signalent pas le nôtre, ce qui semblerait indiquer qu'ils l'ont tenu pour apocryphe.

(2) *Ibidem.*

ordinaire lorsqu'il s'agit d'un défunt : *pie recordationis*, alors que nous savons que Charles survécut au fils de Lothaire, son neveu. Par ailleurs, à la suite de la confirmation se trouve une donation, faite à Villeloin par l'empereur, de terres situées en Touraine. Or on ne voit pas à quel titre Louis le Jeune aurait pu donner ces terres sur lesquelles il n'avait aucun droit. Il se pourrait même que les moines n'auraient eu d'autre dessein en fabriquant le faux diplôme que de légitimer la possession de ces terres, dont peut-être ils jouissaient sans titre. Le soin avec lequel elles sont décrites autorise cette hypothèse.

A la suite des deux diplômes se trouve dans la notice de Pierre Brunet : la charte de la consécration de l'église abbatiale, faite le 18 mai 858 par l'archevêque de Tours, Hérard, en présence de deux autres archevêques, Robert et Héribert, dont les sièges ne sont pas indiqués ; le règlement du même jour qui statue que vingt moines seraient dorénavant stabilisés dans le nouveau monastère, et enfin un fragment de l'acte d'élection du premier abbé de Villeloin après que l'abbaye se fut séparée de celle de Cormery.

*
* *

A l'aide du Cartulaire on peut aisément se faire une idée de l'état des biens possédés par l'abbaye au XIIIe siècle. Ils étaient situés dans le Lochois et dans la partie du diocèse de Bourges qui avoisine la Touraine.

De Villeloin dépendaient plusieurs prieurés, c'étaient : ceux de Saint-Médard, en la ville de Tours ; de Saint-Sauveur-de-l'Ile, à Amboise ; de Hys, à Genillé ; de Chissay ; de Mareuil ; de Vou ; de Saint-Georges de Villentrois ; de Saint-Michel de Crox ; d'Ecueillé ; de Luçay et de Seur. Au diocèse de Tours cette abbaye avait droit de patronage sur les églises ou chapelles de Civray-sur-Cher ; de Francueil ; de Chissay ; de Mareuil ; de Chedigny ; de Vou ; de Montrésor ; de Villeloin ; de Coulangé ; de Nouans ; de Loché ; d'Epeigné-les-Bois, d'Azay-sur-Cher et de Notre-Dame-la-Riche, à Tours (1).

---

(1) Voir Chartes XLIII, CXI, CXII et CLI.

Dans une charte de 1162 (1), Pierre, archevêque de Bourges, énumère ainsi les églises de son diocèse appartenant à la même abbaye : l'église de Saint-Georges et les chapelles de Sainte-Marie et de Saint-Jean de Villentrois ; l'église de Saint-Maurille et la chapelle de Saint-Martin de Menetou ; l'église de Sainte-Marie de Lucioux ; l'église de Saint-Maurice et la chapelle de Saint-Symphorien de Luçay ; l'église de Saint-Melaine *de Poliaco ;* l'église de Saint-Pierre de Pellevoisin ; l'église de Sainte-Marie de Faverolles ; l'église de Saint-Michel de Crox et une partie de l'église de Mézières-en-Brenne.

Parmi les familles qui furent en relations avec Villeloin, il nous faut premièrement citer celle des de Palluau, seigneurs de Montrésor. La généalogie de ces seigneurs a été faite par Carré de Busserolle (2), mais son travail est rempli d'erreurs qui en rendent l'usage dangereux. Il n'en est pas de même de la généalogie de la famille des de Palluau qu'a publiée le vicomte de Maussabré (3) ; sérieusement étudiée elle nous fournit une filiation certaine que d'ailleurs corroborent les chartes du Cartulaire.

Le plus ancien représentant de cette famille que ces chartes nous font connaître est GEOFFROY I DE PALLUAU, seigneur de Montrésor dès 1200 (4), mari de *Mathilde* (5), nièce de Barthélemy de Vendôme, archevêque de Tours (6), et neveu d'Asceline (7), dame de Montrésor. Il mourut après 1235, laissant plusieurs enfants : 1° *Bouchard de Palluau*, qui lui succéda ; 2° *Guy de Palluau*, chevalier ; 3° *Pierre de Palluau*, clerc (8). Ce dernier, qui fut chanoine de Tours, ne saurait être, ce semble, confondu avec *Pierre de Palluau*, chevalier, seigneur d'Oignais en 1256 (9), que Geoffroy II de Palluau nomme son oncle en

(1) Charte CXXIV.

(2) Carré de Busserolle. *Dictionnaire d'Indre-et-Loire*, t. IV, p. 322.

(3) Vte F. de Maussabré. *Généalogies historiques ; Maison de Palluau*, dans *Compte rendu des travaux de la Société du Berry, à Paris, 6e année. 1858/9*, p. 238.

(4) Ch. XIII.

(5) Ch. LXXVIII.

(6) Ch. L.

(7) Ch. XIII.

(8) Ch. LXXX.

(9) Ch. I.

1265 (1). Aussi, bien que les documents ne mentionnent pas simultanément deux individus du nom de Pierre parmi les enfants de Geoffroy I de Palluau, nous pensons cependant que ce seigneur eut deux fils homonymes, dont l'un fut chanoine de Tours et l'autre seigneur d'Oignais.

Bouchard I de Palluau, chevalier, paraît pour la première fois dans une charte de son père datée de 1205 (2). Il était seigneur de Montrésor en 1237, et en cette qualité il ratifia la donation que son père avait faite à l'abbaye de Villeloin des deux parts du profit qu'il avait dans le bois Cléoffy (3). En juillet 1239 il donna à la même abbaye vingt-cinq sols de rente sur son moulin fouleret de Montrésor pour la fondation de son anniversaire et de celui de son père (4). A cet acte intervient sa femme Marie, dite ailleurs : Marie, dame de Montpipeau (5) et que le vicomte de Maussabré nomme *Marie d'Orléans,* dame de Montpipeau. Le même auteur pense qu'après la mort de Bouchard, sa veuve se remaria deux fois, d'abord avec Pierre de Broce, chevalier, puis avec Geoffroy Payen, chevalier, seigneur de Boussay. Le mariage de Marie avec ce dernier est certain, car dans une charte de 1256 Geoffroy II de Palluau est dit fils de la femme de Geoffroy Payen.

Geoffroy II de Palluau, chevalier, seigneur de Montrésor, fils de Bouchard, lui succéda. Il était présent en 1256 à un accord fait entre l'abbaye de Villeloin et son oncle Pierre de Palluau, chevalier (6), au sujet de l'étang d'Oignais. Dans cet acte, où il est qualifié héritier et non seigneur de Montrésor : *heres Montis Thesauri,* il promit de confirmer tout ce qui avait été fait, aussitôt qu'il serait chevalier. Nous avons de lui de nombreuses chartes datées de 1262 à 1287 ; dans l'une de juin 1277 il nomme sa mère Marie, dame de Montpipeau.

Le château de Palluau, qui avait donné son nom à ces seigneurs, ne leur appartenait plus au XIIIe siècle. Il était alors possédé par la famille d'Argy, à laquelle il était venu par suite du mariage d'Archambauld III d'Argy avec Agathe de Palluau.

---

(1) Ch. LX.

(2) Ch. LXXXVIII.

(3) Ch. LXXX.

(4) Ch. LXXXVIII.

(5) Ch. LXIV.

(6) Ch. I.

Dans deux chartes du Cartulaire (1) nous trouvons la mention de Ranulfe d'Argy, seigneur de Palluau, qui dans la plus ancienne, datée de 1217, est nommé *Renulfus de Palludello*. Il était marié à *Mathilde*, et son fils aîné s'appelait *Jean*. Ce seigneur était le frère de *Guillaume* et d'*Hélie d'Argy*, chevalier, mari d'*Aanor* et père d'*Archambauld*.

Après les seigneurs de Montrésor, ceux de la terre de Marsain, à Genillé, sont le plus fréquemment nommés. Le 12 avril 1200 Renaud de Marsain, époux de *Marguerite*, donna sa dîme de Marsain pour l'entretien du luminaire en l'église de l'abbaye de Villeloin (2). Cette donation fut confirmée en 1207 par ses deux fils, *Milon*, l'aîné, et *Baudouin*, le cadet (3). Renaud de Marsain était décédé en 1219; outre ses deux fils il avait encore une fille, dont nous ne connaissons pas le nom, qui était mariée à *Guillaume Marrant* (4).

Dès 1213, la terre de Marsain était entre les mains d'un nouveau seigneur, Geoffroy de Marsain, chevalier, fils de Tancrède du Plessis (5). Tancrède, mari d'A. (6), avait un autre fils, Guillaume, et une fille, Pétronille, laquelle était mariée en 1213 à Geoffroy Drocon, chevalier (7). Geoffroy, seigneur de Marsain, paraît encore dans une charte de mai 1244 (8); sa femme, qui est citée pour la première fois en 1213 (9), s'appelait *Aiglantine*.

Nous rencontrons ensuite un Renaud de Marsain, écuyer, qui approuve comme seigneur féodal, en janvier 1266, la donation d'une dîme située au territoire de Villorsin, en la paroisse de Nouans, que firent à l'abbaye Renaud de Céphoux, chevalier, et Renaud de Céphoux, son fils aîné (10).

Au nombre des bienfaiteurs de l'abbaye de Villeloin figurent: les comtes d'Anjou Foulques le Rechin, Foulques V le jeune

---

(1) Ch. LXXI et CXXVI.

(2) Ch. XIII.

(3) Ch. CXXXIX.

(4) Ch. XLI.

(5) Ch. LXIX.

(6) Ch. CXX.

(7) Ch. XVI.

(8) Ch. CXXXV.

(9) Ch. LXIX.

(10) Ch. XII.

et Geoffroy V le Bel ; les seigneurs d'Amboise, Sulpice, Richard de Beaumont, époux de Mathilde, et Jean de Berrie ; le seigneur de Loches, Dreux de Mello, et le seigneur de Villentrois.

Le Cartulaire nous fait connaître plusieurs des seigneurs de Villentrois. Le plus ancien qu'il cite est FOULQUES DE VILLENTROIS, en 1193. Dans une charte de cette année il déclara prendre sous sa possession tout ce que l'abbé de Villeloin Arnulfe, ses prieurs et ses serviteurs possédaient en sa terre et en ses fiefs (1). Nous devons faire remarquer que ce document a été regardé comme apocryphe par Hauréau. Il en donne comme raison qu'en 1193 Arnulfe n'était plus abbé et était remplacé par Hugues, lequel fut témoin en 1191 d'une charte donnée par Philippe de Saint-Aignan en faveur de l'abbaye de Chezal-Benoît.

On trouve ensuite trois personnages, DREUX DE VILLENTROIS, son fils FRANCON DE VILLENTROIS, et son petit-fils FRANQUELIN DE VILLENTROIS, qui successivement soutinrent au début du XIIIe siècle un procès contre Villeloin au sujet de l'église de Lucioux. Ce procès jugé une première fois par Hervé de Donzy du temps de Francon, puis repris par son fils Franquelin, fut terminé en mai 1202 par un accord fait entre ce dernier et les moines devant Hervé, comte de Nevers et seigneur de Donzy, fils du premier juge (2). On voit intervenir à cet accord pour en approuver les termes les deux frères de Franquelin, *Dreux* et *Hervé*, et son fils *Geoffroy*. Le texte que nous avons sous les yeux ne nous permet pas d'établir si ces personnages étaient des seigneurs de Villentrois ou simplement de la famille de ces seigneurs.

Dans plusieurs actes de 1213 à 1232 est cité FOULQUES, seigneur DE VILLENTROIS, mari d'*Isabeau*, frère de *Rideau* et père de *Foulques* (3).

Nous trouvons enfin GEOFFROY, seigneur DE VILLENTROIS, neveu de Geoffroy de Veuil, qui le 1er août 1272 approuva à titre de seigneur féodal un échange fait entre son oncle et l'abbaye de Villeloin (4).

---

(1) Ch. XC.

(2) Ch. XIX.

(3) Ch. XX, XXII, XC, XCI, XCII, XCIII, CIX.

(4) Ch. CXXXII.

Il nous semble utile de signaler, en raison de l'intérêt qu'il offre pour l'histoire du Maine, l'acte passé entre l'abbaye et Geoffroy de Loudun, seigneur de Trèves en Anjou (1), père du bienheureux Geoffroy de Loudun, qui fut évêque du Mans de 1234 à 1255. A plusieurs reprises nous nous sommes occupés de ce prélat, et, si Dieu nous prête vie, nous y reviendrons (2). C'est même au cours des recherches que nous faisions à son sujet qu'il nous a été donné de connaître par M. de Grandmaison l'existence du cartulaire de Villeloin et de pouvoir signaler à M. Chappée le précieux manuscrit que son propriétaire lui a si gracieusement cédé.

En octobre 1216, Geoffroy de Loudun, père du futur évêque, étant sur le point de partir pour Jérusalem, voulut avant son départ fonder en l'abbaye de Villeloin un anniversaire pour lui et les siens, et dans ce but il exempta ce monastère d'une redevance d'une nichée de deux faucons qu'il était tenu de lui faire chaque année. A son acte prennent part pour l'approuver deux de ses fils, Hémery, l'aîné, et Geoffroy, qui plus tard devait occuper le siège du Mans. Il était stipulé qu'en retour de cette générosité les moines de Villeloin feraient en leur église un anniversaire chaque année pour le bienfaiteur et pour ses parents qu'il désigne dans sa charte ainsi qu'il suit : *pro anniversario Gaufridi Focre, Hemerici de Louduno, avi mei, patris et matris mee, Beatricis, uxoris mee, Wuillermi de Precigni, fratris mei, et Foqueti et aliorum filiorum meorum, de cetero, ...et dictorum filiorum meorum Hemerici et Gaufridi et filie mee.* D'après ce texte il est facile de se faire une idée de la famille de Geoffroy de Loudun. Sa femme s'appelle Béatrix (3) ; il a trois fils, Hémery, Geoffroy et Foulques, et une fille qui n'est pas nommée, mais qui — nous le savons par ailleurs — s'appelait Marguerite et était mariée à Gautier de Montsoreau. Ce même texte nous apprend que

---

(1) Ch. CLVI.

(2) Cf. *Notes et documents sur la famille et les armes de Geoffroy de Loudun, évêque du Mans*, dans la *Province du Maine*, t. XIII, p. 241, et *Guy Talaret, clerc de l'évêque du Mans Geoffroy de Loudun, chanoine du Mans et de Quimper, archidiacre de Quimper et curé de Fontaine-en-Beauce* (1252-1270), dans la *Province du Maine*, t. XV, p. 81.

(3) Beatrix Riboul, sœur — et non fille comme nous l'avons dit ailleurs — de Foulques Riboul, fondateur de la Chartreuse de N.-D. du Parc au diocèse du Mans. Dans une charte de mai 1238 Geoffroy de Loudun, évêque du Mans, nomme Foulques Riboul, son oncle. Cf. B.N., F.L., 17.036. p. 157.

Geoffroy de Loudun est le frère de Guillaume de Pressigny, devenu chef de la seconde maison de Sainte-Maure, par son alliance avec Havis, fille unique de Guillaume de Sainte-Maure. En 1209, Guillaume de Pressigny, du consentement de sa femme, exempta les chartreux du Liget du droit de péage sur ses terres (1). Dans la charte qu'il donna à cette occasion figure comme témoin Hardouin, son frère, lequel était par conséquent également le frère de Geoffroy de Loudun. Ce dernier nomme encore dans sa fondation son aïeul Hémery de Loudun et un certain Geoffroy Focre, que nous n'hésitons pas à identifier avec Geoffroy Fouchard, sénéchal du comte d'Anjou Foulques le Rechin (2).

Les seigneurs de Trèves descendaient en effet de Geoffroy, fils de Fouchard de Loudun, que l'on voit cité dans plusieurs chartes depuis 1062 (3), et qui se fit moine à Saint-Florent de Saumur en 1089 (4). Marié à Ameline, il eut plusieurs enfants : Geoffroy Fouchard, Hémery, et une fille dont le mari se nommait aussi Hémery (5).

Geoffroy Fouchard était seigneur de Trèves en 1105 (6). Il épousa Burgonde et fut père de Jeanne, qui est citée dans une charte de 1114 relatant une donation faite par ses parents en faveur de Saint-Aubin d'Angers (7).

Dans une charte du Cartulaire de Saint-Maur datée de 1124 est nommé *Aimericus de Lausduno, filius Fulchardi* (8), personnage qui peut aussi bien être le frère de Geoffroy Fouchard que son fils.

Une autre charte, publiée dans le Cartulaire de Saint-Aubin d'Angers à la date de 1157-1189, nous révèle l'existence d'Hémery

---

(1) Carré de Busserolle. *Dictionnaire*, t. IV, p. 227.

(2) Voir, sur ce personnage, Louis Halphen, *Le comté d'Anjou au XIe siècle*, p. 192.

(3) 1062, 26 mai. « Goffridus, filius Fulcradi. » *Cartulaire de la Trinité de Vendôme*, t. I, ch. CLIX. « Goffridus, Fulcardi filius de Losduno. » *Cartulaire du Ronceray*, ch. XXXII.

(4) *Livre blanc de Saint-Florent*, f° 33-34. — Cf. Halphen, *Le comté d'Anjou au XIe siècle*, p. 319.

(5) *Cartulaire du Ronceray*, ch. CLXXXV, et CCXCIV.

(6) *Cartulaire de Saint-Aubin d'Angers*, t. II, ch. DCCLXXII.

(7) *Ibidem*, ch. DCCCCXXXII.

(8) *Cartulaire de Saint-Maur*, ch. XXII.

de Trèves le jeune (1). Nous pensons qu'il s'agit d'Hémery de Loudun, aïeul de Geoffroy. Il appartient bien certainement à la famille de Geoffroy Fouchard, mais rien ne nous permet de dire s'il était son fils, son petit-fils ou son neveu. Le qualificatif *junior* qui accompagne son nom nous fait croire cependant qu'il descendait d'un autre Hémery, lequel pouvait être ou un fils de Geoffroy Fouchard ou son frère.

Nous publierons plus tard cette généalogie, que nous cherchons depuis longtemps à établir.

* * *

Avant de clore cette préface nous voulons en quelques mots exposer le plan de ce travail. Nous avons reproduit le Cartulaire en indiquant par un chiffre en caractères gras placé dans le texte la matière de chacun des folios. Chacune des chartes est précédée de sa date et d'un sommaire analytique. A la suite, la rubrique est imprimée en italiques, augmentée lorsqu'il y a lieu de la cote de l'original fournie par Pierre Brunet. Nous avons pensé qu'il était intéressant d'ajouter au texte du Cartulaire la notice historique et le catalogue des abbés dont nous avons parlé. Ils sont placés dans ce volume dans l'ordre qu'ils occupent dans le manuscrit : la notice précédant le cartulaire et le catalogue le suivant. Quant à la table des chartes, sa substance étant empruntée aux rubriques, nous avons jugé qu'il était inutile de la publier. Quelques-unes des chartes sont conservées en original aux archives d'Indre-et-Loire et de l'Indre ; nous indiquons au début de chacune d'elles les variantes que donne l'original, en imprimant le texte fourni par le manuscrit. Pour l'identification des noms de lieu, nous nous sommes servis du *Dictionnaire d'Indre-et-Loire,* par Carré de Busserolle, et de celui de *l'Indre,* par M. Eugène Hubert (2).

Il nous reste à remercier tous ceux qui nous ont aidé, et tout d'abord M. le chanoine Busson, qui a bien voulu revoir

---

(1) *Cartulaire de Saint-Aubin,* t. II, ch. DCCCXXXIV.

(2) Eugène Hubert, *Dictionnaire historique, géographique et statistique de l'Indre,* 1889, Paris, A. Picard.

nos épreuves et examiner avec nous le diplôme de Charles-le-Chauve et l'acte faux du pseudo-empereur Louis. Nous sommes aussi redevable de plus d'un renseignement utile à M. L. de Grandmaison, président de la Société archéologique de Touraine, et à M. Eugène Hubert, archiviste de l'Indre ; qu'ils veuillent bien recevoir ici le témoignage de notre reconnaissance.

Saint-Pierre-de-Chevillé, 31 décembre 1910.

L.-J. DENIS.

ARCHIVES DU COGNER

(J. Chappée. — Le Mans)

SÉRIE H

(SUPPLÉMENT)

Ordres Religieux

ORDRE DE SAINT-BENOIT

Abbayes d'Hommes

ABBAYE DE VILLELOIN

Article 97.

(1 volume.)

Mémoires concernant la fondation, dotation, privilèges, immunités, dons et legtz de l'abbaye de Sainct Saulveur de Villeloing ; avec plusieurs actes mémorables, et acquestz faictz tant par les Révérandz abbés, que religieux d'icelle abbaye, le tout recoligé des tiltres estans au trésort d'icelle par religieuze personne F. Pierre Brunet, prieur claustrail, 1629.

L'abbaye de Villeloing, ordre Sainct Benoist, en Touraine, fondée en l'honneur du Saulveur de tout le monde, par Charles [le Chauve] (1), empereur et roy de France, environ l'an de Jesus Christ [850], auquel furent présentés par un vénérable et

(1) Les mots placés entre crochets ont été ajoutés au XVIIIe siècle pour corriger certaines affirmations de l'auteur de la notice, qui attribuait à Charlemagne la fondation de l'abbaye de Villeloin.

révérend père en Dieu, nommé Audacher, abbé de Cormeri, deus nobles et illustres personnages nommés Mainardus et Mainerius, frères, qui avoient plusieurs possessions et domaines en un lieu appelé du nom latin Villalupæ, Villeloupe, maintenant Villeloing, situé sur la rivière d'Indrois, affin que par son auctorité et majesté imperialle il leur fût permis d'y faire bastir un monastère en l'honneur du Saulveur et Redempteur de tout le monde, là y establir des moynes et religieux vivans sous la reigle de Sainct Benoist. Lequel sieur roy, en intérinant leur requeste, voulut premier participer à un si bon œuvre, et pour cet effect donna pour fondation et dotation ce qui pouvoit deppandre de son domaine et fief avec pouvoir d'eslire et choisir quels juges ils voudroint à l'advenir pour deffance et conservation des droitz et possessions qui y appartiendroint à l'advenir avec aultres privilèges et inmunités à plain contenus par la pancarte de ladite fondation étant en parchemin scellée d'un grand sceau en cire blanche et signée de seing dudit empereur Charles [le Chauve], donné à Vermerac le VI des kalendes de juing l'an X, indiction XIII, comme il paroist par le titre de la fondation cy après.

[850, 27 mai.] *Carta fondationis hujus abbatiæ per Carolum* [*Calvum*] (1).

In nomine Sanctæ et Individuæ Trinitatis, Karolus, gratia Dei, rex. Quandocumque servorum Dei nostrorumque fidelium justis petitionibus, maxime quidem in his rebus quæ ad gloriam summi regis domini nostri Jesu Christi, et ad augmentum vel exaltationem apostolici ordinis primitivæ *(sic)* Ecclesiæ [pertinent], aurem celsitudinis nostræ annuentes accomodamus, regiæ majestatis consuetudini operam damus, hocque precipuæ *(sic)* ad emolumentum animæ nostræ, presentisque et futuri regni gloriam naviter capessendam proculdubio pertinere confidimus. Ideoque notum esse volumus omnibus episcopis, ducibus et comitibus, abbatibus, vicecomitibus, vicariis, centenariis et quibuslibet rei publicæ in omni regno nostro curam administrantibus seu gubernantibus, una cum universis Sanctæ Ecclesiæ Dei fidelibus et nostris, præsentibus atque futuris, qualiter venerabilis Audacher, abba Cormaricensis cœnobii, adierit serenitatem culminis nostri, indicans quendam illustrem virum, nomine Mainardum, sibi per petitionis scriptum secundum legis ordinem patratum, suppliciter postulasse ut in rebus suæ proprietatis,

(1) Ce diplôme de Charles le Chauve a été publié par B. Haureau aux *Instrumenta* du tome XIV du *Gallia*, col. 35.

in pago videlicet Turonico, super fluvium cui nomen Andrisco, in loco qui rustico vocabulo Villalupæ vocatur, easdem res vicæ *(sic)* Xristi suscipiens, cellam sub norma inibi degentium monachorum juxta loci qualitatem fundari, construi, in honorem Salvatoris nostri Jesu Christi, ac pro viribus adornari, ob ipsius Dei omnipotentis amorem, suorumque sanctorum venerationem omnimodis decertaret. Et quoniam constat eundem venerabilem abbatem jam dictum sub potestate et tuitione eximii et preciosi confessoris domni Martini, una cum sibimet congregatione commissa, degere, junxit secum illustris viri fidelis nostri Viviani, rectoris monasterii ipsius sancti confessoris, consensum, suggessit celsitudini nostræ, humiliter postulans, ut easdem res sibi suscipere nostra auctoritate liceret, ad Dei omnipotentis obsequium ibidem perpetuo celebrandum, servorumque ejus pro vita regum statuque sanctæ Dei ecclesiæ deprecantium, tutum nostræ defentionis munimine refugium habendum. Cujus petitionibus aurem celsitudinis inclinantes, assensum favore maximo prebuimus. Quin etiam tam pii laboris studio delectati, nostræ adhortationis, ut in opere liberius decertaret, piæque concessionis adjunximus fomitem ; ac perinde hoc nostræ serenitatis præceptum juxta deprecationem ejus fieri jussimus, et propter quietem, quæ monachis est convenientissima, placuit ut memoratum locellum, una cum rebus omnibus ad ipsum locum aspicientibus, more regio nostræ emunitatis deffensionis, sub jure et dispositione suprafati abbatis Audachri, eorumque quos ibidem constituerit monachorum, in perpetuum confirmaremus. Precipientes ergo jubemus atque jubendo precipimus, ut nullus judex publicus nec quilibet ex judiciaria potestate, nec aliquis ex fidelibus sanctæ Dei ecclesiæ ac nostris in ecclesias aut loca, vel agros, seu reliquas possessiones prædicti monasterii, quas presenti tempore possidet, aut quas ibi divina pietas accomodaverit, in quibuslibet pagis, territoriis[,ad] decimas accipiendas, vel freda exigenda, aut tributa, summationes vel paratas faciendas, sive fidejussores tollendos, hominesve ipsius monasterii, tam ingenuis quam et servis[,*sic*] supra terram ipsius commorantes, distrigendos, aut ullas redibitiones vel illicitas occasiones requirendas, ullo unquam tempore ingredi audeat vel exactare presumat; quoniam quicquid fiscus exigere poterat, pro animæ nostræ remedio concedimus. Sanccimus denique et omnimodis statuimus ut idem suprafatus abba nobis karissimus et monachi sui successoresque eorum nullius unquam, pro rebus ipsius monasterii habitis vel habendis, terrenæ potestatis jugo inviti subjaceant, sed ad solius Dei servitium prædictus Audacher abba in eodem loco de rebus omnibus ad ipsum pertinentibus jus liberum et dispositionem nostra concessione cum Dei voluntate omnino obtineat tempore vitæ. Et quoniam multa quæ in presenti puro nequaquam conspecta intuitu, in futuro certius previdentur, ordinamus et nostra benevolentia concedimus ut quicquid sepefatus abba, cum voluntate Dei et servorum ejus, de eodem loco tractans utiliter constituerit, hoc est ad cujuscumque potestatis constitutionem, post suum dicessum abbatem secundum regulam sancti Benedicti electum monachi ejusdem loci aliquatenus subditi accipere debeant; vel si quid aliter utilius cum voluntate Dei et auctoritate regulari definiens statuerit, ratum et inviolabile super eundem locum permaneat. Pro infestationibus vero pessimorum iniquorumque hominum quemcumque sepe memoratus Audacher abba aut successores ejus voluerint eligere advocatum vel causidicum ad res ipsius monasterii inquirendas seu deffendendas, liberam in omnibus habeant facultatem ; ita ut omnes comites vel cujuslibet administrationis judices, sive Dei omnipotentis nostrique fide[les], ad quorumcunque placitum vel ante quorumcumque judicium ipsius cœnobii advocatus venerit, pro Dei amore et nostra jussione in cunctis justis ratiociniis solatium ei atque adjutorium præbeant, talemque potestatem atque auctoritatem ad res easdem inquirendas sive defendendas habeat, qualem decet in rebus optimis Domino oblatis atque consecratis. Et ut hæc auctoritas nostris futurisque temporibus, Domino protegente, valeat inviolata permanere, manu nostra eam subterfirmavimus et de anulo nostro sigillari jussimus.

Signum K-R-L-S Karoli gloriosissimi regis.

[Gislebertus, notarius, ad vicem Hludovici, recognovit (1)]

Data VI kal. junii, anno X, indictione XIII, regnante Karolo gloriosissimo rege augusto (2). Actum Vermerach, palatio regio, in Dei nomine feliciter. Amen.

Confirmation de la fondation de cete abbaye par Loys [de Germanie], empereur et [non] roy de France, fils de [Lothaire] (3).

Le vénérable et révérand abbé Audacher ayant représenté au-

(1) L'auteur de la notice avait lu : et imperatoris genitoris Ludovici imperatoris.

(2) Le texte publié dans le *Gallia* donne à ce diplôme la date du VI des calendes de juillet.

(3) L'acte de confirmation publié ci-dessous est faux. Il ne peut être attribué à Louis le Débonnaire, ni à Louis II, fils de Lothaire, ainsi que nous l'avons dit dans la préface, et sa facture même accuse sa fausseté.

dit empereur Loys [roy de Germanie] la carte de fondation de cette abbaye, pour qu'il luy pleut la confirmer, il si porta bénignement et libéralement, comme il est dit amplement par ladicte confirmation, en laquelle en autres choses il est faict mention comme les susditz Mainardus et Mainerius, frères, oultre le domaine qu'ils avoint en ce dit lieu de Villeloing, donnèrent aussi l'églize de Coullangé, dédiée en l'honneur de Dieu et de Sainct Sulpice, avec ses appartenances et la famille de l'un et l'autre sexe. Et d'aultant que le dit domaine n'estoit suffizant pour la noriture et antretien desditz religieux de Villeloing, ledict sieur roy et empereur octroya que la ville et terre d'Espigny, et tout ce qui en despand entièrement,,et celle de Baniole, avec ses appartenances, qui dépandoient de Cormeri, fussent annexée à ladicte abbaye de Villeloing, avec quelques terres et préz situés sous le bourg de Chambort près Loches, et ce à la prière et à la requeste dudit vénérable Audacher et très nobles seigneurs Mainardus et Mainerius, comme il paroist par les lettres de confirmation et dotation données le cinqeisme des kalendes de juing, signées dudit empereur et dudit Audacher et multitudes d'aultres insérés en la pancarte estant en parchemin comme s'ensuit.

Confirmatio fondationis per Ludovicum imperatorem.

In nomine Domini Dei Salvatoris nostri Jesu Christi, Hludovicus, divina ordinante providentia, imperator augustus, omnibus sanctæ Dei Ecclesiæ fidelibus precipueque Beati Pauli apostoli Cormaricensis, qui presenti tempore inibi Deo serviunt, vel etiam futuri sunt temporibus posteris, abbatibus, presbiteris, diaconibus et omnibus ecclesiaticæ dignitatis gradibus, senioribus sive junioribus, æternam in Xristi caritate salutem et prosperitatem. Notum sit fraternitati vestræ quia venerabilis Audacher, ejusdem monasterii abba, detulit obtutibus nostris quandam auctoritatem Dompni Karoli, pie recordationis serenissimi augusti, in qua continebatur insertum qualiter idem venerabilis constituit monachos in cella Sancti Salvatoris quæ rustico nomine Villaluppe dicitur, qui secundum sancti Benedicti statuta in ea viverent, quem locum ecclesiamque haud longe positam, in honore Sancti Sulpicii dicatam, cum rebus omnibus ad se pertinentibus nobilissimi viri Mainardus scilicet, et Manerius, fratres, pro animæ suæ, ad construendum prefato abbati tradiderunt. Ergo deprecatus celsitudinem culminis nostri ut quod predicti viri, vel ipse, ob amorem æternæ patriæ et stabilitatem acque confirmationem predicti loci obtulerunt, nos, morem paternum sequentes, nostra imperiali auctoritate corroboraremus. Quam piam deprecationem ad effectum perducere cupientes, ratum duximus hanc nostram auctoritatem circa ipsum Sanctum, ob animæ nostræ emolumentum et æternæ retributionis fructum, fieri, eamque litteris vel sigillo confirmare. Sed dum hæc nostri solertia ageret et alia bona ibidem per plurima fieri optaret, admonitione præfati abbatis et monachorum Sancti Pauli sive notrorum fidelium invenimus in hunc locum paupertatis inesse penuriam ob parvitatem rerum gravissimam. Ergo commodum duximus eis succurrere et opem vite illorum ex rebus jamdicti Sancti Pauli, quæ olim ex potestate Sancti Martini concessæ sunt, perscripti loci ad sublevandam monachorum inopiam, cum ejusdem loci sint potestatis, istis conferre. Non enim fas est cuiquam imperialis benignitatis spernere donationem vel confirmationem, maxime in tam pio et salubri præcepto. Concedimus ergo cum deprecatione prescripti abbatis una cum consensu præfatæ congregationis, concessumque in perpetuo fore volumus, prædictæ Summi Salvatoris cellæ, ob sublevandam inibi monachorum Deo famulantium paupertatis molestiam, aliquid ex rebus Sancti Pauli in pago Turonico, id est unam villam quæ dicitur Spaniacus et alteram quæ vocatur Baniolus, cum earum appendiciis omnibus, et in Sublena villa quartas septem de terra arabili, cum aripennis quatuor de pratis ultra Angeram subtus Camborco villa : ita ut ab hodierna die Deo inibi militantibus solatia conservent vitæ. Quo facto ratum necessariumque duximus quamquam regali potestate fulgentes, pastorali auctoritate, more scilicet præcessorum abbatum, id ipsum quatinus perpetuis permanere valeat temporibus serie alligari scripturæ, quod et fecimus libentissime, per quam decernimus atque devote stabilimus ut tam prædictæ a nobis oblatæ res quam reliquæ antecessorum, vel quæ ab hinc fuerint delegatæ et traditæ, omnes eidem ecclesiæ perpetualiter et absque alicujus repetitione valeant deservire, velut ibi degentes et Deo devote possint famulari et pro nobis atque omni ecclesia liberis mentibus indesinenter preces fundere. Si autem hoc nostrum (quod absit) quisquam abbatum spreverit præceptum temporibus posteris sciat se rationem reddere præsumptionis suæ domino nostro Jesu Xristo in die magno adventus sui. Rogamus ergo et pro dignitate culminis nostri summopere imperamus ut hoc nostrum factum in commune statutum atque utriusque consensu et voluntate deffinitum, sinant absque alicujus perturbatione stabile et inconvulsum semper permanere veluti sua conservari voluerint acta, æternæ vitæ percipere Xristo Domino uniti præmia. Ut autem a nobis factum firmiter hoc esse credatur et devotius per futura tempora conservetur, manu propria more pastorali confirmamus monachis Sancti Pauli ejusdem congregationis fratribus sacerdotumque canonicorum fideliumque laicorum manibus roborandum commisimus.

Signum Hludovici, serenissimi imperatoris.

Ego Audacher, abba, hanc concessionem fieri deprecatus sum et libenti animo firmavi.

(L'orignal est signé de trante trois personnes tant prestres, religieux que hommes laiques.)

Data mense mayo kl. junias, anno IIII° regnante domno Hludovico, serenissimo imperatore, jubente Audrico.

Δ aϽ ϒΗΛ ΧΗΟϒΟa CRPϒnCϒΘ ϒ S

(L'original estant en parchemin signé comme dessus avec paraphes.)

J'ay jugé qu'il estoit plus que raisonnable d'insérer tout au long en ce livres de mémoires les coppies des tiltres de ses deus grands et sainctz personnages Charlemaigne et Loys de Bonaire, son filz. Le premier pour avoir été de si saincte vie qu'il ne s'est trouvé aulcun qui l'eut peu reprendre de quelque chose, comme remarque le livre de *Fasciculus temporum ;* aussi est-il reputé sainct et canonizé. Et son filz appelé le Debonaire à cause de sa piété et clemence ; patient en adversités, dévot envers Dieu et son eglize, si bien que l'aucteur dudit livre conclud ainsi de luy : « *Tamdem bene singulis dispositis bona morte diem clausit extremum.* » Ce qui doit nous exiter à bien et vertueuzement vivre en imitant tels excellans personnages nos bienfaicteurs pour jouir comme eux de recompances eternelles et heureuzes.

[Nota. Cet argument est à coriger à raison que la fondation a esté faicte par Charles le Chauve et confirmée par Loys, roy de Germanie, son neveu, en quoy on s'estoit mepris].

Memoire de la Dédicace de l'Eglise Sainct Saulveur de Villeloing.

L'an 859, regnant Charles le Chauve, roy de France, le 15 des kalendes de juing, l'église et abbaye dudit Villeloing fut consacrée et dédiée en l'honneur de la Sacrosaincte Trinité et Inéffable Unité, sous le nom du Saulveur de tout le monde, par le révérendissime archévesque de Tours, nommé Hérardus, asisté de deus aultres archevesques nommés Robert et Heribert et dudict vénérable Audacher, abbé de Cormery et de céans, en présance de plusieurs abbés, prestres, diacres, soubzdiacres, moynes, seigneurs, gentilzhommes et aultres jusques au nombre de soixante et un, qui ont signé, inserés en la pancarte de ladite dédicace et consécration de ladite eglize. Par laquelle il fut ordonné que les abbayes de Cormery et de Villeloing, en signe d'inviolable charité et inséparable confraternité seroint gouvernées et regies par un mesme pasteur et abbé, reservé toutefois aus religieux de Villeloing certaine liberté et licence d'élection d'abbé au cas que par succession de temps ils receusent quelque inquiétude de la part de ceux de Cormery. Ledit reverandissime archevesque se reserva le droit de sinode en ces motz : « *Sinodum tamen proprio attribuant prezuli* » ; et pour les actions et mœurs touchant l'ordre monastique et gouvernement des religieux cela dépenderoit de l'abbé, déduit en ces termes : « *Reliqua actuum suorum morum et ordinationum, quicumque in ejusdem ecclesiæ loco sub monastico ordine Deo militaverit, ad abbatem prefixum suosque in Cormaricensi loco successores pertineant* » ; avec autres clozes de remerque insérés au tiltres de ladite dédicace comme s'ensuit.

[858, 18 mai]. *Carta Dedicationis basilicæ Villelupensis* (1).

In nomine summæ et inseparabilis Trinitatis sempiternæ quoque Deitatis, Herardus, per misericordiam Dei Turonicæ sedis metropolis humilis archiepiscopus, omnibus universalis Ecclesiæ fidelibus, patribus et fratibus, filiisque, necnon in hac sede futuris successoribus nostris. Notum omnibus et percognitum fieri per nostræ humilitatis studium decrevimus, quoniam, cum more ecclesiastico pastoralique consuetudine parochiam nobis a Deo creditam circuire disponeremus, vocatione venerabilis abbatis Audachri, consacerdotis nostri, devenimus ad quendam locum qui communi vocabulo preteritis presentibusque temporibus Villalupæ est nominatus, quem locum, cum rebus ad se pertinentibus, ecclesiamque juxta in Collummiaco villa sitam, in sancti Sulpicii episcopi et confessoris honore dicatam, cum cunctis suis adjacentiis, familiam etiam utriusque sexus, quidam vir olim ex illustri prosapia ortus Mainardus, facto legaliter testamento, per me jam dictum Herardum archiepiscopum unice quondam ab eo dilectum, et Adalgaudum et Mainerium, sue germinitatis propinquos, itemque Adalgaudum, suum avunculum, Trugaudum atque Moysen, ad honorem omnipotentis Domini et ad normam monasticæ vitæ supradicto Audachro, ad construendum et habendum, perpetua quoque religione ordi-

(1) Cette charte est publiée aux *Instrumenta* du tome XIV du *Gallia*, col. 47.

nandum et gubernandum, libentissima devotione et promptissima voluntate contradidit. Cujus operis summa per prenominatum abbatem suæque educationis monachos, cum jam per divinam miserationem aliquantulam videretur percepisse consummationem, voto supradictorum constat nostram parvitatem ad eandem cellulam pontificali ex more studuisse. Anno siquidem Incarnationis Dominicæ DCCC^mo L VIII, XV kal. junii, cum plurimo confratrum et consacerdotum tam nostræ diocesis quam comprovincialis Bituricæ sedis, laicorum quoque nobilium nobiscum adunato collegio, relegentes atque rememorantes instrumenta a nobis et prefatis viris eidem loco collata, regalis quoque preceptum tuitionis et debite defensionis, ordinatione perpetua eundem locum in honore et nomine summæ quam præmisimus Trinitatis et ineffabilis Unitatis manifesto nomine totius mundi Salvatoris, pro reverentia quoque sanctorum solemni opere constructum dotare, et consecrare per manus nostræ tenuitatis certavimus. Statuentes pari quoque voto necnon unanimi assensu eorum quorum infra scripta habentur nomina, ut quia, auctore Deo, devotio fidelium res suæ proprietatis divinis cultibus aptaverat atque delegaverat supranominato Audachro, reverendæ vitæ abbati, regularis institutio et monasticæ vitæ per futura tempora, Xristo gubernante, ibidem maneat observatio. Præfatus denique abba maturius considerans, concessit eidem loco sancto, in dedicatione et augmento præfatæ basilicæ et honestate ejusdem sanctæ venerationis, de rebus sui monasterii, ecclesiam scilicet Sancti Aniani de Spaniaco, in pago eodem sitam, cum omni integritate sua, ita ut ab illo die sub jure et postestate habitatorum ejusdem basilicæ Cormaricensibus subditorum consistat. Cujus et nos imitantes exempla, suggerente fidelium nostrorum clericorum sive laicorum benevolentia, paratas ex prædictis ecclesiis ab hac die illis concessimus, quatinus deinceps ibidem Deo servientes fratres pro salute nostra successorumque nostrorum, totiusque Xristianæ religionis stabilitate, rerum largitorem exorantes, plenius subsistere possint, sinodum tamen proprio atribuant presuli ; reliqua actuum suorum, morum et ordinationum, quicumque in ejusdem ecclæsiæ loco sub monastico ordine Deo militaverit, ad abbatem præfixum suosque in Cormaricensi loco successores pertineant, de terra vero ad eundem locum pertinente, medietatem decime accipiant. Preterea inserere placuit qualiter sepedictus Audacher abbas a nobis expetiit et studio caritatis apud se deliberavit ut isdem locus, fratres quoque sub ejus regimine degentes, propter unitatem et inviolabilem in utroque loco Cormaricensi et Villaluppensi fratrum filiorumque suorum educationem, vitam quoque unanimem et inseparabilem fraternitatem, non aliqua necessitudine temporalis questus, vel cujuslibet dominii, sed propter individuam quam premissimus caritatis copulam, ita ut hæ duæ, aliquantulo terrarum spatio divisæ cellæ, velut una, sic uno eodemque vinculo vere et inviolabilis caritatis habeantur unitæ, uno quoque potiantur abbate ; ita ut sicut unus pastor et pater, unus fiat grex, unum idemque existat ovile. Quod si, quod absit, locus quem premisimus Cormaricus, oppressione iniquorum vel quorumcumque presidentium, judicum, ducum vel principum, aliorumve indebitam et irreligiosam per succedentia tempora passus fuerit molestiam, oppressionem et iniquam sui status vexationem, ita ut monachos in ipso loco degentes ab ordine et religione vitæ suæ eadem quam prediximus commotione et agitatione deviare conveniat, nec quiete ut servos decet Christi sub proposito sancto in eodem valeant subsistere loco, hic locus ab eadem oppressione, dominio, et illicita quam prediximus vexatione habeatur immunis, fiatque eis fraterne susceptionis confugium, et præbeat unice caritatis per omnia supplementum. Post hinc decrevimus nullam hunc locum pro supra memorata Cormarici oppressione pati calumniam, sed liberum et quietum et absque ulla molestia eundem volumus manere inconcussum. Eo modo si impia cupiditas Cormaricensis loci monachos pertubare, et a statu suo hos formidaverit evertere, iste sub certe libertatis nobilitàte constructus, fondatus ac solidatus, in ordine quo deget subsistat inmotus : habeantque licentiam fratres ejusdem loci sub regula sancti Benedicti, et patrem prostituere ac deffensorem tutoremque loci secundum quod eos opportuerit et eis utile visum fuerit, suis utilitatibus consulentes in omnibus, regulariter exposcere. His igitur premissis, statutis atque decretis, equum nobis visum est hanc nostræ pontificalis auctoritatis scripturam facere, quo et ipse locus auctoritatem suimet status presto habeat. Et si quid e contrario illicitum contra patrem vel fratres ejusdem loci oriretur, hujus ecclesiasticæ auctoritatis indicio panderetur quid eis concessum, quid stabilitum, quidve omnibus vel indultum vel prohibitum, recto æquitatis tramite foret. Ideoque hujus scripturæ tenorem illis tradidimus manus nostræ subscriptione roboratum, plurimorum quoque sacerdotum, canonicorum, fideliumque laicorum manibus roborandum commisimus, propter evellendæ futuræ dissentionis omnimodam calomniam et conservandam æquitatis et totius sacræ religionis unanimitatem fraternam. Quapropter obsecramus benevolentiam successorum nostrorum, quicumque, auctore Deo, nobis in hac sede pontificali successerint, ut hanc auctoritatem vel concessionem, quam mente spontanea supradictæ basilicæ tradimus, ob cœlestis vitæ amorem et sanctorum omnium reverentiam inviolatam conservare dignentur ; ut si quam per hoc mercedem adipisci meruerimus, ipsi quoque nobiscum ejusdem fieri mereantur participes. Data XIIII kl. junii, anno XVIIII regnante Karolo, rege serenissimo. In Dei nomine, Herardus, Turonicæ sedis metropolis humilis archiepiscopus, hanc ecclesiasticæ firmitatis auctoritatem firmavi. Mainerius, humilimus omnium abbatum ; Robertus, archiepiscopus ; Heribertus, quamvis indignus achiepiscopus.

Après la soubscription et signature de plusieurs denommés en la pancarte, dont coppie est ci-dessus, elle finit ainsi : « Alaricus, licet indignus diaconus, scripsit (1). »

Il y a commandement exprès par une carte antienne dès la consécration de ce monastère qu'il y aye ving religieux sans diminuer le nombre, mais au contraire comme le revenu augmentera y establir et croistre ledict nombre selon que les moyens y pouront suppléer, comme il est déduit cy-après.

Decretum ut sint viginti fratres (2).

Placuit nobis et dignum duximus inserere lectioni qualiter venerabilis abbas Audacher, in die sanctæ basilicæ hujus loci dedicationis, decrevit atque statuit per auctoritatem domini piæ recordationis Karoli, serenissimi augusti, necnon domni Herardi, archiepiscopi Turonicæ metropolis sedis, necnon per auctoritatem procerum, domini scilicet Mainardi et Mainerii, qui locum istum edificaverunt, seu per complurimos confratrum et consacerdotum, atque nobilium virorum collegium tam sedis Turonicæ quamque conprovincialis sedis Biturice, ut numerus fratrum in isto loco degentium vicenus habeatur, et nullus prelator et rector abhinc et deinceps de ipsis quem premisimus viginti fratribus aliquem e numero minorare presumat. Quod si, Deo donante, copia rerum poposcerit, secundum quantitatem sui numerum quoque superaddere deliberent, ita ut addant potius quam minuant, congregent immo quam dispergant. Hæc idcirco diximus, ut cognoscant presentes et sequaces quanti qualive viri eam construxerunt et ornaverunt ; nam prædictus rex, per celsitudinem regalem et per interpellationem suprafati Audachri, Sancti Aniani ecclesiam contulit, memoratus epis-

(1) Le *Gallia* donne toutes ces souscriptions.

(2) Publié à la suite de la charte précédente aux *Instrumenta* du tome XIV du *Gallia*, col. 49.

copus per auctoritatem ecclesiasticam paratas de ecclesiis attulit, auctores hujus loci atque constructores ecclesiam Sancti Sulpitii dedere : quapropter valde considerent prelatores atque rectores sancti hujus templi ut numerum fratrum minorari non presumant, sed potius semper addere deliberent; quod si aliter fecerint, quod absit, procul dubio sciant se supernæ civitatis Hierusalem extorres, et immo baratri demersos.

Du mot Villalupæ.

L'étimologie du mot françoys de Villeloing, comme nous avons dit ci-dessus, tire son origine du mot latin *Villalupæ*, scavoir est d'une noble et vertueuze dame nommée Loupé, ainsi qu'il paroist par un antien manuscript, fille d'ung conte d'Amboize appelé Billereu et de Fauste, sa femme, laquelle fut espouze d'Eudoxe, viconte de Touraine, duquel elle eut deus enfantz, ausquels, après le décès de sondit mari, elle laissa son chasteau d'Amboize, et désirant vivre solitairement, comme une sage veufve, elle fit bastir une ville en son bois sur la rivière d'Indrois, laquelle elle nomma Villeloupe. Ledit livre fait mention qu'elle fut enterrée à la porte de l'églize du monastère Sainct Saulveur de Villeloupe à costé de ses deus enfantz, qu'elle y avoit auparavant faict inhumer. Jusques icy sont les parolles dudit manuscript.

Memoire de la disjonction du monastère de Villeloing d'avec celuy de Cormeri, touchant l'élection d'abbé audit Villeloing.

Regnant Lothaire V, indiction VIII, l'an de Jesus-Christ 965, les religieux de Villeloing s'adressèrent au révérand père Wido, abbé de Cormeri et Villeloing, luy remontrans avec pleurs que, contre les ordonnances des pères et decret du bienheureux père S. Benoist, ils estoint destitués du droit d'élection et propre pasteur; en sorte que, quant ils avoint besoing de quelque chose, estoint contrainctz vagabonder ça et là, pour avoir les nécessités réquizes tant en vivres que vestementz, et partant qu'il luy pleut leur donner pouvoir d'élection d'abbé. Ce qui leur fut bénignement accordé par ledit vénérable Wido, abbé, avec le conseil et advis du révérendissime archevesque de Tours nomé Arduinus et de Geoffroy, conte, frère du susdit abbé, et de toute la congrégation de Cormeri et du chapitre de S. Martin de Tours. Pour effectuer ce que dessus ledit vénérable Wido esleut pour abbé dudit Villeloing un religieux de la congrégation dudit Cormeri, nommé Huncbert, avec pouvoir et autorité d'eslire à l'advenir pour abbé un des religieux de Villeloing. En recognoissance les religieux de céans promirent d'avoir mémoire des successeurs abbés de Cormeri en leurs messes, prières et oraisons. Le tout ce que dessus accordé en présance desditz archevesque de Tours, des vénérables chanoines et chapitres de S. Maurice et S. Martin de Tours et des religieux de S. Paul de Cormeri, ainsi que le tout est déduit au tiltre transcript par nous frère Pierre Brunet au premier et gros volume, foillet 9, en ses motz : « Constituimus illis per hanc auctoritatem quendam ex nostro collegio patrem, vocabulo Huncbertum, qui, secundum Dei voluntatem atque monasticam institutionem, eorum animas devotius et provigili cura regere studeat, simul et corpora piissima compassione eorum indulgentiam semper imploret, et pro viribus sublevare laboret ut proprios. Cujus electio ut firmioribus digne auctoritatis innitatur stipitibus, propriis articulis alacriter firmavimus, fratrumque omnium cœnobitarum nostrorum, necnon canonicorum Sanctorum Martini et Mauritii, omnium seu nobilium virorum roborandum optulimus. Turonorum preterea civitate, in sancta matre ecclesia, domno Arduino, archiepiscopo cunctis aspectibus idem Huncbertus oblatus ad titulum Summi Salvatoris abba est ordinatus, *et cetera* (1). »

Il y a au tresort de céans un mémoire latin estant en parchemin qui fait mention de telle disjonction en ses motz par extrait dudit mémoire : « Cormaricenses, ut potentes, noluerunt servare caritatem sed diviserunt unitatem, cœperunt sancta nostra conculcare et bona nostra sibi injuste vindicare, sed Deus omnipotens, in quem Cherubin et Seraphin non audent respicere, noluit hoc opprobrium diutius ab eis ferre (indecens enim erat ut Deus Deorum et Sanctus Sanctorum cum aliquo suo sancto conjungeretur), et, quoniam scriptum est, cor regis in manu Dei, abiit noster pusillus grex venerando patri Widono postea episcopo, atque precellentissimo fratre ejus Gaufrido, comite, querimoniam agentes quur carebant propria electione proprii pastoris. »

Nous reclamons toutefois en nostre aide ce grand sainct et docteur de l'églize saint Paul comme un de nos patrons pour intercéder envers le saulveur de nos ames miséricorde et pardon. Aussi nostre déffunct révérand abbé Messire Gaillard de Cornac, imbu de cete antienne association, n'a voulu manquer à recongnoistre ce grand sainct, luy ayant destiné une des niches de cet excellent autel qu'il a faict construire pour y appozer son imaige,

(1) La charte de laquelle est extrait ce qui précède est publiée aux *Instrumenta* du tome XIV du *Gallia*, col. 60-62.

comme il paroist aus vers latins qu'il a composés estans au soubs plinte.

Magne Dei preco cui post certamina tanta
Invictæ fidei jure corona data est :
Respice de cœlo nostros, o Paule, labores,
Et precibus vires adde animosque tuis.

Moy, particulierement désireus de participer de ses merites et prières envers ce grand Dieu et jouir dès ce monde icy de la norriture qu'il a départi à son église, après avoir, comme un loup ravissant, pris la proye en son adolescence, ainsi que ce grand patriarche Jacob avoit pronostiqué à son filz Benjamin de la lignée duquel il estoit dessendu, pour en diviser les morceaux en sa vieillesse pour la substantation des fidèles : *Mane capiet prædam et ad vesperam dividet escas*; estant devenu agneau par patience ; nous aussi, changeantz l'étimologie du nom de ce monastère par nos actions saintes et innocentes, nous nous rendions vrais agneaux par doulceur et patience, interpelant son aide, pour que comme pasteur ainsi que jadis de ses deus bergeries de Villeloing comme de Cormeri, il en chasse les loups ravissantz, qui ne demandent qu'à nous supplanter et forfaire, et pour qu'il nous intérine cete requeste luy presenterons ce vœu :

Magne Dei preco gregum qui Cormaricensis
Villelupensisque olim patronus eodem
Sub patre eras, adsis semper, domuique Luppensi
Escas trade, lupos ex hoc pulsurus ovili.

Nous avons cet honneur en l'abbaye de céans d'avoir eu un sainct personnage pour abbé, nommé Ayrardus, comme en faisoit foy nostre martirologe antien en ses propres motz : *In hoc monasterio Villelupensis sancti Ayrardi, abbatis.* La feste s'en faisoit céans le seiziesme jour de may, par nostre office antien, laquelle il sera plus que juste de la remettre pour qu'il continue ses prières envers Dieu pour nous, qui sommes ses petitz enfantz.

Du temps de révérend père en Dieu dom Oddo, abbé de céans, Irvisus Crabonius donna plusieurs terres, possessions et fiefs à l'abbaye de céans, comme la moitié de la terre située au lieu appelé Milium, consistant en maisons, bois, terres labourables et non labourables, moyennant quelques sommes de deniers donnés à Hunbault de Curt, qui tenoit les dites possessions par hipotecque et engagement avec aultre sommes payées audit Irvisus et à ses enfantz et promesse faicte par ledit révérand abbé et religieux de céans de faire et célébrer leur anniversaire après leur décès, et oultre ce norrir à leur intention un pauvre au *mandatum* du Jeudy Sainct, déduit en ses termes au titre : *Pauperem quoque pro illis parentibusque suis in mandato de Cena Domini habendum concessimus.* Ledit Irvisus donna à divers temps plusieurs aultres possessions à Chenonceau-sur-Cher, à Colommiers, à Francueil, et à Mont Landry en la parroisse de Veuil plusieurs héritaiges, ainsi que le tout est déduit en la coppie du tiltre escript en ce présent livre, foillet 35, en datte de l'année 1105, indiction XIII, regnant Philippe I, roi de France, et Geoffroy Martel second, conte d'Anjou. L'original dudit tiltre estant en parchemin signé de plusieurs y denommés.

Au temps dudit révérend abbé Odo fut acordé de quelques mauvaises coustumes qui s'exerçoint sur les habitans de la terre d'Espigné, avec Robert de Urtiaco, Geoffroy, filz de Guiter, Mathieu et Payen Cenbelle, par tel qu'ils quittèrent telles mauvaises coustumes, pour le salut de leurs ames, se resservantz celles qui s'ensuivent, scavoir est, que chaque laboureur labourant avec bœufs payeroit tous les ans un septier d'avoine et ung denier; celuy qui travailleroit avec la mare ou besche, une mine et un denier, à la charge que quiconque payera tel devoir pourra cultiver de telle terre aultant qu'il luy sera possible, et que pour chaque chevre alant à la forest de Chedon, une obole tous les ans. Il y a aultres clauses contenues au tiltre touchant les malversations commises en ladite forestz, comme des boutefeux ou incendies, abeilles dérobées, et touchant la chasse. Ledit tiltre bien autentique et digne d'estre veu tout au long transcript au gros volume du premier livre, fol. 12.

CARTULAIRE

DE

L'ABBAYE DE SAINT-SAUVEUR DE VILLELOIN

[I. — 1256, 15 mars. CHARTE DE L'OFFICIAL DE TOURS, QUI RELATE L'ACCORD SURVENU ENTRE L'ABBAYE DE VILLELOIN ET PIERRE DE PALLUAU, CHEVALIER, AU SUJET DE L'ÉTANG D'OIGNAIS (1).]

[1] Universis presentes litteras inspecturis, officialis curie Turonensis, salutem in Domino. Noverint universi quod, cum inter religiosos viros abbatem et conventum Villelupensis, ex una parte, et Petrum de Polludello, militem, ex altero, conquestio verteretur super hoc videlicet quod dictus miles construi fecerat quoddam stagnum juxta domum ipsius militis de Oignes (2), cujus stagni pars, videlicet a rivo aque dicti stagni versus Boscum Francum (3) in terra, feodo et dominio dictorum religiosorum, ut dicebatur, consistit, quare petebant dicti religiosi calciatam dicti stagni pro parte existente in feodo dictorum religiosorum a dicto milite propriis suis sumptibus demoliri; et super quatuor arpentis Bosci Franci, que Buchardus de Sancto Germano, miles (4), eidem Petro tradiderat, ut dicebat, et que idem Buchardus eidem Petro tradere non poterat, ut dicti religiosi firmiter asserebant, tandem, de bonorum virorum consilio, dicte partes in hunc modum pacis concorditer convenerunt, videlicet : quod dictus Petrus in dicto loco et in dictis quatuor arpentis perficere poterit dictum stangnum et quoddam aliud de novo construere, si ipse miles voluerit, et si contigerit molendinum in altero dictorum stagnorum construi, construetur unicum molendinum ad communes expensas tam dictorum religiosorum quam eciam dicti Petri, quod molendinum commune erit in proventibus, justiciis, dominio et mensuris et in omnibus aliis inter dictum Petrum et religiosos superius nomi-

(1) La rubrique est effacée.

(2) Oignais, commune de Préaux (Indre).

(3) Les Bois-Francs, commune d'Ecueillé (Indre).

(4) Bouchard de Saint-Germain, seigneur de Saint-Germain-sur-Indre. Cf. Carré de Busserolle, *Dictionnaire*, t. III, p. 192.

natos. Et die Dominica in Sexagesima poterit dictus miles de triennio in triennium evacuare dictum stagnum inferius et vendere et tenere vacuum usque ad vigiliam Pasche et illud ad [a]quam recipiendam in vigilia Pasche tenetur recludere et eciam opturare et semper in bono statu tenere, ita tamen quod si aliquo casu contigeret calciatam dicti stagni rumpi vel frangi, ita quod merramentum et molagium dicti molendini deterioraretur vel amitteretur, dictus miles teneretur dictum molendinum reficere propriis suis sumptibus et dictis religiosis dampna sua, que propter hoc sustinerent, resarcire. Insuper dictus miles, videlicet Petrus, tenetur reddere dictis religiosis vel eorum mandato in domo ipsorum apud Escuilleyum (1) tres minas bladi ad mensuram de Escuilleyo, videlicet unam minam frumenti et unum sextarium siliginis ad Nativitatem Beate Marie Virginis annuatim, pro quolibet arpento dicti Bosci Franci quod aqua dicti stagni occupabit vel includet inter ipsam aquam et domum et nemus dicti Petri. Insuper dictus Petrus calciatam dicti stagni tantum exaltare non poterit quin fons de refunte sorsam suam habeat et suam detineat claritatem. Gaufridus vero de Palludello, armiger, heres Montis Thesauri (2), totam suam partem et quicquid juris habebat et habere poterat in triginta sex arpentis nemoris de Chedone (3), que dicti religiosi habebunt et possidebunt, cum omni jure et justicia, pro ista pace facienda et tenenda, in illa parte nemoris, ubi ipsi religiosi voluerint eligere et capere, contiguos plessiaco eorumdem religiosorum, dictis religiosis dedit imperpetuum et quitavit, promittens se defensurum et garantizaturum eisdem predictam suam partem de dictis triginta sex arpentis a Gaufrido Pagani, milite, et ejus uxore, matre dicti Gaufridi, et a se et a suis heredibus sive successoribus in futurum, ad voluntatem suam faciendam omnimodam ex eadem, excepto, quod sibi non poterunt facere plessiacum nec stagiarios ponere nisi unum in guegneria, si quam ibi faciant, et alium mansionarium vel duos mansionarios ad usum et consuetudinem patrie, si gaigneriam in manu sua voluerint detinere. Propterea si contigerit dictum Gaufridum [2] vel mandatum ipsius aliquem melefactorem in communi nemore de Chedone scindentem et nemus deferentem

(1) Ecueillé, commune et chef-lieu de canton de l'arrondissement de Châteauroux (Indre).

(2) Montrésor, commune et chef-lieu de canton de l'arrondissement de Loches (Indre-et-Loire).

(3) La Forêt de Chédon s'étendait sur les paroisses de Faverolles, Saint-Julien-de-Chédon, Ange et Pouillé.

invenire, ipsum sequi posset et capere in dictis triginta sex arpentis et explectare secundum consuetudinem nemoris supradicti. Si vero res esset deposita vel posita in dictis arpentis, dictus G[aufridus] vel sui nullam ibi haberent captionem, sed jus suum, si prosequi vellent, in curia dictorum religiosorum, dominorum loci, prout jus dictaret prosequi tenerentur. Actum fuit insuper inter ipsos quod dicti religiosi sequi poterunt quemcumque malefactorem suum terre vel nemoris suorum, vel pecudem venatam usque ad filum aque dicti stagni et justiciam suam quantamcumque fuerit exercere (1), salva dicto Petro justicia sua de malefactoribus suis in stagno sive in stagnis superius nominatis. Insuper compromiserunt dicte partes super dictis quatuor arpentis, que dictus B[uchardus], miles, tradidit dicto Petro, ut dicitur, in venerabilem virum Gaufridum, archipresbyterum Turonensem, ita quod, si dictus B[uchardus], miles, dicta quatuor arpenta tradere potuit dicto Petro sine assensu dictorum religiosorum, eadem arpenta dicto Petro libera remanebunt; si autem tradere non potuit dictus P[etrus], miles, pro duobus arpentis de dictis quatuor arpentis, dictis religiosis persolvet prout de aliis arpentis superius nominatis et sub dicta aqua inclusis. Item promiserunt dicte partes, in eumdem archipresbyterum de clausura dicti stagni, utrum debeat fieri vel non, vel quomodo, et de adaquacione pecudum dictorum religiosorum et hominum suorum, et super hiis stabitur ordinacioni seu dicto archipresbyteri supradicti. Ad hec autem inviolabiliter observanda obligavit dictus Petrus se et omnia bona sua pariter et heredes suos ac eciam successores, ita tamen quod, si idem P[etrus], miles, in solucione dicti bladi vel partis ipsius defecerit termino precitato, pro qualibet ebdomada in qua erit in mora solvendi post lapsum dicti termini, quindecim solidos, nomine pene, dictis religiosis solvere tenebitur exceptione aliqua non obstante, ad principale nichilominus remanens obligatus. Dictus vero Gaufridus de Palludello, heres Montis Thesauri, pacciones hujusmodi ratas habens et acceptas, promisit et promittit, juramento prestito, coram nobis, quod contra pacciones hujusmodi, per se vel per alios non veniet in futurum, racione feodi, hereditatis aut caduci, immo hujusmodi pacciones inviolabiliter observabit et a dicto Petro et heredibus suis sive successoribus inviolabiliter faciet observari. Et promisit dictus Gaufridus per juramentum prestitum, quod, quam cito miles erit, de premissis sequendis, faciendis et tenendis et garentizan-

(1) En marge, écriture du XVIIe siècle : *nota : jus venationis nobis concessum.*

dis eisdis religiosis contra omnes secundum usum et consuetudinem patrie et per jus, infra annum a tempore quo super hoc ab eis fuerit requisitus, se et heredes suos ae eciam successores erga dictos religiosos, per suas patentes litteras sigillo suos obligaturas sigillatas, obligabit. Tenetur eciam dictus Petrus dictum stagnum superius evacuare infra triennium computandum a Resurrectione Domini proximo ventura et tenere vacuum, ita quod dictum nemus, quod aqua dicti stagni tenet occupatum, possit mensurari et metari infra quindecim dies postquam dicti religiosi a dicto Petro super hoc fuerint requisiti, ita quod [si] infra dictum tempus non evacuaretur, seu, si per ipsum Petrum staret, quominus dictum stagnum evacuaretur seu mensuraretur dictum nemus, dictus Petrus viginti libras turonensium nomine pene dictis religiosis solvere tenebitur et evacuare nichilominus dictum stagnum. Tenetur insuper dictus miles, videlicet Petrus, solvere [3] per dictum triennium quolibet anno dictis religiosis unum modium siliginis et dimidium modium frumenti ad dictam Nativitatem Beate Marie in domo ipsorum religiosorum apud Escuilleium, pro nemore quod includitur in stagno supradicto, ita quod, evacuato dicto stagno et mensurato bosco incluso in dicto stagno et metato, si tantus fuerit numerus arpentorum quod plus debeat solvere dictus Petrus secundum composicionem predictam, illud plus cum arreragio dicti triennii et dictos decem et octo sextarios deinceps dictis religiosis persolvet. Si autem minor fuerit numerus arpentorum, non persolvet ulterius dictus Petrus nisi pro numero eorumdem, et illud, quod per predictum triennium plus solverit, computabitur ei in primis tribus annis sequentibus in pensione quam debebit deinceps solvere secundum numerum arpentorum, et erit terminus dicte pensionis deinceps semper ad festum beati Michaelis. Et infra festum beati Michaelis proximo venturum post dictum triennium, debent fieri super premissis nove littere de consensu dictorum religiosorum et dictorum Petri et Gaufridi, de recerca super ista composicione finaliter adimpleta et completa. Pars autem illa, videlicet dictorum religiosorum et dictorum Petri et Gaufridi, per quam stabit quominus nove littere super dictis paccionibus, ut dictum est, confecte sint et sigillate sigillo curie officialis Turonensis infra dictum festum beati Michaelis secundum ordinacionem dicti archipresbyteri, quinquaginta libras turonensium parti alteri pro pena tenebitur solvere, vel per quam stabit quominus infra dictum festum omnia predicta et singula fiant prout superius continetur, ad eadem facienda et tenenda nichilominus remanens obligata. In cujus rei memoriam, ad peticionem parcium, presentes dedimus litteras sigillo curie

Turonensis sigillatas. Datum die Mercurii post Dominicam qua cantatum fuit *Reminiscere,* anno Domini M° CC° quinquagesimo quinto.

[II. — 1228, mars. VIDIMUS DONNÉ PAR JUHEL, ARCHÉVÊQUE DE TOURS, DE LA CHARTE DE RICHARD DE BEAUMONT, SEIGNEUR D'AMBOISE, ET MATHILDE, SON ÉPOUSE, PORTANT ACCEPTATION DE LA SENTENCE ARBITRALE PRONONCÉE PAR LES ABBÉS DE PONTLEVOY ET DE BEAULIEU ET MARTIN, CHANOINE D'AMBOISE, DANS LA CONTESTATION EXISTANT ENTRE LESDITS SEIGNEUR ET DAME D'AMBOISE ET L'ABBAYE DE VILLELOIN, AU SUJET DE L'ÉTANG ET DE LA CHAUSSÉE DE MONTPOUPON.]

Littera de stagno et calceya de Mompopum (1), *sigillo Juelli, archiepiscopi Turonensis, sigillata. — (Tiltre cottée DCDLXXXIX, Layette P.)*

Juellus, Dei gratia Turonensis archiepiscopus, omnibus presentes litteras inspecturis, salutem in Domino. Notum facimus universis quod nos litteras nobilis viri Richardi de Bellomonte, domini Ambazie, et Matildis, uxoris sue, inspeximus, sub hac forma.

[Ici est inséré le texte de la charte que nous donnons plus loin, n° VII.]

[4] Nos vero composicionem superius annotatam gratam et ratam habentes, ad peticionem predictorum nobilis viri et uxoris sue, duximus confirmandam, predictis abbati et conventui Villelupensis presentes litteras super hoc indulgentes. Actum anno gratie M° CC° XX° VIII°, mense marcio.

[III. — 1228. JUGEMENT ARBITRAL RENDU PAR O., ABBÉ DE PONTLEVOY, J., ABBÉ DE BEAULIEU, ET MARTIN, CHANOINE D'AMBOISE, DANS LE DIFFÉREND AU SUJET DE L'ÉTANG ET DE LA CHAUSSÉE DE MONTPOUPON, SURVENU ENTRE L'ABBAYE DE VILLELOIN ET RICHARD DE BEAUMONT, SEIGNEUR D'AMBOISE.

A. — Orig. parch. scellé sur cordons de trois sceaux perdus, Archives d'Indre-et-Loire, H. 592.

VARIANTES : (*a*) Pontiliviensis ; (*b*) cumventum ; (*c*) cumtencio ; (*d*) Mumpopum ; (*e*) cumventus ; (*f*) cunstructa ; (*g*) cumpromissum ; (*h*) cumpromissione ; (*i*) fundo ; (*j*) paremtes ; (*k*) cumcesserunt ; (*l*) cumcedentes ; (*m*) Mumpopum cunstruere ; (*n*) cumsistant ; (*o*) cumventus ; (*p*) volumtatis ; (*q*) cumventui ; (*r*) cumsensu.]

(1) Montpoupon, commune de Ceré (Indre-et-Loire).

Littera compromissionis de stagno et calcia de Mopopum. — (Tiltre cotté DCDXC, Layette P.)

O., Pontileviensis *(a)* et J., Belilocensis abbates, et Martinus, canonicus Ambaziacensis, universis presentibus et futuris presentes litteras inspecturis, salutem in Domino. Universitati vestre duximus intimandum quod, cum inter nobilem virum Richardum de Bellomonte, dominum Ambazie, et venerabilem mulierem Matildim, uxorem ejus, ex una parte, et religiosos viros abbatem et conventuum *(sic)* *(b)* Villelupensis monasterii, ex altera, contencio *(c)* verteretur super stagno et calceia de Monpopum *(d)*, que dicti abbas et conventus *(e)* in fundo et jure suo, in ipsorum prejudicium et gravamen, constructa *(f)* esse firmiter asserebant; tandem, post multas lites, in nos in utraque parte extitit compromissum *(g)*, compromissione *(h)* ex utraque parte sub pena centum librarum vallata. Nos vero, super hoc veritate plenius inquisita, testibus receptis et diligenter examinatis, juris eciam ordine in omnibus observato, certissisme cognovimus dictam calceiam in feodo *(i)* et jure Villelupensis monasterii fundatam et in ipsorum prejudicium esse factam, unde arbitrando pronunciavimus eam debere funditus destrui et penitus amoveri, et quod per dictos nobilem virum Richardum et Matildim, ejus uxorem, vel per successores suos, stagnum vel calceia apud Mumpopum non poterunt nec debebunt de cetero instaurari. Ipsi vero, nostro parentes *(j)* arbitrio, ut decebat, tam pro salute predecessoris sui nobilis viri Sulpicii, quondam domini Ambazie, quam pro sua, voluerunt et concesserunt *(k)* dictam calceiam funditus destrui et omnino amoveri, volentes et concedentes *(l)* quod ipsi vel successores sui non possunt amodo stagnum vel calceiam apud Monpopum construere *(m)* vel fundare, sed prata ipsa in dominio Villelupensis monasterii de cetero consistant *(n)* libere et quiete et de eisdem dicti abbas et conventus *(o)* pro sue voluntatis *(p)* arbitrio valeant ordinare. Ad majorem eciam firmitatem per Odonem de Monteaut, militem, dilectum et fidelem suum, in animas suas corporale prestari fecerunt juramentum, quod ipsi contra premissa per se vel per interpositas personas venire nullatenus atemptabunt (1). In cujus rei testimonium, nos dictis abbati et conventui *(q)* Villelupensis de consensu *(r)* parcium presentes dedimus litteras sigillorum nostrorum munimine roboratas. Actum anno Domini M° CC° XX° octavo.

---

(1) Le manuscrit porte *aptemtabunt*.

[IV. — 1286, 19 septembre, Bléré. JUGEMENT ARBITRAL DU PROCÈS ENTRE LES HOMMES D'EPEIGNÉ ET L'ABBAYE DE VILLELOIN, AU SUJET DU DROIT DE PACAGE DANS LA FORÊT DE CHÉDON ET DU DROIT D'USAGE DANS LE BOIS DE « BORIUÇON » QUE RÉCLAMAIENT LES HOMMES D'EPEIGNÉ.]

Littera arbitrii nemoris de Chedon et de Boriuçon. (Tiltre cotté MXV, Layette P.)

Nos Radulphus de Modona, miles, et Gaufridus de Rocha Borduil, clericus, arbitri communiter electi a religiosis viris abbate et conventu monasterii Villelupensis, ex una [5] parte, et hominibus territorii de Espeigneio (1), ex altera, super contencione, quam habebant inter se ad invicem super pastionibus nemorum ipsorum religiosorum de Chedone et de Boriucon (2) et usagio, quod ipsi homines petebant in nemore de Boriucon ad nemus mortuum (3) et fogeriam in terra et extra et ad folia arborum postquam ad terram ceciderint, que predicti homines territorii de Espeigneio se habere dicebant in nemoribus supradictis, religiosis viris econtrario asserentibus; diligenti inquisicione super hiis habito et cognito plenius de premissis, dictum nostrum seu arbitralem sentenciam presentibus procuratoribus utriusque partis super hoc litteratorie destinatis, videlicet : fratre Johanne de Castro, monacho Villelupensi, pro dictis religiosis, et Petro Dabori, Petro Ferchaut, Guillermo de Choce et Andra Bafer, pro dictis hominibus, super contencione predicta inter dictas partes mota, proferimus et ordinamus et sentencialiter arbitrando pronunciamus, sub pena in compromisso apposita, videlicet centum marcharum, in hunc modum. Videlicet, quod dicti religiosi poterunt servare de cetero et custodire, et servari ac custodiri facere et defendere pastiones dictorum nemorum suorum per spacium unius mensis incipientis a festo beati Mauricii et continue sequentis quolibet anno, mense vero integre clapso, dicti homines territorii de Espeigneio porcos et porcas suos de sua propria nutritura poterunt ponere in dictis nemoribus reddendo ex ipsis pasnagium assuetum, videlicet tres denarios pro quolibet porco, et totidem pro qualibet porcha, et unum denarium pro quolibet porcello lactante, religiosis predictis. Pendente vero spacio mensis deffensi, si contingat porcheriam alicujus hominum predictorum de sua

(1) Epeigné-les-Bois, commune du canton de Bléré (Indre-et-Loire).

(2) Peut-être Bourdisson, commune d'Epeigné-les-Bois.

(3) Sur le manuscrit se lit : *ad nemus mortuorum*.

propria nutritura inveniri seu capi in dictis pastionibus, pro qualibet capcione tres solidos et unum denarium pro emenda cujuslibet porcherie sue, dictis religiosis vel priori dicti loci solvere tenebitur et persolvet. Si vero contingat aliquem porcum vel porcam seu porcheriam post lapsum mensis deffensi in dictis pastionibus inveniri seu capi sine respectu, emendam consuetam habebunt dicti religiosi seu prior dicti loci, videlicet porcum vel porcam porcherie quam acceptare maluerit et pasnagium aliorum. In nemore vero de Boriucon habebunt homines predicti de Espeigneio fogeriam in terra et extra, et brueriam, et nemus mortuum sine ferramento et sine croechio, si ad terram ceciderit sine vimario temporis, et folia cum ad terram ceciderint, utendo tantummodo in territorio supradicto. Dicti vero homines territorii de Espeigneio poterunt extraere in dicto nemore de Boriucon ceochas mortuas cum ferramento, salvis dictis religiosis thuschis de Boriucon circa grangiam abbatis per fossata divisis, in quibus homines nichil percipient et habebunt. Actum die Jovis ante festum beati Mathei apostoli, apud Blereium (1), anno Domini M° CC° octogesimo sexto..Presentibus : Johanne, abbate de Aqua Viva (2); Herberto Oleario; Johanne de Templo, presbytero; Joberto, rectore ecclesie de Blereio; Gaufredo, bladario de Blereyo; Petro Papelart, Johanne Lebeau; Petro de Mulceins (3); Petro Chefdor; Gaciano de Luzilleio (4); Girardo de Atheis (5), et magistro Nicholao, castellano Ambazie.

[V. — 1284, 5 juin. CHARTE PAR LAQUELLE LES PAROISSIENS D'EPEIGNÉ NOMMENT DES PROCUREURS POUR LES REPRÉSENTER DANS LEUR PROCÈS CONTRE L'ABBAYE DE VILLELOIN.]

Littera procurationis de hominibus de Espeigneio sigillo domini regis sigillata. (Tiltre cotté MCXIII, Layette K.)

Saichent tuit présens et avenir, que Père de Espeigné, Renaut Gautier, Johan Mestivier, Guillaume [6] Mestivier, Hervé

(1) Bléré, chef-lieu de canton de l'arrondissement de Tours (Indre-et-Loire).

(2) Aiguevive, abbaye de l'ordre de Saint-Augustin, commune de Faverolles (Loir-et-Cher).

(3) Marsain, commune de Genillé.

(4) Luzillé, commune du canton de Bléré (Indre-et-Loire).

(5) Athée, commune du canton de Bléré (Indre-et-Loire).

Lepau, Esteure Carrignon, Johan Nicholas, Garin de la Boissière (1), Beneoit Rabot, Guillaume Amorous, Martin Girbert, Pierre de Voui, Martin de la Vielle Bruère, Père le Charpentier, Esteure Bailloneau, Pierre Piaut, Mathé Maillot, Renaut de Voui, Pierre Le Mercier, Guillaume de Ridon, Mathé Ledouz, Barthelemy Pinart, Loraut Perdriau, Symon Agnau, Guillaume de Bornuef, Morice Lepau, Renaut Epostoire, Pierre Bodin, Pierre Choigne, Joffrai Bovier, Hervé Ortiau, Renaut Angelart, Perrenin Percevaus, André de la Bruière, Henri Le Mercier, Johan Nabon, Guillaume Gauter, Aalez la Peletière, Tieffeine la Munière, Aremborg Chocée, Johanne la Melote, Ameline Bigote, Johanne Larchière, Philippe la Grifière, Johan Pepin, Aremborg la Douce, Johan de la Pinardière, Renaut de la Boissière, Geffroy Pinot, Hodéart Odete, Esteure Mesteer, Guillaume Rouseau, Martin de la Bruière, Mathé Ripau, Johan Roseau, Mathé Grifier, Lorant Ripaut, Robin Haichereau, Philippe Daubori, Guillaume Quantin, Barthelot le Fornier, Huguet Dabori, Guillaume Porchier, André Baleram, Renaut Moreau, Guillaume Chocé, Davi le Fuselier, Esteure Gras de Pain, Pierre Graveler, Symon de Chocé (2), Hervé de Chocé, Johan Apostoire, Perre de la Malerie, Robert de Loiche, Renaut Maciquant, Robin Amis, Johan Joceaume, Gautier Pequegaut, Pierre le Suerre, Johan Gueignart, Hardois dou Plesseiz, Johan Richar, Nicholas Malier, Renaut Belefame, Herbert Deschans, Pierre Grepeau, Perronèle de Chocé, Vivien Deschamps, Guillaume de Bauno, Hodéart la Ripaude, Johanne la Chibaude, Soplige Chasteau, Renaut Joceaume, Agnès la Hervée, Robin Perdriau, Guillaume dou Cormier, Geffray le Feuere, Mathé le Feuere, Margarite la Maleherbe, André Coichon, Thibaut Petit Joffrey, Johan Moreau, Renaut Nicholas, Clement Girbert, Denise la Brunele, Richot dou Gué, Esteure de Forneau, Colin Peleter, Pierre Grangnier, Pierre Berruier, Nicolas Peleter, Johanne la Marente, Macé Perdriau, Martin le Munier, Pierre Bernart, Guillaume Deschamps, Johan dou Gué, Pierre le Barchier, Nicholas Ripaut, Johan Loteau, Esteure Forester, Guillaume le Camus, Guillaume Le Grant, Lorance la Galete et Martin de Chocé, ont confessé en droit en la cort lou roy que il feit e establi e font e establissent leurs procurateurs Pierre Dabori, Pierre Ferchaut, Guillaume de Chocé, Guillaume Pinart, Johan Perdriau, Père de Vile et André Bafer, porteour de cetes lettres, ou les sex, ou les cinc, ou les

(1) La Boissière, hameau de la commune d'Epeigné-les-Bois.

(2) Chossay, hameau de la commune d'Epeigné-les-Bois.

quatre, ou les trois, ou les dous, si il ne povoient estre touz ensemble, en la cause que le persones desus nomées ont e entendont à avoir contre religieux homes l'abbé et le convent de Villelouein, ont e entendont à avoir contre les persones desus dites par reison des paissons dou boys de Chedon et de Boriucon et de bois mort de Bergecon, par davant toutes menières de juges de cort de saint eglise e de cort laie. E donent les persones desus dites as diz procurators, ou as sex, ou as cinc ou as quatre, ou as trois, ou as deux, si il ni povient estre touz ensemble, plein pouvoir et espeau commandement por fère por eus totes menières de deffenses par devant toz juges en jugement et hors jugement, de convenir, de reconvenir, de repliquer, de poser, de respondre asposicions, de [7] faire transaccion, de comprometre, de pacefier, de jurer de la callumpnie e de verité dire, de oir sentence interloqutoire et diffinitive, de apeler e de porsegre leur apeau, de requere depens e de les jurer e de les recevoir, si aucuns leur en sont ajugiez, e de faire tot quenque les persones desus dites feroient et porroient feire si il i estoient présens. Et ont ferme et estable les persones desus dites tot quenque les procutators de sus diz ou les sex, ou les cinc, ou les quatre, ou les [trois], ou les dous feront et procureront et ordeneront des choses desus dites tant pour eus quant contre eus, et prometent à paier le juge pour les diz procurators, si mestiers est, sus l'obligacion de touz leur biens moibles et immoibles ou que il soient, présens e avenir, e en sont jugiez et condampnez par le jugement de la dite cort lou roy à leur requeste. Ce fut fait e saelé dou seau de la dite cort lou roy dont l'en use à Loiche, en tesmoin de verité, save le droit lou roy, présens, Johan Chambellain et Simon Baudri, le lundi après la Trinité l'an de greice mil CC e quatre vinz e quatre.

[VI. — 1285, 16 août, Loches. — CHARTE PAR LAQUELLE LES PROCUREURS DES HABITANTS D'EPEIGNÉ ACCEPTENT DE CONFIER LA SOLUTION DU DIFFÉREND QUE CEUX-CI AVAIENT AVEC L'ABBAYE DE VILLELOIN A L'ARBITRAGE DE RAOUL DE MONNÉ, CHEVALIER, ET DE GEOFFROY DE VILLELOIN.]

Item littera procurationis de hominibus de Espeigneio, sigillo dominis regis sigillata (1).

Sachent tuiz présenz e avenir que Pierre Dabori, Pierre Fer-

(1) En marge : *Borgellon*

chaut, Guillaume de Chocé, Guillaume Pinart, Johan Perdriau e André Bafer, procurators à Père d'Espeigné e à Renaut Gautier e à Johan Mestivier e à plusors autres persones qui sunt continues e nummées e escriptes en un procuracion saelée dou seau de la cort lou roy dont le use à Loiches, ont confessé en droit en la dite cort lou roi à Loiches, que, comme contenz fut mehuz entre eus e les persones desus dites, qui sont escriptes en la dite procuracion, d'une partie, e religious homes l'abbé e le convent de Vileloiein, de l'autre partie, par reison des paissons dou boys de Chedon e de Bergecon, e dou bois mort de Borjucon, que, il, por eus et por les persones qui sont continues en la dite procuracion, se sont compromis comme procuratours en mon seignour Raoul de Monne, chevalier, e Geffroy de Vilelouein arbitres esleuz a en faire leur volenté desdiz contens par pais ou par droit. Les quex procurators, pour eus e por les personnes qui sont continues en la dite procuracion, prometent à tenir le dit e l'ordinacion des diz arbitres à peine de cent mars d'argent, les quex cent mars d'argent les diz procuratours prometent à paier e à rendre por chacune des persones qui sont continues en la dite procuracion qui ne tendroit le dit e l'ordinacion des diz arbitres, dont la metié seroit à notre seignour lou roy e l'autre metié seroit à la partie qui tendroit leur dist e leur ordinacion. E par cetes convenances feure e acomplir, si comme desus est dit, e de non mie venir en contre par aucune reison quex quele soit, les diz procurators, pour eus et por les persones qui sont continues en la dite procuracion, obligent eus et leur hers e touz lor biens ou qu'il soient présenz e avenir [8], e en sont jugiez e condampnet par le jugement de la dite cort lou roy à leur requeste. Ce fu fait à Loiches e saelé dou seau de la dite cort en tesmoin de verité, salve le droit lou roy, le juedi après la Miaoust l'an de grace mil e dous cenz e quatre vinz e cinc. Présens Pierre Paloquin e Pierre Picaut.

[VII. — 1228. Charte de Richard de Beaumont, seigneur d'Amboise, et Mathilde, son épouse, par laquelle ils déclarent accepter le jugement arbitral rendu dans le procès pendant entre eux et l'abbaye de Villeloin, au sujet de l'étang et de la chaussée de Montpoupon.

A. Orig. parchemin scellé sur double queue de deux sceaux perdus, Archives d'Indre-et-Loire, H 591.

B. Copie de la même charte dans un vidimus de Juhel, archevêque de Tours, au folio 3 du Cartulaire.

VARIANTES : (a) B. feodo ; (b) B. per nos ; (c) A et B non possit ; (d) A. Monteaut ; (e) B. facimus ; (f) A et B interpositas personas ; (g) B. Juhellum ; (h) B. predicta ; (i) A. millesimo ducentesimo.]

Littera de stagno et calceia de Monpopum, sigilis R[ichardi,] domini Ambazie, et Mathildis, eius uxor, sigillata. — (Charta DCDL XXXVIII).

Richardus de Bellomonte, dominus Ambaziacencis, et nobilis mulier Mathildis, uxor ejus, omnibus presentes litteras inspecturis, salutem. Noverint universi, quod, cum inter nos, ex una parte, et religios viros abbatem et conventum Villelupensis, ex altera, contencio ageretur super stagno et calciea de Monpopum, quam dicti abbas et conventus in fundo *(d)* suo in ipsorum prejudicium et gravamen constructam esse firmiter asserebant ; tandem, post multas lites, in religiosos viros Pontilevii et Belliloci abbates et Martinum, canonicum Ambaziacensem, tam a nobis, quam a prenominatis abbate et conventu Villelupensis, extitit compromissum. Dicti vero abbates et Martinus, canonicus, veritate super hoc plenius inquisita, testibus receptis et diligenter examinatis, juris eciam ordine in omnibus observato, arbitrando pronunciaverunt dictam calceiam in prejudicium Villelupensis abbacie esse fundatam et eam deberi funditus destrui et penitus amoveri, et quod per *(b)* nos vel per successores nostros stagnum vel calceia apud Monpopum non poterunt nec debebunt de cetero instaurari. Nos autem, dictorum arbitrorum, sicut a nobis concessum fuerat, firmiter parentes arbitrio, ut decebat, tam pro salute predecessoris nostris nobilis viri Sulpicii, quondam domini Ambazie, quam pro nostra, volumus et concessimus dictam calceyam funditus destrui et omnino amoveri, volentes et concedentes, quod per nos vel per successores nostros non possunt *(c)* amodo stagnum vel calceia apud Monpopum construi vel fundari. Et ad majorem eciam confirmacionem, per Odonem de Monteau *(d)*, militem, dilectum et fidelem nostrum, in animas nostras corporale prestari fecimus *(e)* juramentum quod nos contra premissa, per nos vel per interpositas positas personas *(f)*, nullatenus veniremus. Venerabilem vero patrem et dominum karissimum Juellum *(g)*, Turonensem archiepiscopum, rogavimus, ut predictas *(h)* dictis abbati et conventui Villelupensi per suas litteras confirmaret. Et nos, ut ratum et inconcussum imperpetuum permaneret, eisdem monachis litteras nostras dedimus et concessimus sigillorum nostrorum munimine roboratas Actum anno Domini M° CC° *(i)* vicesimo octavo.

[VIII. — 1265, septembre. CHARTE DE JEAN DE BERRIE, CHEVALIER, SEIGNEUR D'AMBOISE, QUI RELATE LA SENTENCE ARBITRALE RENDUE PAR GAULTIER BARDIN, BAILLI DE TOURAINE, DANS UN DIFFÉREND ENTRE LEDIT SEIGNEUR D'AMBOISE ET L'ABBAYE DE VILLELOIN, AU SUJET DU DROIT DE SÉGRAIRIE DANS LE BOIS DE BORIUÇON (1).]

(Cartha MXI.)

Universis presentes litteras inspecturis et audituris, Johannes de Berria, miles, dominus Ambazie, salutem in Domino. Noverint universi, quod, cum in pace prolocuta et facta inter nos, ex una parte, et religiosos viros abbatem et conventum Villelupensis, ex altera, per reverendum parrem Gaufridum, Dei gratia episcopum Cenomanensem, et providum virum Gaufridum de Villeta, quondam ballivum Turonensem, super diversis contencionum articulis, que diu inter nos, ex una parte, et dictos religiosos vertebantur, pronunciatum esset a predictis reverendo patre et ballivo, quod si dictus ballivus vel alter ballivus, qui esset pro tempore, posset invenire per inquisicionem idoneam, quod nos haberemus jus segreagii in nemore de Boriucon ante composicionem inter nos, ex una parte, et dictos religiosos prolocutam et factam, predicti religiosi nobis de sua peccunia dare tenerentur ad dictum [9] seu arbitrium dicti ballivi vel ulterius ballivi, qui pro tempore esset, nec possemus nos vel heredes notri segreagium aliquod in dicto nemore petere vel habere; tandem Galterus Bardini, ballivus Turonensis, ad inquirendum super dicto segreagio procedens inter nos, ex una parte, et dictos religiosos, ex altera, a nobis et a dictis religiosis recepit calumpnie juramentum, factis mutuis posicionibus hinc inde et responsionibus ad easdem. Tam nos quam dicti religiosi, videntes hujus negocium tractum longum babere et maximam difficultatem probacionum necesse nos habere producere, de bonorum virorum consilio, super dicto negocio in predictum Galterum, ballivum Turonensem, alte et basse hinc inde compromisimus, promittentes, sub pena centum librarum turonensium, nos tenere hinc inde et inviolabiliter observare quicquid idem ballivus super dicto negocio alte et basse statueret aut eciam ordinaret. Qui Galterus predictus, nobis, ex una parte, et abbate predicto et Gaufrido de Rocha Borduil, procuratore dicti conventus, presentibus, nostro dictorumque abbatis et procuratoris assensu et consensu expresse hinc inde accedente, dictum suum protulit in hunc modum, videlicet quod dicti religiosi de sua pecunia

(1) La rubrique est effacée; en marge : *De nemore de Borniçon.*

centum libras turonensium nobis dabunt, et sic inter nos et dictos religiosos predicta contencio est sopita. Nos vero Johannes de Berria predictus, dominus Ambazie, prefatum dictum predicti ballivi acceptantes, promittimus quod contra illud per nos seu per alium non veniemus, et de dictis centum libris nos tenemus plenarie pro pagatis et dictos abbatem et conventum super predictis centum libris absolvimus et quittamus, promittentes quod super premissis vel aliquo premissorum dictos religiosos non molestabimus in futurum. Et ad premissa universa et singula tenenda, sequenda et inviolabiliter observanda et non venienda, nos et heredes et successores nostros expresse et specialiter obligamus. In cujus rei testimonium et munimen predictis religiosis presentes litteras dedimus sigilli nostri munimine roboratas. Datum anno Domini M° CC° sexagesimo quinto, mense septembris.

[IX. — 1265, 3 septembre. JUGEMENT ARBITRAL RENDU PAR GAULTIER BALDIN, BAILLI DE TOURAINE, DANS LE DIFFÉREND ENTRE JEAN DE BERRIE, CHEVALIER, SEIGNEUR D'AMBOISE, ET L'ABBAYE DE VILLELOIN, AU SUJET DU DROIT DE SÉGRAIRIE DANS LE BOIS DE BORIUÇON.]

De nemore de Borniçon (1). — *(Cartha MXII.)*

Universis presentes litteras inspecturis et audituris Galterus Baldini, ballivus domini regis in Turonia, salutem in Domino. Noverint universi quod, cum in pace prolocuta et facta, per reverendum patrem Gaufridum, Dei gratia episcopum Cenomanensem, et providum virum Gaufridum de Villeta, quondam ballivum domini regis in Turonia, inter virum nobilem Johannem de Berria, militem, dominum Ambazie, ex una parte, et religiosos viros abbatem et conventum Villelupensis, ex altera, super diversis contencionum articulis, que diu vertebatur inter partes, pronuntiatum fuisset a predictis reverendo patre et ballivio *(sic)*, quod si dictus ballivus, vel alter ballivus, qui pro tempore esset, posset invenire per inquisicionem ydoneam quod dominus Ambazie haberet jus segreagii in nemore de Boriucon ante compositionem inter dictas partes, ut dictum, proloqutam et factam, iidem religiosi tenerentur dare dicto domino de sua peccunia ad dictum seu arbitrium dicti ballivi vel alterius ballivi, qui esset pro tempore, nec posset dictus dominus vel heredes aliquid segreagium in dicto nemore petere vel habere. Nos vero Gal-

(1) Ce titre écrit en marge remplace la rubrique effacée.

terus Baldini, ballivus Turonie, procedentes cum predictis partibus inquirendo super segreagio predicto, recepimus a partibus jura mentum calumpnie in ipso negocio, responsionibus hinc inde factis mutuis [10] posicionibus, partes predicte videntes hu-us modi negocium tractum longum habere et maximam difficultatem probacionum necesse habere producere, de bonorum virorum consilio, super dicto negocio in nos alte et basse compromiserunt, hinc inde promittentes, sub pena centum librarum turonensium, se tenere et inviolabiliter observare quicquid super dicto negocio alte et basse statueremus et ordinaremus. Nos vero super dicto negocio, partibus presentibus videlicet dictis nobili et abbate et Gaufrido de Rocha Borduil, clerico, procuratore dicti conventus, eorum assensu et consensu expresse hinc inde accedentibus, dictum nostrum protulimus in hunc modum, videlicet quod dicti religiosi dabunt dicto nobili de sua peccunia centum libras et predicta contencio sopita est inter dictas partes. Dictus vero nobilis, coram nobis in jure constitutus, confessus est se recepisse dictas centum libras a dictis religiosis vel eorum mandato in pecunia numerata et graantum suum super eadem peccunia se penitus habuisse, et quittavit dictos religiosos super eadem pecunia coram nobis et quod [non] posset aliquid de cetero dictus dominus vel heredes sui repetere in nemore supradicto racione segreagii supradicti. Et ad premissa observanda et de non veniendo contra, predictas partes presentes et consentientes, curie domini regis judicio condempnavimus. In cujus rei testimonium et munimen ad peticionem dicti nobilis presentes litteras dedimus predictis religiosis sigillo nostro sigillatas. Datum [die] Jovis post Decollacionem Beati Johannis Baptiste, anno Domini M° CC° sexagesimo quinto.

[X. — 1258, mars. ACCORD ENTRE LES RELIGIEUX DE VILLELOIN ET LEURS HOMMES HABITANT VILLEBASLIN.]

(Cartha (1) *CCII.)*

Universis presentes litteras inspecturis, officialis curie Turonensis, salutem in Domino. Noverint universi, quod, cum contencio verteretur ad invicem inter religiosos viros abbatem et conventum Villelupensis, ex una parte, et homines eorumdem religiosorum mansionariorum in balliis suis de Villabalayn (2)

(1) La rubrique est effacée.

(2) Villebaslin, commune de Villeloin.

a vado que nuncupatur Vadum Asperieis, prout protenditur via ad quercum de Tornetrue versus Villamlupensem, exceptis hominibus ultra dictum vadum in parrochia de Locheio (1) manentibus, et de Villeta (2), exceptis hominibus inmanentibus in parrochia de Noento (3), ex altera, super eo videlicet quod iidem religiosi dicebant se habere super dictos homines quamdam consuetudinem sive costumam, que manus mortua seu mortalitas nuncupatur, et quod poterant et debebant percipere et habere porcionem omnium bonorum mobilium contingentem quemlibet eorumdem hominum decendentem seu morientem et manentem, ut dictum est, in balliis supradictis, prefatis hominibus contrarium asserentibus et dicentibus ad predictam consuetudinem seu costumam minime se teneri. Tandem in nostra presencia constitute dicte partes, pro bono pacis inter se ad invicem formande, de proborum virorum consilio in hunc modum pacis et concordie unanimiter convenerunt, videlicet, quod dicti homines dederunt dictis religiosis pro bono pacis ducentas libras monete currentis, eisdem religiosis persolutas ab eisdem hominibus in peccunia numerata, prout confessi sunt coram nobis iidem religiosi, et de quibus se tenent plenarie pro pagatis. Qui religiosi omnino quitaverunt predictis hominibus et eorum heredibus posteris et presentibus coram nobis dictam consuetudinem seu costumam, que manus mortua seu mortalitas dicitur *(sic)* eodem homines ac eorum heredes sive successores ab eadem consuetudine seu costuma penitus [**11**] absolventes... Et nos eosdem religiosos presentes et in hec consentientes ad omnia et singula supradicta facienda, tenenda et inviolabiliter abservanda *(sic)* ad peticionem dictorum hominum sentencialiter condempnamus. Actum mense marcio anno Domini CC° L^{mo} septimo.

[XI. — 1258 mars. ACCORD ENTRE LES MOINES DE VILLELOIN ET LEURS HOMMES HABITANT VILLELOIN, MONTIGNY, VILLEBASLIN ET LA VILLATE, AU SUJET DES TAILLES QUE LESDITS RELIGIEUX PRÉTENDAIENT EXIGER DESDITS HOMMES.]

Littera de hominibus mansionariis videlicet in balliis de Villalu-

---

(1) Loché, commune du canton de Montrésor (Indre-et-Loire).

(2) La Villète, commune de Loché.

(3) Nouans, commune du canton de Montrésor (Indre-et-Loire)

nis absolventes. Volentes
etiam et concedentes bona fide
quod praedicti homines et eorum
heredes sive successores tam
posteri quam presentes a dicta consuetudine seu costuma que
manus mortua seu morta-
litas dicitur erga eosdem relig. et successores suos extunc
in perpetuum liberi remaneant et
inmunes. Promiserunt insuper
et concesserunt dicti relig. quod contra quictacionem istam per se vel
per alios interpositas personas
non venient in futurum, et quod
dictam consuetudinem seu costumam a dictis hominibus seu ipsorum
heredibus aut successoribus non
repetent de cetero nec in parte
nec in toto. Abrenunciantes
quo ad premissa specialiter et expresse omni iuris auxilio et beneficio tam canonici quam civi-
lis, omni usui, explectacioni,
omni nove consuetudini facte
et faciende in scriptis redacte
et non redacte, et omnibus litteris, indulgenciis, privilegiis

impetratis et impetrandis a quocumque seu per quecumque valeant
impetrari, et generaliter omnibus
tacite et expresse que contra presens
scriptum possent obici seu
dici ad dictorum hominum et heredum seu successorum suorum presencium et futurorum preiudicium et gravamen. Et nos eosdem relig.
presentes et in hec consentientes
ad omnia et singula supradicta
facienda, tenenda et inviolabiliter observanda ad peticionem dictorum hominum in scriptis sententialiter condempnamus.
Actum mense marcio. Anno domini
cc°. Lmo. septimo........

Littera de hominibus mansionar.
videlicet in ballivis de Villalup.
de Montigueio, de Villa Baleni,
de Villers, et officiali curie sigillata.

Universis presentes litteras
inspecturis, Officialis cur.
Turon. salutem in domino. Noverint
universi quod cum contencio verteretur
inter relig. viros abbatem et conventum monasterii Vallelupensis
ex una parte et homines ...

pensi, de Montigneio, de Villa Balein et de Villeta, sigillo officialis Turonensis sigillata. — (Cartha CCXIV.)

Universis presentes litteras inspecturis, officialis curie Turonensis, salutem in Domino. Noverint universi quod, cum contencio verteretur inter religiosos viros abbatem et conventum monasterii Villelupensis, ex una parte, et homines mansionnarios dictorum religiosorum manentes in balliis ipsorum religiosorum, videlicet de Villalupense, de Montigneyo, de Villabaalain et de Villeta, exceptis hominibus manentibus in parrochia de Noento, ex altera, super hoc quod dicti religiosi petebant a dictis hominibus tres tallias ad voluntatem suam faciendas, tempore cujuslibet abbatis in Villalupensi monasterio instituti seu instituendi, videlicet unam talliam in novitate cujuslibet abbatis de novo instituti seu instituendi in dicto monasterio, et aliam talliam si dicti abbas et conventus facerent empcionem quinquaginta libras excedentem, et aliam talliam si abbatem dicti loci contigerit ire Romam, de quibus talliis habendis a dictis hominibus et eorum successoribus fuerant dicti religiosi in possessione a tempore a quo non extat memoria, ut dicebant, dictis hominibus incontrarium asserentibus, tandem, de bonorum virorum consilio, ita extitit coram nobis compositum inter partes, quod dicti homines, in nostra presencia constituti, confitentes coram nobis in jure ad predictas tallias se teneri, promiserunt coram nobis et concesserunt se et eorum heredes seu successores easdem tallias dictis religiosis et eorum successoribus imposterum reddituros, ita videlicet quod predicti homines et eorum heredes seu successores pro qualibet tallia superius nominata, quas tallias tenentur solvere dicti homines et eorum heredes seu successores, quamlibet earum semel tantummodo tempore cujuslibet abbatis, quinquaginta libras currentis monete, si premissa evenire contigerit, vel de premissis, imperpetuum dictis religiosis solvere tenebuntur, infra mensem postquam a dictis religiosis vel eorum mandato seu nuncio super hoc fuerint requisiti, incipientem a die requisicionis predicte, et debet quelibet dictarum talliarum cum evenerit facienda, taxari per aliquos [e] dictis hominibus ad hoc a communi electos et juratos de ea legitime **[12]** taxanda. Insuper dicti religiosi, in nostra presencia apud Villelupensem in suo capitulo constituti, promiserunt et concesserunt coram nobis, quod a dictis hominibus vel eorum heredibus seu successoribus, ratione dictarum talliarum nichil pet[er]ent de cetero preterquam, pro qualibet ipsarum, quinquaginta libras superius nominatas. Tenentur eciam dicti religiosi, illis hominibus qui a communi predictorum hominum constituti fuerint et electi ad predictas tallias taxandas et levandas, quemdam suum nuncium tradere ad capiendum mampna illorum, qui in solucione tallie a dictis constitutis et electis taxate, super ipsos rebelles extiterunt ad querencium exhibere justicie complementum. Et ad solucionem sive soluciones predictas ut dictum est faciendas, obligaverunt predicti homines se et heredes sive successores in balliis predictis manentes fide a quolibet ipsorum hominum in manu nostra prestita corporali. Voluerunt insuper et concesserunt predicti homines quod, si ipsi deficerent in solucionibus predictis vel ipsarum aliqua dictis religiosis, ut dictum est, faciendis, pro qualibet septimana in qua post dictum mensem erunt in mora solvendi, tenebuntur solvere quinquaginta solidos pro pena abbati et conventui supradictis, et ex tunc dicti religiosi capient, vendent et distrahent res dictorum hominum pro quantitate dicte peccunie infra dictum terminum, ut dictum est, non solute et pro pena. Nec poterunt dicti homines aut heredes seu successores eorum contra premissa venire de cetero aliqua ratione, renunciantes expresse in hoc facto predicti homines coram nobis omni juris auxilio et beneficio sibi competenti et competituro... Ad que omnia et singula supradicta tenenda, facienda et sequenda et inviolabiliter et firmiter observanda dictos religiosos et dictos homines presentes et premissa vera esse confitentes et in eisdem consentientes, in scriptis sententialiter condempnamus. In cujus rei testimonium et munimen ad peticionem parcium presentes dedimus litteras sigillo curie Turonensis sigillatas. Datum mense marcio anno Domini M° CC° L^{mo} septimo.

[XII. — 1266, janvier. CHARTE DE L'OFFICIAL DE TOURS ATTESTANT QUE RENAUD DE CEPHOUX, CHEVALIER, ET RENAUD, SON FILS AINÉ, ONT VENDU A L'ABBAYE DE VILLELOIN LA DIME QU'ILS POSSÉDAIENT SUR LE TERRITOIRE DE VILLORSIN EN LA PAROISSE DE NOUANS.]

Littera de decima de Villa Orsin (1), *sigillo officialis Turonensis sigillata. — (Cartha CDXLII.)*

Universis presentes litteras inspecturis et audituris, officialis curie Turonensis, salutem in Domino. Noverint universi quod in nostra presentia constituti Raginaldus de Copheio (2), miles, et Raginaldus, filius ejus primogenitus, confessi sunt in jure coram

(1) Villorsin, paroisse de Nouans.

(2) Céphoux, commune d'Orbigny (Indre-et-Loire).

nobis se vendidisse et concessisse, et vendiderunt et concesserunt unanimiter coram nobis religiosis viris abbati et conventui Villelupensi, precio sexaginta librarum sibi plenius a dictis religiosis persoluto, ut confessi sunt ipsi venditores, in peccunia numerata, totam quandam decimam quam ipsi venditores habebant et percipiebant et habere et percipere ipsi et antecessores sui consueverant, ut dicebant, sitam in parochia de Noento, in territorio de Villa Orsin, et quidquid juris ipsi venditores et eorum quilibet in tota decima supradicta, et decime ipsius fructibus, exitibus, proventibus, emolumentis et aliis ejusdem decime pertinenciis universis, habebant vel habere poterant et debebant qualibet ratione, habendam et libere perpetuo percipiendam et explectandam ipsam decimam cum omnibus ejus fructibus et exitibus, a dictis religiosis et eorum [13] successoribus seu mandato, titilo *(sic)* empcionis, et ad faciendam exinde suam omnimodam voluntatem. Cujus decime proprietatem dicti venditores et eorum quilibet transtulerunt coram nobis in dictos emptores liberam per tradicionem presentium litterarum..... Propterea coram nobis constitutus Raginaldus de Murceins, armiger, a quo dicti venditores ipsam decimam tenebant ad fidem et homagium, ut dicitur, et habebant, et qui eciam armiger eandem decimam a predictis religiosis habebat ad fidem et homagium, ut dicebat, predictam vendicionem et omnia in presentibus contenta laudans, et rata habens penitus et accepta, promisit quod contra premissa vel aliquid de eisdem jure aliquo non veniet in futurum, fide ab ipso prestita corporali. Datum anno Domini M° CC° sexagesimo quinto, mense januarii.

[XIII. — 1200, 12 avril. Charte de Geoffroy de Palluau, seigneur de Montrésor, relatant la donation de la dime de Marsain, faite a l'abbaye de Villeloin pour l'entretien luminaire, par Renaud de Marsain.]

Littera de decima de Murceins, sigillo domini Montis Thesauri sigillata.

Ego Gaufridus de Palludello, dominus Montis Thesauri, omnibus ad quos presentes littere pervenerint notum facio quod Raginaudus de Murceins, pro remedio anime sue et Margarite, uxoris sue, et predecessorum suorum, dedit et concessit ad luminare monasterii Villelupensis quicquid ipse habebat in decima de Murceins, sub hoc pacto quod pristinum luminare ejusdem monasterii non minuetur et quicquid proveniet ex decima illa totum in lampadibus expendetur, que lampades die et nocte sine intermissione accendentur. Lampadibus autem illis una major supererit supereminens universis, que pro remedio matertere mee Asceline, pro me eciam ipso, qui eandem concessi, et predecessoribus meis accendetur. Insuper etiam sacrista ejusdem monasterii providebit in continuo servicio trium lampadarum, dans singulis annis pro unaquaque duos sextarios frumenti, quarum una ardebit in ecclesia de Vilariis (1), reliqua in ecclesia de Noeint, tercia in capella de Murceins, si tamen de proventibus ejusdem decime tantum poterit provenire. Ego autem, dominus feodi, ad peticionem monachorum et Raginaudi, prenominatam decimam predicto monasterio sub predicto pacto in perpetuam elemosinam concessi [**14**] et predictum feodum omnino quictavi et concessionem illam et feodi quictacionem sigilli mei patrocinio communivi. Pro concessione autem ista dederunt mihi Girardus, abbas, et monachi predicti monasterii, trecentos solidos andegavencium et ipsius abbatis palefredum. Actum est hoc anno millesimo CC°, IIIIª feria post Pascha, sub testimonio multorum : Girardi, scilicet abbatis, et Gaufridi prioris ; Johannis, celerarii ; Raginaudi, elemosinarii ; Gaufridi de Murceins ; Bernardi, sacriste ; Rebelli Cheotardi ; Michaelis de Lochis : Johannis, archipresbyteri de Lochis ; Mauricii, prioris de Balgezeio (2) ; Guillermi de Pricinniaco, Guillermi de Castellione, Stephani de Sinapariis, militum ; Gaufridi de Virdario ; Tirici Ulrici, carpentarii ; Guillermi Joculertoris ; Guillermi Choete et aliorum.

[XIV. — 1267, 28 juillet, Villeloin. JUGEMENT ARBITRAL RENDU PAR GEOFFROY FRESLON, ÉVÊQUE DU MANS, ET GEOFFROY DE LAVARDIN, CHEVALIER, QUI TRANCHE LES DIFFÉRENDS EXISTANT ENTRE L'ABBAYE DE VILLELOIN ET GEOFFROY DE PALLUAU, SEIGNEUR DE MONTRÉSOR.]

Littera (3) concordie inter dominum Monthesauri et abbatem Villeluppensem. — (Cartha CXX.)

Universis presentes litteras inspecturis et audituris, Gaufridus, Dei permissione Cenomanensis ecclesie minister, et Gaufridus de Lavardino, miles, salutem in Domino sempiternam. Noveritis quod inter religiosos viros abbatem et conventum Villelu-

(1) Villiers, commune de Villeloin-Coulangé.

(2) Baugerais, abbaye de l'ordre de Citeaux, commune de Loché.

(3) Cette rubrique, tracée en écriture cursive, est du XVII° siècle.

penses, ex una parte, et nobilem virum Gaufridum de Paludello, militem, dominum Montis Thesauri, ex altera, super justicia terrarum quas dicti religiosi habent seu que tenentur ab eisdem in parrochia de Bellomonte (1), dyocesis Turonensis, et super multis aliis articulis de quibus infra fit mencio, questione suborta ad invicem et in nos facto a predictis partibus compromisso, lite contestata, jurato de calumpnia, auditis et intellectis que partes predicte coram nobis proponere voluerunt, retenta nobis de consensu parcium potestate declarandi, interpretandi, seu eciam corrigendi usque ad tempus in compromisso contentum, ea que in consequentibus declaranda, interpretanda viderimus, seu eciam corrigenda, super dicta justicia de qua mota erat contencio inter partes in primis taliter ordinamus : quod per nos vel alterutrum nostrum mete ponantur, scilicet a riparia de Androeis (2) usque ad dumum juxta fulcas dicti nobilis, et ab eis usque ad quamdam quercum juvenem que est in haia foreste, et ab ipso usque ad quigneium foreste, ab illo vero quigneio usque ad quandam parvam viam que est prope cormerium, et per illam viam usque ad ripariam de Bellomonte, eundo a dextris, erit tota justicia dictorum religiosorum in terris, feodis, rebus et censivis quas modo possident continue adjacentes ; a sinistris vero vigeria et alta justa justicia terrarum et terragialium et censivarum dictorum religiosorum remanebit nobili supradicto inter dictas me[t]as et aquam de Androeis, necnon in terris, rebus et locis quas seu que tenent ipsi religiosi, seu que tenentur ab eis in parrochia de Bellomonte ultra aquam, versus domum defuncti Bernardi de Bellomonte et infra villam de Orbigneio (3) et infra fossata de Noento, dicto nobili alta justicia et vigeria remanebunt ; dictis vero religiosis omnis alia minor justicia, sive simplex justicia, sive parva vigeria appelletur, remanebit, declarantes quod cum aliis ad predictam dictis religiosis justiciam remanentem pertinentibus, habebunt iidem religiosi vendarum celatarum, arborum excissarum emendas quantuncumque valeant, et placitum duelli ad talem justiciam pertinentis quousque duellum in eorum curia fuerit judicatum, et tunc autem dicto nobili et suis heredibus remanebit, reddendo septem solidos et [15] dimidium abbati et conventui supra dictis. Et hoc intelligimus tam in rebus quas dicti religiosi te-

(1) Beaumont-Village, commune du canton de Montrésor (Indre-et-Loire).

(2) L'Indrois, rivière.

(3) Orbigny, commune du canton de Montrésor (Indre-et-Loire).

nent infra dictas metas in dominio quam in rebus que tenentur ad *(sic)* ipsis sive ad fidem sive ad terragium sive etiam ad censivam. Item in terris et locis que a dictis religiosis tenentur et que sive quas dicti religiosi tenent in parrochia de Orbigneio extra villam habebunt ipsi religiosi totam vigeriam, alta justicia dicto nobili remanente. Item in illa porcione que in bosco de Biart(1) dictis religiosis pro ipsorum usagio est vel fuit a vassallo seu vassallis dicti nobilis dictis religiosis assignata, remanet dicto nobili alta justicia tantum, dicta porcione bosci cum omni vigeria et segriagio dictis religiosis remanente. Item dictis religiosis remanebit quicquid in feodis et retrofeodis dicti nobilis adquisierunt dicti religiosi usque ad presentem diem cum tali justicia quam ipsi habebant a quibus extitit adquisitum et cum omni jure quod ipsi religiosi habebant antea in eisdem. Sciendum est autem quod in omnibus justiciis et rebus aliis que ipsis religiosis remanent, dictus nobilis et heredes sui penitus excluduntur. De terragio vero quod ipsi religiosi petebant in terris gaignerie dicti nobilis de Monte Thesauro, remanebunt idem nobilis et heredes sui de terragio ipsarum terrarum quas modo possidet et aliis redibenciis, ratione terrarum predictarum debitis, exceptis decimis, que ramanent religiosis predictis, sicut ante, in perpetuum liberi et immunes. Item, sciendum est quod furnus dicti nobilis de Noento habet et habebit usagium suum in nemore de Chodone, ad pedes ad edificandum seu construendum domum dicti furni tantummodo, et ad nemus mortuum et ad brancas ad calfagium dicti furni; et si quercus biceps sive gemella inveniatur, minor talla scindi poterit ad calfagium dicti furni. Si vero plures pedes procedant sive nascantur ex una chochia seu trunco, habebit dictus nobilis branchas ad calfagium dicti furni et pedes ad reedificandum seu construendum domum ejusdem furni, ratione usagii dicti furni. Tusca vero Lupi, in qua dictus nobilis petebat et dicebat se habere quartam partem, remanet eisdem religiosis quicta, libera et immunis. Similiter de quodam prandio quod dictus nobilis petebat in domo prioratus de Hiis (2) quolibet anno pro suis servientibus, per ordinacionem nostram remanent dicti religiosi de cetero liberi et immunes. Questionem vero supprisionis stagni de Hyis eisdem religiosis dimisit idem nobilis penitus imperpetuum et quittavit. De garennis vero taliter ordinamus quod neuter parcium in aliquo loco possit facere vel explectare garennam in quo alta,

(1) Le Grand et le Petit-Briard, hameau, commune de Ceré.

(2) Hys, commune de Genillé (Indre-et-Loire).

justicia remaneat parti adverse. De costumis hominum capiendis hinc inde taliter declaramus quod homines Villelupenses apud Montem Thesaurum et homines Montis Thesauri apud Villamlupensem a costumis omnibus sunt immunes. De hominibus vero aliis qui sub dictis partibus immediate morantur, per inquisicionem factam de mandato nostro per Raginaldum de Copheio, militem, et Gaufridum de Rocha Borduil, clericum, declaramus quod dicti homines utrique parti vendas solvere tenebuntur. Per hanc autem composicionem dictus abbas dicto nobili segreagium de podio de Hyis dimisit penitus et quictavit. Quam composicionem, prout superius tacta est, coram nobis episcopo predicto, ex nunc dicte partes, scilicet dictus nobilis pro parte sua, et dictus abbas et sacrista, procurator nomine conventus, pro sua approbant. ... [**16**] Volentes et concedentes partes predicte quod sibi ad invicem darent litteras de compositione hujusmodi servanda, sigillis nostris sigillatas. In cujus rei testimonium presentibus litteris sigilla nostra duximus apponenda, una cum sigillis dictorum abbatis et conventus et nobilis supradicti. Actum in abbacia Villelupensi, presentibus dictis abbate et sacrista dicti monasterii, procuratore dictorum abbatis et conventus, et nobili supradicto et acceptantibus supradicta, anno Domini M° CC° LX^mo^ septimo, die Jovis ante festum beati Petri ad Vincula.

[XV. — 1267, 28 juillet. CHARTE DE GEOFFROY FRESLON, ÉVÊQUE DU MANS, QUI RÈGLE CERTAINS LITIGES EXISTANT ENTRE L'ABBAYE DE VILLELOIN ET GEOFFROY DE PALLUAU, CHEVALIER.]

Item de eodem.

Universis presentes litteras inspecturis, Gaufridus, permissione divina Cenomanensis ecclesie minister humilis, salutem in Domino. Noveritis quod, cum inter religiosos viros abbatem et conventum Villelupenses, ex una parte, et nobilem virum Gaufridum de Paludello, militem, dominum Montis Thesauri, ex altera, esset contencio super pluribus articulis de quibus in nos et nobilem virum Gaufridum de Lavardino, militem, extitit compromissum, ipsorum plures jam deffinivimus et de quibus infra fit mencio sic extitit ordinatum, videlicet de pedagiis hominum sub dictis religiosis inmediate commorancium, quod Raginaldus de Coffeio, miles, et Gaufridus de Rocha Bordeil, clericus, super hoc jurati, veritatem inquirunt, et, si sint concordes, quod pronunciabunt super hoc dicte partes tenebuntur observare; si autem discordes fuerint, descordiam suam ad nos referant vel ad alterutrum nostrum, et, quod a nobis vel alterutro nostrum fuerit ordinatum, dicte partes teneant et observent. Item de causa mota a dictis religiosis contra Petrum dictum Malum Clericum, Andream dictum Bonam et filium ejus primogenitum, qui in quemdam dictorum religiosorum commonachum violentas manus injecisse dicuntur, necnon de causa mota Biturico a dictis religiosis contra quosdam armigeros dicti nobilis, videlicet Guillermum de Billeyo et Raginaldo Droconis, qui equos et quadrigas dictorum religiosorum injuste cepisse dicuntur, voluerunt et concesserunt dicte partes quod nos episcopus, inquisita prius veritate factorum et processuum habitorum inter dictos religiosos et servientes et armigeros supradictos, eisdem religiosis emenda a dicto nobili, qui in se suscepit honus emende faciende pro ipsis servientibus et armigeris, fieri faciamus, prout de jure viderimus expedire seu paci parcium convenire. Item hominibus de Orbigneyo idem nobilis per composicionem seu ordinacionem nostram remisit penitus et quitavit omnes emendas, dampna et expensas, si quas ab eisdem possit petere vel habere, salvo tamen eidem nobili jure suo hereditario contra eos, per quam ordinacionem seu compositionem remisse sunt omnes injurie hinc inde commisse necnon ableta *(sic)* et subtracta tam a partibus principalibus quam a suis. In cujus rei testimonium presentes litteras dicto nobili dedimus sigillatas sigillo nostro una cum sigillo abbatis predicti. Datum die Jovis predicta anno Domini M° CC° LX° septimo.

[XVI. — 1213. CHARTE PAR LAQUELLE SULPICE, SEIGNEUR D'AMBOISE, RATIFIE LA VENTE ET LA DONATION FAITES A L'ABBAYE DE VILLELOIN PAR GEOFFROY « DROCONIS », PÉTRONILLE, SA FEMME, ET JULIENNE, LEUR FILLE, DE TOUT CE QUE LADITE PÉTRONILLE AVAIT EU EN MARIAGE EN LA PAROISSE DE NOUANS.]

Littera de tercia parte quam Gaufridus Droconis et Petronilla, uxor ejus, concesserunt ecclesie Villelupensi, sigillo Sulpicii, quondam domini Ambazie, sigillata. — (Cartha CDXX.)

Ego Sulpicius, dominus Ambazie, universis presentibus pariter et futuris ad quorum noticiam presentes pervenerint, notum facio quod, cum Gaufridus Droconis, miles, et Petronilla, ejus uxor, [**17**] cum assensu et voluntate Juliane, filie eorum, in puram et perpetuam elemosinam ecclesie Villelupensi terciam partem omnium que habebant de maritagio predicte Petronille in parrochia de Noento contulissent, et reliquas duas porciones ejusdem maritagii domino Girardo, tunc temporis abbati ejusdem monasterii, pro quinque milibus solidis et sex libris turonensis monete vendidissent, ego, ad peticionem parcium pro audienda dicta donacione et vendicione speciales ad partes illas nuncios, videlicet Martinum, clericum meum, et Johannem Peleter, tunc temporis prepositum Ambazie, destinavi, coram quibus, sicut ipsi mihi postmodum fideliter retulerunt, partes constitute recognoverunt elemosinam et vendicionem, prout superius dictum est, esse factas ita quod monasterium Villelupense res predictas perpetuo pacifice possidebit, exceptis furno et molendino de Noen. Gaufridus etiam Droconis prefate Petronile, uxori sue, in recompensacionem et commutacionem maritagii in terra quam habebat in parrochia de Faveroles (1), assignavit septem modios bladi communis, prout in terra ipsa provenerit, et tres preterea homines, Johannem scilicet Baudoin, Rainauldum Baudoin et Gaufridum Durandi, ita quod si eadem Petronilla decedat sine herede, res commutate ad Tancredum, patrem Petronille, et heredes suos revertentur perpetuo possidende. Hanc vero donacionem, vendicionem et commutacionem sibi esse utilem et ratam se habituram recognoscebat Petronilla supradicta, et Tancredus, pater Petronille, et Gaufridus, filius ejus, una cum eadem Petronilla et Gaufrido, viro ejus, confitentes se dictas donacionem et vendicionem et commutacionem, coram domino Nicholao, archipresbytero Ambazie, quem dominus Johannes, archiepiscopus Turonensis, propter hoc ad eos specialiter destinarat, publice recognovisse et sacramento interposito concessisse, promiserunt quod contra premissa non venient, immo eadem boba *(sic)* fide inviolabiliter observabunt. Quoniam igitur partes, sicut ex dictis mandatis nostris accepimus, et Tancredus, pater Petronille supradicte, qui predicta a nobis in homagium tenebat, nobis supplicarunt ut sepedictas elemosinam, vendicionem et commutacionem ratas habens in manu caperem tanquam dominus garantizandas, ego, pie eorum peticioni liberaliter annuens, presentes litteras testimoniales conscribi, feci et sigilli mei munimine roboravi. Actum est hoc anno gratie M° CC° tredecimo.

[XVII. — 1207, octobre. CHARTE DE FONDATION DU PRIEURÉ DE L'ILE, A AMBOISE, FAITE AU PROFIT DE L'ABBAYE DE VILLELOIN PAR SULPICE, SEIGNEUR D'AMBOISE.]

Littera de fondacione prioratus de Insula Ambazie, sigillo Sulpicii, quondam domini Ambazie, sigillata. — (Carta MCXL.)

Ego Sulpicius, dominus Ambazie, omnibus presentes litteras

(1) Faverolles, commune du canton de Valençay (Indre).

inspecturis, salutem in Domino. Universitati vestre notum fieri volo quod ego, pro remedio anime mee et Matildis, matris mee, et parentum meorum, dedi et concessi imperpetuam elemosinam abbacie Villelupensi capellam de insula, que est ante portam domus leprosorum de Ambazia, com ipsa insula et pertinenciis ejus. Concessi eciam in elemosinam eidem abbacie feodum quod Petronilla de Vindocino de me tenebat, scilicet medietariam Transligerinam, cum suis pertinenciis, et prata ibidem sita et aquas quas eadem Petronilla habebat in Siccia (1), perpetuo possidenda. Insuper dedi et concessi monachis in jamdicta insula manentibus unam nundinam vel feriam singulis annis [**18**] in Cathedra Sancti Petri in castro meo Ambazie videlicet cum nundine pertinenciis. Ita quidem quod abbas et conventus Villelupensis constituent ibi duos monachos presbyteros, qui ibi perpetuo Domino servientes tenebuntur singuli duas missas de defunctis pro anima memorate domine singulis ebdomadis celebrare, et in missis aliis quas celebrabunt, in *Memento misse*, pro ipsa domina facere memoriam specialem; facient eciam ipsi monachi singulis annis anniversarium dicte Matildis in crastino Purificationis Beate Marie, unum pauperem ipsa die sicut unum de monachis pro ipsius anima procurantes. Abbas vero et conventus monachis ibidem commorantibus assignarunt quidquid habebant apud Ambaziam et quicquid habebant apud Colomers (2), et quicquid habebant apud Syvraium (3), retenta donacione ecclesie de Syvraio, et quatuordecim sextarios bladi apud Expiniacum, scilicet quinque frumenti et quinque sigali et duos ordei et duos avene ad mensuram Ambazie. Illud volo esse notandum quod vineas Ambazie et illud quod habent monachi apud Colomers et quatuordecim sextarios bladi predictos monachi de Insula non habebunt donec umanitus contigerit de Willermo de Fossa Maura et Mauricio Bertranni, canonicis Ambazie, qui ista tenent et debent vita comite possidere; post mortem quorum omnia ista ad ipsos monachos de Insula libere revertentur. Interim autem abbas et conventus in recompensacionem istorum ad tempus assignarunt eisdem monachis de Insula decem et octo sextarios bladi ad mensuram Ambazie et sexaginta solidos apud Maurullium (4), donec omnia predicta ad ipsos monachos revertantur, que nisi eis sufficiant, abbas et

(1) La Cisse, rivière.

(2) Coulommiers, commune de Francueil (Indre-et-Loire).

(3) Civray-sur-Cher, commune du canton de Bleré (Indre-et-Loire).

(4) Mareuil, commune du canton de Montrichard (Loir-et-Cher).

conventus Villelupensis tenebuntur competenter supplere defectum. In cujus rei memoriam et testimonium has litteras fieri feci et sigillo meo muniri. Actum est hoc anno gracie M° CC° VII°, mense octobri.

[XVIII. — 1214. CHARTE PAR LAQUELLE SULPICE, SEIGNEUR D'AMBOISE, CONCÈDE AUX RELIGIEUX DU PRIEURÉ DE SAINT-SAUVEUR DE L'ILE D'AMBOISE LE DROIT D'USAGE DANS LA FORÊT DE CHAUMONTAIS.]

Littera prioratus de Insula, de usagio nemorum, videlicet de foresta Chaumonteis, sigillo predicti domini sigillata. — (Cartha MCXLIII.)

Ego Sulpicius, dominus Ambazie, notum facio omnibus presentibus pariter et futuris ad quos littere iste pervenerint quod ego, amore Dei et pro remedio anime mee et animarum patris et matris mee et omnium fidelium defunctorum, dedi et concessi domui Sancti Salvatoris de Insula Ambazie et monachis ibidem Deo famulantibus, in puram et perpetuam elemosinam, tantum de nemore mortuo in foresta mea de Chaumonteis ad usagium suum quantum equus vel equa vel quolibet animal singulare ducere poterit, singulis annis, cum quadriga, de dicta foresta ad ripam Ligeris fluvii, a Pascha Domini usque ad Nativitatem Beati Johannis, et palos de nemore vivo in eadem foresta percipiendos quotquot necessarii fuerint ad defendendam dictam insulam ab inundacione et molestacione fluvii memorati, eis liberaliter concedens ut ubicumque in dicta foresta competencius et facilius capere valeant nemus mortuum et palos, sicut dictum est, liberam habeant facultatem capiendi. Adhuc volui et concessi ut iidem monachi omnimodas piscaturas quas undique circam *(sic)* insulam duxerint instaurandas libere possideant et quiete. Quod ut ratum et [in]concussum permaneat, litteras meas testimoniales eis duxa *(sic)* misericorditer indulgendas, sigilli mei munimine roboratas. Actum anno gracie M° CC° XIIII°.

[XIX. — 1202, mai. CHARTE D'HERVÉ, COMTE DE NEVERS, SEIGNEUR DE DONZY, DANS LAQUELLE EST RELATÉ L'ACCORD SURVENU AU SUJET DE LA TERRE DE LUÇAY ENTRE L'ABBAYE DE VILLELOIN ET FRANQUELIN DE VILLENTROIS.

A. Orig. parch., sceau perdu, Archives de l'Indre, H. 1016.

VARIANTES : (*a*) Laclicai ; (*b*) mazellam ; (*c*) Clicaio ; (*d*) Valenchaio ; (*e*) Croz ; (*f*) maio].

Littera de terra de Louciou, sigillo domini Hervei, comitis Nivernensis, sigillata. — (Cartha DCCCXCIX.)

Ego Herveus, comes Nivernensis, dominus Danziaci (1), omnibus notum facio presentibus et futuris quod quedam querela inter monachos Villelupenses et Droconem de Vilentras de terra de Lucio (2), quam monachi longo [19] tempore quiete possederant, versata tam diu est, quod super hac querela inter eos firmatum fuit bellum, quod sopitum in pace remansit unius solucione sacramenti quod monachi dicto Droconi fecerunt, et omne jus suum si aliquod habebat in prescripta terra omnino quitavit. Drocone autem defuncto, Franco, ejus filius, iterato traxit eos in causam super hac querela ante patrem meum Herveum de Danziaco. Ibi auditis rationibus utriusque partis et rei veritate diligenter exquisita et examinata, ordine fuit determinatum et definitum ut terram de Lucio de qua abbas et Franco diu contenderant, ecclesia Villelupensis quiete et pacifice in perpetuum possideret. Francone autem defuncto, Franquelinus, ejus filius, Girardum abbatem et monachos Villelupenses super eadem terra coram Hugone de Charentum, tunc temporis archidiacono de Busenchaio, traxit in causam, sed mediantibus amicis utriusque partis, totam terram de Lucio, que est a marchaes de Laclicay (*a*) (3) usque ad marchaes de Petra et de marchaes de Petra usque ad macellam (*b*) Guastine (4), ex illa parte de qua est terra abbatis, et de mazella usque ad Cormer Gaufridi de Loda, excepta quadam terre particula que est inter lo marchaes de Clycaio (*c*) et unum parvum limitem juxta viam de Valencaio (*d*) (5), sicut judicata fuerat coram Herveo de Danziaco, patre meo, monachis Villelupensibus semper pacifice tenenda, idem Franquelinus et Gaufridus, ejus filius, et Droco et Herveus, fratres ejus, Girardo abbati et sepedictis monachis omnino quitaverunt et eis inperpetuum possidendam coram presencia mea et supradicto archidiachono concesserunt. Hujus rei testes sunt : Willermus, abbas de Virsione ; Willermus Burgundus ; Gaufridus de Soldaio ; Raginaldus Droco ; Umbaldus de Monesto ; Raginaldus de Maigni ;

(1) Donzy, chef-lieu de canton de l'arrondissement de Cosne (Nièvre).

(2) Lucioux, commune de Fontguenand (Indre), et non commune de Nouans, comme l'indique Carré de Busserolle, t. IV, p. 120.

(3) L'Eclissé, hameau, commune de Fontguenand.

(4) Gâtine, forêt qui s'étend sur les communes de Fontguenand, Villentrois et Valençay.

(5) Valençay, chef-lieu de canton de l'arrondissement de Châteauroux, (Indre).

Herveus de Seneveriis ; Willermus Brise Haste ; Hubertus Potinus ; Willermus de Croiz (*e*) ; Petrus Seglers et alii plures. Quod ut ratum et inconcussum habeatur litteris commendans sigilli mei impressione roboravi. Actum est anno Incarnati Verbi M° CC° II°, mense moyo (*f*).

[XX. — 1216. CHARTE DE FOULQUES DE VILLENTROIS RELATANT LE PARTAGE DE LA FORÊT DE CHÉDON FAIT ENTRE LUI, L'ABBAYE DE VILLELOIN ET TANCRÈDE DU PLESSIS, CHEVALIER, QUI LA POSSÉDAIENT PAR INDIVIS.]

Littera de tercia parte nemoris de Chedon quam dominus de Villentrast quittavit [...]. — *(Cartha DCXXVIII.)*

Ego Fulco, dominus de Vilentrast (1), omnibus presentes litteras inspecturis, in Domino salutem. Noverit universitas vestra quod [cum] nemus de Chedone esset commune inter me et abbaciam Villelupensem et Tancredum de Plesseio, militem, ita quod unusquisque nostrum terciam partem pro indiviso habebat, ego dicte abbacie et dicto Tancredo concessi et quitavi pro partibus suis totum nemus et totum territorium sicut pertinet ad Chedonem, quod est a rivo de Bello Morterio (2) usque ad nemus Gofredi de Palludello, et versus Reborret et versus Boscum Chevrum, et versus nemus de Berohart (3), et versus nemus Gofredi Burgundi, et versus nemus Mathei et Willermi de Freteio, militum, et versus Noent, et versus Forestam (4), et versus Villorsin, eis imperpetuum possidendum, ita quod in predictis amodo ego nec heredes mei nichil poterimus reclamare. Concessi autem in parte mea Chedonis quam mihi pro tercia parte quittaverunt, scilicet totum nemus quod est a rivo de Bello Morterio usque ad nemus domini Gofredi de Palludello, sicut continetur de laio in laium versus Excubiliacum et versus Ferraria (5), hominibus qui usagium suum habebant in toto Chedone, pasturagium et herbagium suum, sicut ante particionem factam habebant, salva mea consuetudine que vulgo appellatur paissuus, ita tamen quod fugeriam incidere vel fodere non

(1) Villentrois, commune du canton de Valençay (Indre).

(2) Beau-Mortier *alias* Bois-Mortier, ruisseau et étang, commune de Nouans.

(3) La forêt de Brouard dans l'Indre-et-Loire et le Loir-et-Cher.

(4) La Forêt, commune de Nouans.

(5) La Ferrière, hameau, commune d'Écueillé (Indre).

poterunt sine mea voluntate, si non partem meam vendidero vel vendendo extrepavero. Prefati homines pasturagium et herbagium suum per triennium amittent in ea parte que vendendo fuerit expata *(sic)*, post triennium vero pasturagium et herbagium suum bestiis suis sicut primitus rehabebunt; porci vero et alia animalia que venient ad potandum rivum ex parte mea et ex parte abbacie Villelupensis et ex parte Tancredi, viginti tesias quitationis habebunt ab utraque parte infra quas capi non poterunt nec redimi. Sessine vero terrarum territorii de Chedone ecclesie Villelupensi et Tancredo et prefatis hominibus pacifice remanent sicut ante particionem factam habebant, et mee sessine sicut habebant versus partem meam ante particionem factam [**20**], et redibiciones, si quas habebam in hominibus que non pertineant ad dominium de Chedone, mihi remanent pacifice possidende; omnes illi qui usagium suum habebant in tribus partibus, usagium suum habebunt in partibus ecclesie Villelupensis et Tancredi. Consuetudines vero quas homines reddebant mihi pro capcione nemoris, reddent ecclesie Villelupensi et Tancredo, in quorum partibus habent usagium suum. Ego vero quitavi Tancredo si quid habebam in defensu suo, et Tancredus quitavit mihi partem suam de fossa de Bello Morterio. Et si ego volo facere stagnum in rivo de Bello Morterio, Tancredus quitavit mihi quicquid stagnum de terra sua tenebit.

Et ne dicta abbacia Villelupensis super hac particione in posterum quoquomodo possit perturbari, dedi eidem abbacie presentes litteras hujus particionis testimoniales, ad majorem rei confirmacionem sigilli mei munimine roboratas. Date sunt littere iste anno gracie M° CC° XVI°, Philippo, rege Francorum tunc tempore regnante.

[XXI. — 1276, octobre. Charte de Geoffroy de Palluau, chevalier, seigneur de Montrésor, par laquelle il concède a l'abbaye de Villeloin tout ce qu'elle pourrait acquérir dans son fief dans les paroisses de Nouans, Coulangé et Loché, jusqu'a concurrence de dix livres tournois de rente.]

Universis (1) presentes litteras inspecturis et audituris Gaufridus de Palludello, miles, dominus Montis Thesauri, salutem in Domino. Noverint universi quod nos, amore Dei et pietatis intuitu et ob anime nostre remedium et salutem, volumus et

(1) La rubrique manque.

concedimus religiosis viris abbati et conventui monasterii Villelupensis et dicto eorum monasterio quod ipsi possint sibi et ad opus dicti sui monasterii accrescere, aquirere et eciam aumagntare in feodis et retrofeodis nostris in parrochiis de Noanto, de Colengeyo (1) et de Locheio existentibus, usque ad decem libras turonensium reddituales annuatim, ratione doni et legacionis, seu eciam empcionis. Dictam vero adquisicionem et aumagntum quod a dictis religiosis et ad opus dicti sui monasterii factum in dictis feodis et retrofeodis in predictis parrochiis vel in qualibet earumdem existentibus usque ad dictas decem libras turonensium reddituales annuatim, una cum omnibus jam acquisitis et legatis usque nunc sibi et ab eisdem ratum et gratum ex hunc habemus et approbamus, et habebimus ratum et gratum imperpetuum et eciam approbatum. Volumus eciam et concedimus quod ipsi religiosi omnes res que ab eis in dictis feodis et refeodis nostris in dictis parrochiis vel in qualibet earumdem usque ad dictas decem libras reddituales annuatim aquisite fuerint et eciam aumegntate, de cetero sine aliqua contradiccione una cum omnibus jam ab eisdem acquisitis et legatis usque nunc teneant et possideant ex nunc imperpetuum in manu mortua libere, pacifice et quiete. Promittimus etiam eisdem religiosis bona fide dare litteras nostras sigillo nostro sigillatas super aquisi[ci]one et aumegnto predictis et amortuicione premissorum confectas quandocumque dicta aquisicio et augmengtum facta fuerit et a dictis religiosis fuerimus super hoc requisiti. Nos et heredes nostros et bona nostra dictis religiosis obligamus quod ad observanciam omnium premissorum. In cujus rei testimonium et munimen premissa omnia et singula sigilli nostri munimine duximus confirmanda. Actum anno Domini M° CC° LXX^mo sexto, mense octobri.

[XXII. — 1213. CHARTE DE FOULQUES DE VILLENTROIS, ATTESTANT QUE GUILLAUME GRAILLOIT, CHEVALIER, A RECONNU DEVOIR ANNUELLEMENT A L'ABBAYE DE VILLELOIN TROIS SEXTIERS DE BLÉ SUR SON MOULIN DE ROILLING.]

Littera de tribus sextariis frumenti in molendino de Roilleing, sigillo domini de Villentras sigillata.

Ego Fulco, dominus de Villentrast, omnibus ad quos presentes littere pervenerint notum facio quod Willermus Grailloit (2),

(1) Coulangé, ancienne paroisse réunie à la commune de Villeloin.

(2) Sur la famille Grellet *alias* Grasleuil ou Grailloit cf. Louis Dubreuil-Chambardel, *La Seigneurie de la Roche-Bertauld*. Tours, 1901, pp. 100-156.

miles, coram me constitutus, recognovit se et heredes suos annuatim reddituros ecclesie Villelupensi, tres sextarios bladi in molendino suo de Roilleing, medietatem vero frumenti reliquam siliginis, in festo sancti Michaelis, quos Bartholomeus Grailloit, pater ejus, diu contulit et concessit eidem ecclesie in perpetuam elemosinam, quos si idem Willermus vel sui heredes in dicto molendino non reddiderint, ipsi dictos sexatorios bladi in terragio de Pollei (1) persolvere sine contradictione tenentur. Quod ut ratum teneatur [**21**], ego Fulco de Villentrast, dominus feodi, ad preces jamdicti Willermi Grailloit, hanc donacionem in manu cepi et ad majorem rei certitudinem sigilli mei munimine roboravi. Actum est hoc anno gracie M° CC° XIII°.

[XXIII. — 1279, juin, Loches. VENTE FAITE A L'ABBAYE DE VILLELOIN PAR PHILIPPE DE VILLEMEREAU, VALET, D'UNE RENTE ANNUELLE D'UN SEXTIER DE FROMENT, ASSIGNÉE SUR SES HÉRITAGES EN LA PAROISSE DE GENILLÉ.

A. Orig. parchemin scellé sur double queue d'un sceau perdu, Archives d'Indre-et-Loire, H. 972.

VARIANTES : (*a*) toe jormes ; (*b*) convent ; (*c*) Villeloein ; (*d*) setier ; (*e*) commandement ; (*f*) setier ; (*g*) deniers ; (*h*) Ceu fut].

Ceste lettre est d'un sestier de fromeńt assis sur les terrages de Murceins, scellée dou seau le roy.

Sachent tuit que en droit par davant nous personaument establi à Loches Phelippes de Vilemereau, valet, recognut par davant nous que il a vendu et par davant nous vendit à touz jormès *(a)* perdurablement à héritage à religious homes à l'abbé et au covent *(b)* de Vileloien *(c)* un sestier *(d)* de froment de annuele rente assis sus ses terrages de Mulceins en la parroesse de Genillé (2), rendu chescun an ledit blé par la main doudit vendeors ou de son certain commendement audiz religious ou lor certain commandement *(e)* en sa meson à Mulceins, qu'est apelée la Grange feu Johan de Mulceins, le jor de la Saint Michou, do dit vendeors ou de ses hers. Et fut faite ladite vencion do dit sestier *(f)* de froment per le pris de quarante souz de la monoie corant, des quaus le dit vendeors se tinc bien porpaiez par devant nous en deners *(g)* nonbrez..... Et nous le condempnames et jugeames de ce tenir et de non venir

(1) Peut-être le Peu, commune de Lye (Indre) ? Près de ce lieu existe un hameau nommé la Rivière, situé sur les bords du ruisseau du Modon.

(2) Genillé, commune du canton de Montrésor (Indre-et-Loire).

encontre par le jugement de la cort monseigneur le roy de France, sauve son droit sur ceu en totes choses. Ce fust (*h*) fait et doné à Loiches, en l'an de Noustre Seignour mil dous cenz seixante et deiz e noef, en moys de juign.

[XXIV. — 1243, mars. CHARTE D'OGIS SAVARY DE SENNEVIÈRES ATTESTANT QUE JEAN DE LA ROCHE, CHEVALIER, ET AGATHE, SA FEMME, ONT OBLIGÉ A L'ABBAYE DE VILLELOIN, POUR DOUZE LIVRES TOURNOIS, LA RENTE D'UN MUID DE BLÉ SUR LEUR DIME DE LA CHAPELLE-SAINT-HIPPOLYTE.]

Littera modii bladi in decima Sancti Ipoliti (1). — *(Cartha DCCLXXIII.)*

Universis presentes litteras inspecturis, Ogis Savari de Seneveris (2), salutem in Domino. Noverint universi, quod, in presencia mea constitutus Johannes de la Roche, miles, pignori obligavit abbati et conventui Villelupensi unum modium bladi in decima sua quam habet ad Capellam Sancti Ypoliti (3), singulis annis in festo beati Michaelis percipiendum, que decima est in meo feodo, cum assensu et voluntate Agathe, uxoris sue, pro XII libris turonensium. Concessit eciam quod frumentum quod in dicta decima posset colligi dictus abbas et conventus perciperent et quod, computato prius frumento, residuum de siligine usque ad unum modium perficere teneretur. Ita tamen quod dictam decimam dictus J[ohannes], vel aliquis de suo genere, vel ego dominus feodi, poterimus redimere de marcio in marcium, excepto hoc anno. Ne autem super dicta convencione predicti abbas et conventus possent processu temporis molestari, ego dominus feodi, ad peticionem supradictorum J[ohannis] et Agathe, uxoris sue, dedi predictis abbati et conventui presentes litteras, promittens in eisdem quod predictam solucionem contra omnes teneor garentire, et eas sigilli mei munimlne roboravi. Actum anno Domini M° CC° XL° II°, mense marcio.

(1) Cette rubrique et celle de la charte suivante sont écrites en cursive du XVIIe siècle. On lit en marge : Unum modium bladi.

(2) Sennevières, commune du canton de Loches.

(3) La Chapelle-Saint-Hippolyte, commune du canton de Loches.

[XXV. — 1201, Loches. Charte de Guillaume des Roches, sénéchal d'Anjou, qui règle les difficultés survenues au sujet de la forêt de Chédon entre Tancrède et les moines de Villeloin.]

[22] *Littera de nemoris de Chedone. — (Cartha DCXXI.)*

Ego Guillermus de Rupibus, senescallus Andegavie, omnibus ad quos presentes littere pervenerint, salutem. Sciant tam presentes quam posteri quod querela que diu agitata est inter monachos de Villeloen et Tancredum, de bosco de Chedon et de terra eidem bosco adjacente, hoc fine terminata est apud Locas coram Johanne Limozine et Girardo de Actenis, qui vicem Roberti de Tornehan, tunc temporis senescalli, agebant, et coram Guillode, tunc preposito Lochacensi. Boscus remanebit cummunis et pasnagium. Tancredus tamen de defensu suo poterit porcos ejicere, sed non interficiet, nec capiet, nec redimet. Iterum missio bosci et prohibicio erit Tancredi, ita tamen quod carpentarii, carbonarii habebunt septem dierum inducias extrahendi sua, quando prohibicio facta fuerit. Si abbas tantum de vendicione nemoris non habuerit quantum Tancredus, abbas in ipsa prohibicione tantum vendet de nemore quantum Tancredus habuerit. Abbas et Tancredus omni tempore capient de nemore quantum necesse fuerit eis ad propria usualia. Quando Tancredus volet mittere operarios in nemore, indicabit abbati vel famulis ejus redditus bosci, et consuetudines et lucra erunt communia. Abbas habebit famulos suos et Tancredus suos; famuli abbatis tenebuntur sacramento erga Tancredum et famuli Tancredi erga abbatem ; insuper si abbas famulis suis vel famulis Tancredi credere noluerit, ab operariis bosci fidem habebit quod Tancredus plus lucri acceperit ab eis quam abbas. De omnibus querelis consuetudinibus et causis redditibus bosci ad abbatem pertinent, si quislibet inde causatus fuerit coram abbate apud Villeoen juri stabit, ibi de jamdictis judicium accepturus. Decime, census, recepta, terragia communia sunt. Iterum famuli abbatis et famuli Tancredi insimul terragiabunt et decimabunt, nec alter eorum sine assensu alterius poterit terragiare nec decimare. Famuli qui terragiabunt et decimabunt tenebuntur sacramento sicut famuli nemoris. Talleia hominum qui tunc temporis mansionarii erant in terra de qua contendebatur remansit Tancredo et justicia, ita tamen quod si aliquis predictorum hominum in abbatem vel in aliquem monachorum suorum vel famulorum suorum violenter manus injecerit, si causatus fuerit de injectione illa coram abbate apud Villaon juri stabit ibi judicium super hoc persequturus. Iterum si aliquis predictorum hominum de terragiis, vel de receptis, vel de censu, vel aliis rebus ad abbatem pertinentibus, abbatem injuriaverit, apud Novientem, vel in terra ganherenerie sue, vel in terra communi, ubicumque eos ducere voluerit, coram abbate juri stabunt. Iterum residuum nemoris, quod tunc temporis hospitatum fuerit commune erit utrique tam in justicia, quam in terragio, quam in decimis, quam in talleia, quam in aliis rebus. Item famuli jurati qui terragiabunt et decimabunt in quolibet campo, garbas dispercient et quisque suas ubi voluerit portabit. Item in tota terra illa que sessita fuerat usque ad diem quo hec carta scripta fuit, anno scilicet Incarnati Verbi M° CC° I°, predictus Tancredus ad consuetudines illorum poterit hospitari quemlibet hominem. Hanc vero rem concesserunt Gaufridus et Guillermus, filii ejus Tancredi. Hujus rei testes sunt : Guillermus de Perenai ; Johannes de Stangno ; Hamelinus de Roorta, prepositus Turonensis ; Guillermus de Ponte ; Petrus Acharias ; Nicholaus, archipresbyter Ambazie, et plures alii. Et ut hoc ratum et illesum permaneat imperpetuum, ego Guillermus de Rupibus, senescallus Andigavensis, ad peticionem dicti abbatis et ipsius Tancredi presentes litteras sigilli mei testimonio feci communiri.

[XXVI. — 1274, mars. CHARTE DE GUILLAUME, ARCHIDIACRE DE BUZANÇAIS, ATTESTANT QUE SIBYLLE, VEUVE DE ROBERT « DE PEREIO », A ENGAGÉ A L'ABBAYE DE VILLELOIN DE LA HUITIÈME PARTIE DES DIMES QU'ELLE POSSÉDAIT EN LA PAROISSE DE SAINT-MARTIN DE MÉZIÈRES.]

[23] *Littera de octava parte quarumdam decimarum empta a relicta defuncti Roberti de Reio* (1) *pro precio octo librarum, sigillo archidiaconi de Busenciaco sigillata.*

Universis presentes litteras inspecturis et audituris Guillermus, archidiaconus de Busenciaco, in ecclesia Byturicensis, salutem in Domino. Noverint universi quod, in nostra presencia constituta, Sibilla, relicta defuncti Roberti de Pereio, domicelli, confessa est se pignori obligasse et coram nobis pignori obligavit, viris religiosis abbati et conventui Villelupensi, octavam partem sive porcionem et ratam suam omnimodam quam ipsa

(1) La version de la rubrique pourrait être la bonne : on trouve en effet en la commune de Veuil (Indre) un lieu nommé Ray, ancien fief relevant de Valençay.

relicta tenet et possidet in quibusdam decimis in parrochia Sancti Martini de Mazeriis (1) existentibus, et quam partem octavam eadem relicta tenet in feudo ab ipsis religiosis, prout confessa est coram nobis, cum assensu et voluntate Guillermi de Perreyo, filii et heredis dicte relicte et dicti Roberti primogeniti, in obligacione predicta expresse consencientis coram nobis, pro precio octo librarum turonensium eisdem relicte et Guillermo persoluto a dictis religiosis in pecunia numerata, renunciantes quo ad hec exceptioni pecunie non numerate, non tradite, non solute coram nobis specialiter et expresse. Ita tamen quod dicta relicta, seu ejus filius, seu aliquis heres propinquus ex ipsorum genere, qui de jure aut de usu patrie retrahere seu redimere possit, dictam octavam partem poterunt redimere a dictis religiosis de marcio in marcium, excepta prima collecta istius primi anni, refundendo prius precium prenominatum. Voluerunt insuper et concesserunt dicti relicta et Guillermus quod dicti religiosi fructus, exitus et proventus dicte octave partis durante obligacione teneant, habeant, possideant, explectent, suos faciant, in sortem nullatenus computandos..... In cujus rei memoriam dictis religiosis presentes litteras dedimus, ad peticionem dictorum relicte et Guillermi, sigillo nostro sigillatas. Datum mense marcii anno Domini M° CC° LXXmo tercio.

[XXVII. — 1235, juin. DONATION A L'ABBAYE DE VILLELOIN PAR ACCELINE LA BURDOILLE, VEUVE, ET PIERRE OGER, SON FILS, DE DOUZE DENIERS DE CENS A NOUANS.]

Littera de duodecim denariis annui census quos Accelina la Burdoille dedit ecclesie Villelupensi, sigillo officialis curie Turonensis sigillata.

Universis presentes litteras inspecturis, officialis curie Turonensis, salutem in Domino. Noverint universi quod constituti coram nobis Accelina la Burdoille, vidua, et Petrus Ogeri, filius suus, ipsa Accelina cum assensu et voluntate predicti Petri, filii sui, dedit et concessit Deo et ecclesie abbacie Villelupensis in puram et perpetuam elemosinam duodecim denarios annui census quos eidem Acceline reddebat annuatim apud Nuen, in festo beati Mauricii, Paganus Gralardi, de quibusdam possecionibus sitis in parrochia de Noen. Actum ad peticionem parcium, mense junio, anno Domini M° CC° tricesimo quinto.

(1) Mézières-en-Brenne, chef-lieu de canton de l'arrondissement du Blanc (Indre).

[XXVIII. — 1109-1129, Loches. CHARTE PAR LAQUELLE FOULQUES V LE JEUNE, COMTE D'ANJOU, A LA PRIÈRE DE BERTRADE, SA MÈRE, DONNE A L'ÉGLISE DE VILLELOIN LE COURS DES RIVIÈRES DE CHEMILLÉ ET LEUR REVENU.]

Littera de aqua de Chi[milliaco], sigillo comitis Andegavensis sigillata. — (Cartha DCDXXXVII.)

Fulco, egregius Andegavorum comes, castro Locacensi rerum suarum disponendarum negocio degens, matri sue Bertree precibus adquiescens, aquam [**24**] de Chimilliaco (1) cum omnibus emolumentis ejusdem aque, ecclesie Villelupe Summi Salvatoris, abbati scilicet et monachis, pro sua suorumque predecessorum salutem *(sic)* dedit sub testimonio multorum quorum nomina denotantur : Arduinus de Sancto Medardo ; Mauricius Roynardus ; Petrus Robescaus ; Segebardus ; Guanelo de Castellis ; Albericus de Monte ; Hugo de Sancta Maura ; Johannes de Montebasone ; Goffredus de Restigniaco ; Beringerius de Cirrone ; Jordanus de Bresis ; Hucbertus Perrexil ; Mauricius Escherpellus ; Urso de Monte ; Americus Besogers. Ex parte nostra : Goffredus de Scubiliaco, major ; Bardinus Loripes ; Bertinus, famulus abbatis.

[XXIX. — 1129-1142. CHARTE DE GEOFFROY V LE BEL, COMTE D'ANJOU, QUI RATIFIE LA DONATION FAITE A L'ABBAYE DE VILLELOIN PAR LE COMTE FOULQUES, SON PÈRE].

Item de eadem aqua.

Ego Roffredus *(sic)*, Andegavorum comes, regis Jherusalem filius, Rainaudo, abbati Sancti Salvatoris de Villa Lupina et monachis ejusdem monasterii, donum superius scriptum et ab antecessoribus meis prius datum, aquam scilicet de Chimilliaco firmiter pro Dei amore concedo, necnon eciam tres minas avene, que erant de meo jure, et terram que successit eis pro qua avena reddebatur, et hoc totum sigillo mei comitatus confirmo.

[XXX. — 1247, janvier. CHARTE DE GAUCHER DE CHATILLON, SEIGNEUR DE SAINT-AIGNAN, QUI ATTESTE UN ÉCHANGE FAIT ENTRE L'ABBAYE DE VILLELOIN ET JEAN DE NEVERS, CHATELAIN DE SAINT-AIGNAN.]

(1) Chemillé-sur-Indrois, commune du canton de Montrésor (Indre-et-Loire).

Ceste lettre est de demy muyd de seigle de la dîme de Sersar en la paroche de Lys, saellé du seau de Gauchiers de Chasteillon, sire de Saint Aignein. — (Cartha DCCCLXV.)

Ge Gaugiers de Chasteillon, sires de Saint Aignien (1) an Berri, fais a saver à touz ces qui ces leitres verront, que par devant moy vint mes amez et mes féaus serjanz Johan de Nevers, chasteilleins de Saint Aignien, et reconnut qu'il al abbé e à covent de Villeloein avoit doné e assis demi muy de soigle à la mesure de Saint Aignien, à prendre chascun an à touz jourz dedanz la feste Saint Romy, an la partie de la dieme de Sersar qui part o mon seignor Renaut de la Preele an la parroche de Lie (2), an eschange de trois maysons que li devant dit abbés et covanz avoient à Saint Aignient, ce est a savoir : la mayson qui fut Herbert Chaufier, la mayson qui fu Paien Hoduin ; la mayson qui fu Ysambart le Cordoanier, les ques ils ont quitées a touzjoruz au devant dit Johan de Nevers e à son hoir por cest eschange. Et ge, de cui li devant diz Johan tient la dite partie de dime an fié e an homage, lo et otroi cest eschange. Et an tesmoignance de ceste chose ge hai fait ces lettres ceeller de mon seau. Ce fu fait an l'an de l'Incarnacion Nostre Seignor mil deus cenz quarante sis ou mois de jenver.

[XXXI. — 1247, 7 janvier, Saint-Aignan. CHARTE DE GAUCHER DE CHATILLON, QUI ATTESTE LA DONATION FAITE PAR HUET DE COUFFY, CHEVALIER, A MICHEL, ABBÉ DE VILLELOIN, ET AU COUVENT DUDIT LIEU, DE TROIS SETIERS DE FROMENT ET DES TROIS PARTS DE CINQ SOUS QUE LUI DEVAIENT LES HOMMES D'EPEIGNÉ ET DE CERÉ.]

Cest lettre est de III sestiers de froment que Hues de Couphy, chevaliers, donna en aumone a l'abbaye de Villeloin, saelé dou seau Gauchiers, sires de Saint Aignan.

Ge Gauchiers de Chaistéllon, sires de Saint Aignam am Berri, fas à savoer à touz ceaus qui cez presentes letres verront que Hues de Coufy (3), chevalers, astabliz am ma présence, dona am pure et an perpetuel aumone à touzjoruz à Micheau, l'abbé, e au moynes de Vilelouen, qui sont et qui seront, trois sestiers

(1) Saint-Aignan, canton de l'arrondissement de Blois (Loir-et-Cher).

(2) Lye, commune du canton de Valençay (Indre).

(3) Couffy, commune du canton de Saint-Aignan (Loir-et-Cher).

de froument e les toroes parz de cinc souz les ques li diz Hues avoet, si comme il disoit, sour les homes e sour les tieres de Espeigny et de Ceré (1). An tesmoigne de laque chose e qui soet ferme chose e estable desores an avant, à l'instance dou devant dist Hue, comme sires dou fié, fis saeler cez présentes lettres de mon seal. Ce fu doné an l'an de Nostre Seigneur mil et deus cenz et quarante siz anz, à Saint Aignan, landemain de la Thyphaine.

[XXXII. — 1094, Tours. ACCORD FAIT ENTRE LES CHANOINES DE SAINT-VENANT ET L'ABBAYE DE VILLELOIN AU SUJET DE CERTAINS PRÉS QUE L'ABBAYE POSSÉDAIT A CHARCENAY, SUR LA CHOISILLE, DANS LA CENSIVE DES CHANOINES.]

Littera de pratis de Chachenay ad prioratum Sancti Medardi Turonensis pertinentibus, sigillo Beati Martini Turonensis sigillata.

Nos, canonici Sancti Venancii, omnibus ad quos littere iste pervenerint notum facimus quod, cum [**25**] abbas et fratres de Villalupe quedam prata de censiva nostra apud Charchenai (2), in riparia Choisilie (3) sita, longo tempore tenuissent, inde nobis annuum censum reddentes, scilicet XVI denariorum, tandem eis super pratis illis movimus questionem, eo quod nolemus amplius prata illa, cum sint de nostra justicia, in manu mortua residere, sed debere vendi et in tales possessores transferri a quibus vendas et liberamenta sicut de aliis nostris censivis possemus consequi. Mota igitur questione ista, Nicholaus, presbyter, tunc procurator domus Sancti Medardi Turonensis, ad quam prata predicta pertinent, cum assensu abbatis et fratrum de Villalupe hoc modo pacificavit nobiscum : centum quidem solidos donavit [quos] in incremento reddituum ecclesie nostre debemus ponere, nos autem prata jamdicta domui Sancti Medardi Turonensis concessimus imperpetuum possidenda et numquam vendenda, nisi abbas et fratres de Villalupe voluerint, salvo nobis dicto censu antiquo sexdecim denariorum, qui exinde nobis annuatim debentur, et reservata justicia qualem habemus in aliis censivis nostris. Et ut hoc totum ratum et inconcussum permaneat presenti scripto duximus annotandum et sigilli Beati

(1) Ceré, commune du canton de Bléré (Indre-et-Loire).

(2) Charcenay, commune de Fondettes (Indre-et-Loire).

(3) La Choisille, rivière.

Martini Turonensis apposicione signatum. Actum est hoc Turonis, anno ab Incarnatione Domini M° centesimo nonagesimo IIII°, Termo, presbytero, Gaufrido Pisce, Echivardo, Egidio, canonicis Beati Venancii, et Raginaldo, sacerdote Sancte Marie Divitis, consciis et presentibus.

[XXXIII. — 1226. CHARTE DE PHILIPPE, ARCHIDIACRE DE TOURS, QUI ATTESTE LA VENTE FAITE A L'ABBAYE DE VILLELOIN PAR GEOFFROY DE MARSAIN, ÉCUYER, DE L'HÉBERGEMENT DU PLESSIS.

A. — Orig. parch. scellé sur queue double d'un sceau aujourd'hui perdu, Archives d'Indre-et-Loire, H 592.

VARIANTES : (a) Gauffridus de Murcens ; (b) Gauffridus ; (c) nullactenus ; (d) in ; (e) Gauffridi de Murcens ; (f) sexto.]

Littera de hebergamento de Plesseio, quod Gaufridus de Murceins vendidit abbacie Villelupensi, sigillo Philippi, archidiaconi Turonensis, sigillata. — (Cartha CDXXX.)

Universis presentes litteras inspecturis, Philippus, Turonensis archidiaconus, salutem in Domino. Noverint universi quod Gaufridus de Murceins *(a)* recognovit coram nobis se vendidisse abbati et conventui Villelupensi herbergamentum de Plesseixio (1) et quicquid habebat tam in nemore quam in plano a Chedono, sicut noa de Aunos ducit directe ad quamdam metam positam in marcheseio quod est in noa de Aunos, et ab illa meta ad quamdam metam positam in via communi que ducit de Noento ad Plesseicum, et ab illa meta posita in via communi ad quamdam metam positam in noa de Pocigneio, et a meta posita in dicta noa de Pocigneio usque ad domum Raginaldi de Nemore, et insuper pratum quod habebat retro molendinum de Vaufriaut (2), precio ducentarum librarum turonensium et centum solidorum, de quibus idem Gaufridus coram nobis se tenuit pro pagato. Recognovit eciam coram nobis idem Gaufridus *(b)* se in capitulo Villelupensi proprio juramento firmasse quod contra dictam vendicionem venire nullatenus *(c)* attemptabit. Quod ut ratum permaneat et *(d)* futurum, nos, ad peticionem dicti Gaufridi de Murceins *(e)*, abbati et conventui presentes litteras dedimus sigilli nostri munimine roboratas. Actum anno Domini M° CC° XX° VI° *(f)*.

(1) Le Plessis, commune de Nouans.

(2) Vaufrioux, commune de Nouans.

[XXXIV. — 1269, septembre. CHARTE DE RESMONDUS, ARCHIPRÊTRE DE LA CHATRE, ATTESTANT LA VENTE DE SEPT SETIERS DE BLÉ FAITE A L'ABBAYE DE VILLELOIN PAR RAOUL BERGEROLE, CHEVALIER, ET ACCELINE, SA FEMME.]

Littera de VIII sextariis bladi apud Croz [...], *quos Radulphus dictus Bergerole* [.....] *vendidit* [*abbacie*] *Villelupensi, sigillo Resmundi, archipresbyteri de Castra, sigillata. — (Cartha MCCXXXII.)*

Universis presentes litteras inspecturis, Resmondus, archipresbyter de Castra, salutem in Domino. Noveritis quod in presentia nostra constituti Radulphus dictus Bergerole, miles, et Acelina, uxor sua, recognoverunt se vendidisse et vendiderunt viris religiosis abbati et conventui Villelupensi septem sextarios bladi, videlicet duos sextarios frumenti et plenam minam, et duos sextarios siliginis et plenam minam, et unum sextarium ordei et unum sextarium avene, ad mensuram de Croz, quod bladum dicti miles et uxor sua percipiebant et consueverant percipere annuatim in domo de Croz (1), ratione decime, pro tredecim libris turonensium, de quibus recognoverunt coram nobis grantum suum habuisse in pecunia numerata. Renunciaverunt omni excepcioni non numerate pecunie... dicti miles et uxor sua et Johannes, **[26]** eorum filius... In cujus rei memoriam, ad peticionem utriusque partis, presentes litteras sigillo nostro sigillavimus. Actum anno Domini M° CC° L^{mo} nono, mense septembris.

[XXXV. — 1213. CHARTE DE JEAN, ARCHEVÊQUE DE TOURS, QUI RATIFIE LA DONATION FAITE A L'ABBAYE DE VILLELOIN PAR GEOFFROY D'AUBIGNY, CHEVALIER, D'UNE RENTE DE DEUX SETIERS DE BLÉ SUR LA DIME D'AUBIGNY ET DU DROIT D'USAGE DANS LE BOIS D'HYGLAS, POUR LES BESOINS DE LA CUISINE DU MONASTÈRE.]

Littera de duobus sextariis siliginis in decima de Albigniaco et de herbergagio quod Gaufridus de Albigniaco dedit ecclesie Villelupensi, sigillo J[*ohannis*], *archiepiscopi Turonensis, sigillata. — (Cartha DCC.)*

Johannes, Dei gratia Turonensis archiepiscopus, omnibus ad quos presentes littere pervenerint, eternam in Domino salutem.

---

(1) Prieuré de Saint-Michel de Crox, dépendant de l'abbaye de Villeloin, commune de Gehée (Indre).

Universitati vestre volumus innotescat quod Gofredus de Albigniaco, miles, sicut, ex relacione dilectorum nostrorum Philippi, celerarii Turonensis, et Johannis, archipresbyteri Lochensis, nobis innotuit, quod ad hoc specialiter miseramus, jamdudum in puram et perpetuam elemosinam dederat ecclesie Sancti Salvatoris Villelupensis, antequam filias suas nuptui traderet, duo sextaria siliginis in decima sua de Albigniaco (1) annuatim percipienda et herbergagium suum quod habebat in Villalupense, et preterea ad opus coquine conventus ejusdem ecclesie cotidianos usus in nemore suo de Gleis (2), quantum necesse fuerit, in qualibet arbore unam branchiam capiendo, et, quia per dictos cellararium et archipresbyterum predictas donaciones prefate ecclesie confirmari postulavit a nobis, ipsas presenti carta et sigilli nostri apposicione duximus confirmandas. Actum anno gracie M° CC° XIII°.

[XXXVI. — 1233, 26 janvier. CHARTE D'HILAIRE, ABBÉ DE MÉOBECQ, QUI APPROUVE LA VENTE DE DOUZE DENIERS DE RENTE A « HOSILER » FAITE PAR J., SACRISTE DE MÉOBECQ, A L'ABBAYE DE VILLELOIN.]

(Cartha MCCCLVIII (3).*)*

Universis presentes litteras inspecturis, Hillarius ecclesie Millebecensis (4) ejusdem loci conventus, salutem in Domino. Ad universitatis vestre noticiam volumus pervenire quod nos vendicionem quam fecit J., sacrista noster, de duodecim denariis abbati et conventui de Villalupensi, quos habebat annuatim apud Hosiler, liberaliter et benigne omni fallacia excepta concedimus. Ut autem istud firmum et incorruptibile permaneat, presentes litteras sigillorum nostrorum munimine duximus roborandas. Datum die mercuri post Conversionem Beati Pauli anno Domini M° CC° XXX° II°.

[XXXVII. — 1232, février. CHARTE DE PHILIPPE, ARCHIDIACRE DE TOURS, QUI CONFIRME LES RELIGIEUX DE VILLELOIN DANS LA POSSESSION DU PLESSIS DE FEU TANCRÈDE QUE LEUR DISPUTAIT PIERRE D'AZAI, CHANOINE DE SAINT-MARTIN DE TOURS.

---

(1) Aubigny, commune de Loché (Indre-et-Loire).

(2) Hyglas, bois et ravin situé commune de Villeloin-Coulangé.

(3) La rubrique est effacée.

(4) Méobecq, abbaye de bénédictins, canton de Buzançais (Indre).

A. — Orig. parch. scellé sur queue double d'un sceau perdu, Archives d'Indre-et-Loire, H 592.

VARIANTES : (a) Omnibus ; (b) Noianto ; (c) hiis ; (d) pronunciavimus.]

Littera contencialis de plessiaco quem defunctus P[etrus] de Azaio, canonicus Beati Martini Turonensis, dicebat ad se pertinere jure hereditario, sigillo Philippi, archidiaconi Turonensis, sigillata. — (Cartha CDXXXIIII.)

Universis *(a)* presentes litteras inspecturis, Philippus, archidiaconus Turonensis, salutem in Domino. Noverint universi quod, cum contencio verteretur inter abbatem et conventum Villelupensem, ex una parte, et Petrum de Azaio, canonicum Beati Martini Turonensis, ex altera, super hoc scilicet quod abbas et conventus possidebant plessiacum defuncti Tancredi cum pertinenciis, situm in parrochia de Noanto *(b)*, que omnia pertinebant ad dictum P[etrum] jure hereditario, ut dicebat, tandem, post multas altercaciones, dictus P[etrus] intencionem suam probare non potuit coram nobis. Recognovit eciam coram nobis quod dicti abbas et conventus ipso presente per decem annos et amplius possiderant res predictas nomine empcionis. Nos vero, ipsis *(c)* auditis et plenius intellectis, de consensu parcium, que in nos tanquam in judicem consenserunt, sentenciando pronunciamus *(d)* dictos abbatem et conventum res predictas imperpetuum debere de cetero pacifice possidere. Quod ut ratum sit, presentes litteras scribi et sigilli nostri impressione fecimus communiri. Actum anno Domini M° CC° tricesimo primo, mense februarii.

[XXXVIII. — 1243. CHARTE PAR LAQUELLE GUILLAUME DE PELLEVOISIN, CHEVALIER, ATTESTE QUE PERSOISE, VEUVE DE RENAULD DE VILLEDOMAIN, CHEVALIER, ET ETIENNE, SON FILS, ONT ENGAGÉ A L'ABBAYE DE VILLELOIN UN MUID DE SEIGLE DE RENTE SUR LEUR DIME DE VILLEDOMAIN.]

Littera sigillo G[uillermi] de Pelevesim, militis, super uno modio siliginis emptis (sic) *in decima de Villedomin. — (Cartha MCCCLIIII.)*

Universis presentes litteras inspecturis, Guillermus de Pelevesin (1), miles, salutem in Domino. Noverint universi quod in presentia constituti Persoys, uxor defuncti Raginaldi de Villedomin, [**27**] militis, et Stephanus, filius ejus, obligaverunt

(1) Pellevoisin, commune du canton d'Ecueillé (Indre).

abbati et conventui Villelupensi unum modium siliginis, pro duodecim libris turonensium, annuatim in decima sua de Villadomin (1) ab eisdem dictis abbati et conventui ad mensuram de Castellione (2) persolvendum, ita tamen quod ipsi dictum modium poterunt redimere de marcio in marcium excepto hoc anno, vel aliquis de suo genere, vel ego dominus feodi. Ne autem predicti abbas et conventus super dicta obligacione decime possent processu temporis molestari, ad peticionem dictorum P[ersoys] et Stephani, dedi eisdem presentes litteras sigilli mei munimine roboratas. Actum anno Domini M° CC° XL° tercio.

[XXXIX. — 1294, 28 mars, Villeloin. CHARTE DE GILBERT D'AMBOISE, ARCHIDIACRE DE TOURS, ATTESTANT QUE JEAN, CURÉ DE SAINT-MICHEL DE VILLELOIN, A CÉDÉ A ROBERT, SACRISTE DE L'ABBAYE DUDIT LIEU, SA VIGNE DE CHAUFOR, EN ÉCHANGE DE TOUS LES REVENUS QUE LEDIT SACRISTE PERCEVAIT EN LADITE ÉGLISE DE SAINT-MICHEL.]

Littera de vinea de Chaufor sigillo archidiaconi Turonensis sigillata.

Universis presentes litteras inspecturis et audituris, Gillebertus de Ambazia, archidiaconus Turonensis, salutem in Domino. Noverint universi quod, coram nobis in jure constituti, Johannes, rector Sancti Michaelis de Villalupe, ex una parte, et frater Robertus, sacrista abbacie Villelupensis, ex altera, pacciones et convenciones que secuntur fecerunt inter ipsos, considerata et pensata utilitate predicte ecclesie parrochialis, prout intelleximus a fide dignis, inquisita super hec veritate diligenter, decreto et auctoritate nostra ad hec intervenientibus, videlicet quod dictus rector tradidit predicto sacriste et ejus successoribus in escambium vineam suam ad presbiteratum, que vocatur vinea de Chaufor, sitam juxta vineam dicti sacriste de Chaufor, ad habendum, tenendum et pacifice possidendum a dicto sacrista et successoribus, qui pro tempore fuerint, perpetuis temporibus nomine escambii ; et dictus Robertus, sacrista, tradidit predicto Johanni, rectori dicte ecclesie, omnes oblaciones, porciones et obvenciones, ac emolumenta, quas et que

(1) Villedomain, commune du canton de Montrésor.

(2) Châtillon-sur-Indre, chef-lieu de canton de l'arrondissement de Châteauroux (Indre).

dictus sacrista et predecessores sui habent et habere possunt aut et habere consueverunt ratione dicte sacristarie in dicta ecclesia a dicto rectore et predecessoribus suis racione quacumque seu causa..... In cujus rei testimonium, ad peticionem parcium, sigillum nostrum presentibus litteris duximus apponendum. Datum apud Villamlupensem, nobis visitantibus, die Dominica qua cantatur *Letare Jerusalem*, anno Domini M° CC° nonagesimo tercio.

[XL. — 1278, 25 mars, Ecueillé. CHARTE DE P., ARCHIDIACRE DE TOURS, QUI ATTESTE QUE LES MOINES DE VILLELOIN ONT AFFRANCHI LEUR SERF CLÉMENT SOUS CERTAINES CONDITIONS ET EN PARTICULIER DE LEUR PAYER UNE RENTE ANNUELLE DE SIX DENIERS.]

Littera de sex denariis a Clemente Baboyn et ejus heredibus ecclesie Villelupensi annuatim soluturis, sigillo P. archidiaconi Turonensis sigillata. — (Cartha CCVII.)

Universis presentes litteras inspecturis et audituris, P., archi-[diaconus] Turonensis, salutem. Noverint universi quod, cum religiosi viri abbas et conventus monasterii Villelupensis manumiserint et absolverint et quictaverint, ut dicitur, Clementem, quondam filium et heredem defuncti Roberti Baboin et heredes ipsius Clementis ab ejusdem Clementis corpore legitime procreandos, ab omni jugo seu labe servitutis aut servagii, preterquam de sex denariis annui redditus pro franco denario ab eodem Clemente et ejus herede quolibet dum emancipatus seu extra manum patris positus fuerit, solvendis et reddendis annuatim in quolibet festo Circumcisionis Domini dictis religiosis et ejus successoribus imperpetuum, prout idem Clemens asseruit coram nobis ; dictus vero Clemens, in nostra presencia propter hoc constitutus, promisit per fidem suam in manu nostra corporaliter prestita se soluturum et redditurum dictis religiosis et eorum successoribus imperpetuum dictos sex denarios annui redditus in quolibet festo Circumcisionis Domini et ab ipsius herede quolibet dictos sex denarios annui redditus de franco denario eisdem religiosis et eorum successoribus annuatim reddi [**28**] faciet et persolvi, prout superius est expressum. Voluit autem et concessit coram nobis idem Clemens quod, si contingat ipsum Clementem et heredes suos, seu aliquem de heredibus ipsius Clementis, ab ipso Clemente et heredibus suis quibusque naturaliter, corporaliter et legitime descendentem, descendere *(sic)* nullo herede relicto, quod pars bonorum mobilium contingens ipsum Clementem seu aliquem de heredibus suis superius expressis dictis religiosis et eorum successoribus quitte et libere et sine contradictione aliqua remaneat ad suam faciendam plenariam voluntatem. Preterea voluit coram nobis et concessit in jure dictus Clemens quod, si ipsum Clementem, vel heredes suos seu aliquem de heredibus ipsius Clementis in Bituria reverti et moram continuam seu mansionem facere et manere contingerit, quod ipsi taliter in Bituria revertentes et moram seu mansionem facientes dictis religiosis et eorum successoribus revertantur et penitus remaneant servitute pristina obliganti *(sic)*, liberte *(sic)* dicto Clementi et ejus heredibus a dictis religiosis prestita non obstante..... Nos vero dictum Clementem presentem coram nobis et in premissis consencientem ad omnia et singula tenenda et sequenda per presentes litteras sentencialiter condempnamus et ad peticonem ipsius Clementis sigillum nostrum presentibus duximus apponendum in testimonium premissorum. Datum et actum apud Escuilleium nobis ibidem visitantibus, die Veneris in festo Annunciationis Dominice, anno Domini M° CC° LXX^mo^ septimo.

[XLI. — 1219. CHARTE D'ENJORRAND, ARCHIDIACRE D'OUTRE-VIENNE, ET DE JEAN, ARCHIPRÊTRE DE LOCHES, ATTESTANT L'ACCORD FAIT AU SUJET DE LA DIME VILLORSIN ENTRE GIRARD, ABBÉ DE VILLELOIN, D'UNE PART, ET MILON, CHEVALIER, BAUDOUIN, FILS DE FEU RENAULD DE MARSAIN, ET GUILLAUME MARRANT, GENDRE DE RENAULD.]

Littera de decima de Villa Ursin, sigillo Enjorrandi, Transviginensis archidiaconi, et Johannis, Lochensis archipresbyteri, sigillata. — (Cartha CDXXIIII.)

Enjorrandus, archidiaconus Tansviginensis, Johannes, archipresbyter Lochensis, omnibus presentes litteras inspecturis, in Domino salutem. Noverit universitas vestra quod, constituti coram nobis, Giraldus, venerabilis abbas Villelupensis, pro se et conventu suo, ex una parte, et Milo, miles, et Baldoinus, filii Raginaldi de Mulcens defuncti, et Guillermus Marrant, qui habebat filiam ipsius R[aginaldi], ex altera, recognoverunt se super quibusdam contencionibus que inter ipsos longo tempore fuerant amicabiliter composuisse sub hac forma. Contencio que erat inter ipsos super decima de Villa Ursin, quam dicti filii asserebant esse suam ubicumque homines de Villa Ursin terram que pertinet ad feodum Chedonis colerent, et super decimis in quibus dictus R[aginaldus] et filii ejus et Guillermus Marrant medietatem habebant et monachi alteram medietatem, unde dicti R[aginaldus] et filii tractum querebant, abbate et monachis hoc contradicentibus, et super feodo foreste tam in nemore quam in terris et quam in aliis rebus omnibus que ad eandem forestam pertinent. Decima de Villa Ursim jamdictis heredibus R[aginaldi] sicut antea possidebant quiete remanet, in exemplis vero de Chedone, que de novo fient, nichil de cetero capient. Alie vero decime in quibus tractum querebant amodo erunt communes, ita quod, si utraque pars dictam decimam trahere vel acensare voluerit, de communi assensu trahi poterit vel acensari. Si autem quilibet eorum dictarum decimarum partem suam propriam habere sine aliis ipsa sine contradictione percipietur. Ille vero qui dictas decimas percipietur de parcione facta optionem non habebit sed alius. De foresta taliter est : dicti heredes [**29**] Raginaldi suum plesseium, terras, prata, vineas et omnia que ante possidebant possidebunt, et ipsi monachi tam de terris incultis quam de nemore tantumdem perceperunt. Notandum vero quod, si monachi partem suam in manu sua tenere voluerunt vel medietariis tradere, sine contradictione eisdem tenere vel tradere licebit, dicti vero heredes de cetero in jamdicta terra nichil percipient. Si vero monachi mansionarios in ea constituere voluerint, nisi per manus heredum eisdem constituere non licebit, et si a monachis requisitus fuerit dominus foreste ut ubi mansionarios constituat, ad consuetudinem aliorum hominum in terra manencium, et eos infra IIII^or annos non constituerit, ibi eos monachi constituent, et lucra et proventus hominum quicumque eos constituerit, per medium dividentur, et si dominus foreste tenuram suam quam modo possidet tradere colonis voluerit monachi similiter in ea medietatem in omnibus habebunt. In terragio foreste monachi medietatem habebunt cum ceteris rebus quas habent in feodo foreste, sed cum iddem terragium trahatur ad domum domini foreste, abbas et monachi ponent ibi mestivarios suos et dominus foreste suos, qui omnes jurabunt fidelitatem abbati et domino foreste. Propterea abbas et monachi habebunt juramentum a serviente qui trahet terragia et eciam ab omnibus si voluerint a quibus dicta terragia recipientur ; palee vero sine contradictione domini foreste erunt. Si vero abbas et monachi vel eorum mandatum super fractis juramentis eos in causam trahere voluerunt infra mensem post festum beati Michaelis eis hoc facere licebit, elapso vero mense hoc facere non licebit. Nos vero, ad peticionem parcium, litteras nostras testimoniales ut hoc factum firmum remaneat duximus indulgendas. Actum anno gracie M° ducentesimo nono decimo.

[XLII. — 1194. Charte de Barthélemy, archevêque de Tours, qui atteste qu'en sa présence Adam de Courcelles, chevalier, a renoncé a la procuration qu'il réclamait au prieuré de Saint-Mars.]

Littera super quadam procuracione quam Adam de Curcellis, miles, se dicebat habere in prioratu Sancti Medardi Turonensis, sigillo domini Bartholomei, archiepiscopi Turonensis, sigillata.

Bartholomeus, Dei gracia Turonensis archiepiscopus, omnibus ad quos presentes littere pervenerint, in Domino salutem. Universitati vestre volumus innotescat quod contencio diu habita est inter Adam de Curcellis, militem, et priorem Sancti Medardi de Turonis, super quadam procuracione quam idem miles a domo monachorum Villelupensium quam habent apud Sanctum Medardum ex consuetudine, ut dicebat, sibi decimo debitam requirebat. Constitutus igitur in nostra presencia ipso Adam et Nicholao, presbitero procuratore dicti prioratus Sancti Medardi, ex mandato Villelupensis abbatis, cum idem A[dam] pronotatam procuracionem requireret, respondit ille N[icholaus] domum illam ab hac procuracione liberam esse penitus et immunem, sicut que eam dicto militi non debebat. Adjiciebat eciam quod in abbacia Villelupensi adhuc superstites erant plures priores, qui successive dicte domui per XL annos vel amplius prefuerunt, constanter asserentes se eandem procuracionem nonquam reddidisse, nec eam deberi aut requiri eciam audierunt. Ad quod respondebat ipse A[dam] nondum elapsi erant tres anni quod prior quidam qui ultimus eidem domui prefuerat eam sibi reddiderat et in ipso prandio recognoverat quod sibi ex consuetudine debebatur et eam sibi ideo tunc reddebat, et hoc promisit idem miles se idoneis testibus probaturum, quos postmodum juratos recepimus et examinari fecimus diligenter. Tandem vero, partibus in nostra presencia constitutis, ad reformacionem pacis partes nostras interponere curavimus, que per Dei gratiam et sollicitudinem nostram inter partes istas amicabiliter facta est in hunc modum. Dictus Adam, pro salute anime sue prescripte renunciavit penitus questioni et eam **[30]** tactis sacrosanctis evangeliis, abjurans, jus suum super hoc si quod habebat, dicto abbati et monachis Villelupensibus in manu nostra quitavit penitus et dimisit sub prestito juramento, promittens se nunquam de cetero reclamaturum, et si alius eos impeteret pro posse preberet se eis super hoc adjutorem. Factum est hoc astantibus et videntibus: Willermus de Pereniacoo; Garino Gonele; Galtero Ridel, militibus; Magistro Am [...];

Willermus Mathei; Nicholao de Canda, canonicis Turonensibus; Thoma de Sabolio, canonico Candacensi; Philippo, priore Sancti Vincencii. Memoratus vero abbas ipsum A[dam] ad beneficium abbatie sue recepit, et tam ipse quam memoratus Nicholaus C solidos ipsi militi donaverunt. Philippus eciam primogenitus ejusdem A[dami] ipsam quictacionem postmodum fecit in nostra presentia positus et concessit. Et quia ejusdem A[dami] uxor, Ysabella scilicet, ex cujus parte idem miles procuracionem illam movere dixerat, peregrinans erat, sicut accepimus, pro quictacione ejus et concessione similiter audienda, misimus ad eam dilectos nostros Philippum, priorem Sancti Vincencii Turonensis, et Raginaldum de Parciaco, canonicum nostrum, quibus ad nos reversis, ex eorum testimonio nobis innotuit dictam Ysabellam eandem quictacionem fecisse et tam ipsam quam filios suos parvulos Johannem, Willermum et Agnetam, filiam suam, id similiter concessisse et pro me concessiones ut moris est habuisse. Aastantibus et videntibus: ex parte militis: Willermo Turmelli; Stephano Moysat; Petro Florie; Drocone de Creabee; Mauricio Ranerii; Raberco de Lengiaco, nepote ipsius Ade; ex parte ipsius abbatis: ipso abbate, in cujus manu ipsa Ysabella dimissionem illam fecit et ipse eam ad beneficium Villelupensis ecclesie recepit; M., priore de Espegneio; J., helemosinario Villelupensi; Raginaldo, priore de Iis; Raginaldo, monacho Villelupensi; R., presbytero Beate Marie Divitis; Raginaldo, capellano Sancti Cyriaci; N. Bordin; Simone Bordin. Et ut hoc coram nobis factum debitam in posterum opteneat firmitatem, presentes modo conscribi litteras, ad parcium peticionem, fecimus et sigilli nostri munimine roborari. Actum anno gracie M° CC° nonagesimo quarto (1).

[XLIII. — 1150. CHARTE D'ENGEBAUD, ARCHEVÊQUE DE TOURS, QUI CONFIRME A L'ABBÉ RENAULD ET AUX MOINES DE VILLELOIN LA POSSESSION DE CERTAINES ÉGLISES DE SON DIOCÈSE.]

Ecclesie in quibus habemus jus patronatus (2). — *(Cartha XV.)*

Engerbaudus, Dei gratia Turonensis archiepiscopus, Raginaudo, venerabili Villelupensis monasterii abbati, imperpetuum.

(1) Cette date est certainement fautive, l'archevêque Barthélémy, de qui émane la charte, ayant occupé le siège archiépiscopal de Tours de 1174 à 1206. Nous pensons qu'il faut lire : M° C° et non M° CC°.

(2) Cette rubrique est écrite en marge du manuscrit, en cursive du XVIIe siècle.

Quamdiu episcopalis administracionis sollicitudinem gerimus, justis peticionibus assensum prebere debemus, ea propter, frater Raginaude, abbas, peticioni tue annuentes, consilio fratrum nostrorum Ganilonis, scilicet decani et archidiaconi, Theouini, archidiaconi, Roberti archipresbyteri, Radulphi de Ambazio, tibi et fratribus, successoribus que tuis in monasterio Villelupensi Deo servientibus, concedimus quod ex donacione fidelium tempore predecessoris nostri bone memorie Hugonis, archiepiscopi, possedistis in ecclesiis de Cyvraico, de Franculio (1), de Chiseaco (2), de Maruillo (3), de Chedigniaco (4), de Vodolio (5), de Monte Thesauri, de Villalupense, de Colungeiaco, de Noviente, de Locheyo, de Scubiliaco, quiete habendum et imperpetuum possidendum, et ut hec concessio nostra firma semper et illibata permaneat subscribi et sigilli nostri munimine roborari fecimus. Nomina quoque eorum qui huic rei interfuerunt subter notavimus : Ganilo decanus et archidiaconus; Theouinus archidiaconus; Robertus, archipresbyter; Radulphus de Ambazio; Garnerius de Vindocino; Haymericus, archipresbyter de Lochis; ex parte abbatis : Haimericus de Crachaiaco; Raginaudus de Castello; Raginaudus Abraham; Hulgerius de Pelevesino, monachi Villelupenses et servientes sui : Gofridus Turonensis; Gaudricus; Gauterius de Ispeigniaco; Petrus de Monesto. Facta est autem subscripcio ista anno ab Incarnacione Domini M° C° L^{mo}.

[XLIV. — 1216. Charte de Jean, archevêque de Tours, qui atteste que Geoffroy de Loudun, chevalier, sur le point de partir pour Jérusalem, avait fait remise a l'abbaye de Villeloin de la redevance de deux faucons qu'elle lui devait.]

Littera de duobus nisis nidalibus quos ecclesia Villelupensis solebat reddere annuatim Gaufrido de Lauduno, militi, sigillo J[ohannis], archiepiscopi Turonensis, sigillata. — (Cartha CXCLI.)

Johannes, Dei gracia Turonensis archiepiscopus, omnibus presentes litteras inspecturis salutem [**31**]. Universitati vestre

(1) Francueil, commune du canton de Bléré (Indre-et-Loire).

(2) Chissay, commune du canton de Montrichard (Loir-et-Cher).

(3) Mareuil, commune du canton de Montrichard (Loir-et-Cher).

(4) Chédigny, commune du canton de Loches (Indre-et-Loire).

(5) Vou, commune du canton de Ligueil (Indre-et-Loire).

volumus innotescat quod, cum Gaufridus de Lauduno, miles, et antecessores sui quemdam redditum sive redibicionem annuam in monasterio Villelupensi haberent, videlicet duos nisos nidales competentes, in recognicione quarumdam pocessionum quas predecessores dicti Gaufridi pro amore Dei dicto monasterio contulerant, memorato G[aufrido] vel certo ejus mandato in vigilia Assumpcionis Beate Marie, cum procuracione duorum serviencium cum duobus equis apud Villamlupensem persolvendos, hoc adjecto quod si dicti nisi ipsa die, prout dictum est, nullatenus redderentur, abbacia Villalupensis tenetur sepedicto Gaufrido vel heredibus suis reddere duos cyphos argenteos marchales ad pondus turonense ; tandem idem G[aufridus], in procinctu peregrinacionis sue Jerosolimitane constitutus, coram nobis dedit et concessit, cum assensu, laudacione et voluntate filiorum suorum Hemerici primogeniti et Gaufredi, in puram et perpetuam elemosinam prefato Villelupensi monasterio dictum redditum sive redibicionem, pro anniversario G. Focre, Hemerici de Lauduno, avi sui, patris et matris sue, Beatricis uxoris sue, Willermi de Precingni, fratris sui, et Foqueti et aliorum filiorum suorum et pro suo et dictorum filiorum suorum Hemerici et Gaufridi et filie sue, quando de ipsis vel de quolibet eorum humanitus contigerit, annis singulis simul eadem die imperpetuum salubriter faciendo. Voluit eciam, statuit et concessit sepedictus Gaufridus, cum assensu et laudacione dictorum filiorum suorum, quod nec ipse nec aliquis heredum suorum, qui prefatam redibicionem ab abbatia prefata modo aliquo repetere valeant, vel illam super hoc in aliquo molestare, nisi prius ab ipso Gaufrido vel ab aliquo heredum suorum, qui prefatam redibicionem repetere voluerit, centum solidi annui redditus in loco competenti predicte fuerint abbacie assignati, vel centum viginti libre turonensis monete date ad emendos C solidos annui redditus pro anniversario, ut dictum est, salubriter faciendo. Hanc autem elemosinam et hoc donum in manu nostra factum ad sepedicti Gaufridi supplicacionem ratum habuimus et presencium litterarum nostrarum testimonio duximus confirmandum. Actum anno Domini M° CC° XVI°, ordinacionis nostre anno.

[XLV. — 1242, janvier. Charte de l'official de Tours attestant l'engagement fait a l'abbaye de Villeloin par Sibylle de Bossay, Guillaume Marran, chevalier, et Hugues, ses fils, d'une dime en la paroisse de Nouans.]

Littera de decima quam domina Sibilla de Bosseio et Willermus et ceteri vendiderunt abbati et conventui Villelupensi, que decima sita est in parrochia de Noento, sigillo officialis Turonensis sigillata. — (Cartha CDXXXVIII.)

Universis presentes litteras inspecturis, officialis curie Turorensis, salutem in Domino. Noverint universi quod in nostra presencia constituti domina Sibilla de Bosseyo et Willermus Marran, miles, et Hugo, fratres, filii dicte domine, recognoverunt se vendidisse abbati et conventui Villelupensi decimam suam sitam in parrochia de Noento, Turonensis dyocesis, tam in blado quam in quibuscumque habent eandem, precio decem et octo librarum currentis monete de quibus se tenuerunt pro pagatis coram nobis, hoc adjecto in dicta vendicione quod si dictis abbati et conventui dicti fratres infra triennium dictam pecuniam solverint, dictis fratribus dictam decimam restituere tenebuntur, aliquin dicta decima dictis abbati et conventui imperpetuum remanebit pacifice possidenda. Et promiserunt dicta domina et fratres, fide data, quod nichil in dicta decima neque per se neque per alios de cetero reclamabunt salva adjectione predicta, et de dicta decima garantizanda dictis abbati et conventui et dampnis si occasione alicujus impedicionis aliqua sustinerent, et interesse propter carenciam dicte decime si ab aliquo, medio tempore, ab eis esset evicta, probandis per juramentum eorumdem, fidejussores extiterunt dictus Guillermus Marran, Gaufridus de Rosariis, miles, et Guido de Boisseyo, qui se ad predicta se de predictis fide data et heredes suos et unusquiscumque [**32**] insolidum spontanee obligarunt. In cujus rei memoriam presentes litteras dictis abbati et conventui concessimus ad peticionem prenominatorum sigillo curie Turonensis sigillatas. Actum anno Domini M° CC° XL primo, mense januarii.

[XLVI. — 1141. ACCORD FAIT EN PRÉSENCE DE HUGUES, ARCHEVÊQUE DE TOURS, ENTRE LES ABBÉS DE SAINT-JULIEN DE TOURS ET DE VILLELOIN, AU SUJET DES ÉGLISES DE NOTRE-DAME LA RICHE ET DE SAINT-MÉDARD DE TOURS.

A. — Original parchemin scellé sur doubles queues de quatre sceaux perdus. Archives d'Indre-et-Loire, H. 616.

VARIANTES : (*a*) Cirographum ; (*b*) possederant ; (*c*) obtinebunt ; (*d*) neu ; (*e*) Simon ; (*f*) adhibuerunt ; (*g*) Actum ; (*h*) Lodovico ; (*i*) La liste de témoins placée entre crochets est fournie par l'original et manque sur le cartulaire.]

Littera concordie super ecclesiis Beate Marie Divitis et Sancti Medardi Turonensis. — (Cartha XIII.)

(*a*) Quociens divine circumstanciam pagine pro capacitatis

nostre studio perscrutamur ex singulis sacre scripture sentenciis liquido perpendere possumus, quia Deus, auctor pacis et amator, in mundum venit ad dirigendos pedes nostros in via pacis; unde inter saluberima predicacionis sue documenta dicit ipse : *Pacem et veritatem diligite.* Hinc eciam ait Apostolus : *In pace vocavit nos Deus.* Hujus igitur institucionis dominice et erudicionis apostolice nullatenus immemor, ego, Turonorum archiepiscopus, Hugo, Sancti Juliani ac Villelupensem abbates super ecclesiis Sancte Marie et Sancti Medardi, que in suburbio sunt Turonice civitatis, aliquandiu altercantes, auditis utriusque partis rationibus ad integram continue pacis concordiam, consilio domini Guanerii, abbatis Majoris Monasterii, hoc modo revocavi. Fratres Villelupensis cenobii supra memoratas ecclesias Beate videlicet Marie et Sancti Medardi, quas auctoritate et munimentis Romane et Turonensis ecclesie subnixi tenore tricennali et eo amplius possiderant *(b)*, terminata penitusque sopita monachorum Sancti Juliani calumpnia libere ac quiete amodo ac deinceps optinebunt *(c)*. Vero quia indissolubilem mutue fraternitatis connexionem Villelupenses cum monachis Sancti Juliani habere cordetenus appetebant, post compositam pacem istam IIII^or^ denarios, quos ecclesie Villelupensi censualiter debebant, eisdem gratia hujus concordie tanquam fratribus suis caritative condonaverunt. Hec autem omnia in capitulo Sancti Juliani abbas et monachi ejusdem loci omnes una concedentes Villelupensibus fratribus prefate concordie modum obnixe ac fideliter tenendum plurimis audientibus promiserunt. Hiis ita compositis premisse pacis series ne imposterum successores nostros lateat, ne *(d)* a memoria quorumlibet prolixitate temporum recedat, sub assercione presentis pagine sigilli mei munimine tenaci memorie mancipavi. Affuerunt Turonensis ecclesie clerici, nomina quorum subnotata sunt : Gano, decanus ; Engulbaudus, thesaurarius ; Symon *(e)*, archidiaconus ; Avitus, cantor ; Goscius, cellerarius ; Robertus, archipresbyter. Ad corroborandum hujus accionis summam, abbas Majoris Monasterii et abbas Sancti Juliani necnon abbas Villelupensis sigillorum suorum auctoritatem adibuerunt *(f)*. Quod si quispiam hujus concordie tenorem inquietare vel debilitare presumpserit eum anathematis vinculo donec resipiscat innodamus. Datum *(g)* est anno ab Incarnatione Domini M^o^ C^o^ XLI, papa Innocencio, rege Ludovico *(h)*.

[Popinus de Monte Bruno *(i)*, Gaufredus Engelardi, Rainaudus Meschinus, Radulphus de Furcis et Hugo filius ejus, Leonius ; Radulphus Thome; Nicholaus Engerlardi. Data per manum Hervei cancellarii. Gaufredus Bonometh, Gaufredus Turonensis, Maisellus, Gaudricus. Isti sunt famuli sancti Juliani : Berengerius Tondutus ; Girardus de Ospitio ; Gossardus].

[XLVII. — 1249, mars. ACCORD FAIT DEVANT L'OFFICIAL DE TOURS ENTRE L'ABBÉ ROBERT ET LES MOINES DE VILLELOIN, D'UNE PART, ET JEAN DE LA ROCHE, CHEVALIER, ET AGATHE, SA FEMME, D'AUTRE PART, AU SUJET DES COUTUMES QUE LEDIT ABBÉ ET LES MOINES PRÉTENDAIENT LEUR ÊTRE DUES SUR LES HÉRITAGES QUE POSSÉDAIENT A VILLELOIN LEDIT CHEVALIER ET SA FEMME.]

Littera de costumis quas Johannes de Rupe, miles, et Agatha, ejus uxor, debebant in territorio Villelupensi, sigillo officialis Turonensis sigillata. — (Cartha CXLVII.)

Universis presentes litteras inspecturis, officialis curie Turonensis, salutem in Domino. Noverint universi quod, cum frater Robertus, vir religiosus abbas ecclesie Villelupensis, totusque ejusdem loci conventus peterent a Johanne de Rupe, milite, et ab Agatha, uxore sua, costumas sibi ab eisdem debitas, ut dicebant, racione possessionum costumalium quas in territorio Villelupensi possidebant, sicut alii mansionarii in eodem territorio existentes debent, que tales sunt, videlicet : auxilium debitum abbati de novo instituto, et aliud auxilium eidem abbati si iter arriperet ad sedem apostolicam, et aliud auxilium si empcionem faceret quinquaginta libras turonensium excedentem, et alias costumas eidem abbati in dicto territorio debitas, videlicet : fenatorem, vindemiatorem, charraagium, et ut **[33]** in torculari suo pressorare deberent, et ut ad fulnum suum costumaliter coquerent et ad suum molendinum molerent, tandem, de bonorum virorum consilio, inter ipsos pacificatum extitit in hunc modum : quod dicti abbas et conventus dictis J[ohanni] et A[gathe], uxori ejusdem, quitaverunt costumas supradictas, quamdiu dicta A[gatha] vixerit, hoc salvo quod pressorare ad aliud torcular nisi ad torcular dictorum abbatis et conventus Villelupensis non possunt, nec coquere nec mollere nisi ad eorum molendina vel fulnum, nec pro se nec pro familia sua. Ipsa vero dicta A[gatha] mortua, heredes dicte Agathe seu successores dictas costumas dictis abbati et conventui reddere tenebuntur, sicut ceteri homines in dicto territorio existentes. Pro qua quictacione habenda et tenenda dicti J[ohannes] et A[gatha] quicquid habent in territorio de Espeigneyo et apud Montem Thesauri in parrochia de Bellomonte, sive in jurisdicione dictorum abbatis et conventus existat, sive eciam aliunde, exceptis pratis suis apud Montem Thesauri existentibus et canabio sito retro domum Petronille de Monte Thesauri et excepto censu quam habet in dicta villa, dictis abbati et conventui imperpetuum quictaverunt. Dictus vero Johannes fidem dedit in manu nostra corporalem quod contra predictam quitacionem per se vel per alium de cetero non veniret. Dicta vero Agatha, uxor ejusdem J[ohannis], coram Egidio, presbytero Villelupensi, a nobis personaliter destinato, similiter fidem dedit quod per se vel per alios contra istam quitacionem de cetero non veniret. In cujus rei testimonium et munimen ad peticionem parcium dictis abbati et conventui litteras nostras dedimus nostri sigilli munimine roboratas. Datum mense marcii anno Domini M° CC° XL^mo^ octavo.

[XLVIII. — 1206. Donation de l'église de Vou faite a l'abbaye de Villeloin par Philippe de Remmefort.]

Littera de capella de Voo quam Philippus de Remaforti dedit ecclesie Villelupensi. — (Cartha MCCXCVIII.)

Noscant presentem paginam infuturi *(sic)* quod ego Philippus de Remaforti dedi et concessi caritative Girardo, abbati Villelupensi, et abbacie, capellam de Voo cum omnibus ad ipsam pertinentibus, quam Stephanus, olim senescallus Andegavensis, pater meus, edificaverat pro remedio anime sue et parentum suorum. Hoc autem donum feci sollempniter in presencia B[artholomei,] Turonensis archiepiscopi, G[aufridi], abbatis Majoris Monasterii, R[aginaldi], abbatis Sancti Juliani Turonensis, G., archidiaconi Turonensis, et aliorum multorum tam laicorum quam clericorum, et ut firmius habeatur sigilli mei munimine presentem paginam roboravi. Actum anno Domini M° CC° VI°.

[XLIX. — 1214, janvier. Charte de Jean, archevêque de Tours, attestant la vente et la donation de biens en la paroisse de Nouans faites a l'abbaye de Villeloin par Geoffroy Drocon, chevalier, et Pétronille, sa femme.]

Littera de decima de Noento, quam Gaufridus Droco, miles, et Petronilla, uxor ejus, vendiderunt et dediderunt ecclesie Villelupensi, sigillo J[ohannis], archiepiscopi Turonensis, sigillata. — (Cartha CDXIX.)

Johannes, Dei gratia Turonensis archiepiscopus, omnibus

presentes litteras inspecturis, salutem in Domino. Notum facimus universitati vestre quod Gaufridus Droco, miles, et Petronilla, uxor ejus, cum assensu Juliane, filie eorum, dederunt in puram et perpetuam elemosinam ecclesie Villelupensi, coram dilecto canonico nostro Nicholao, archipresbytero de Ambazio, sicut nobis ipse fideliter retulerit *(sic)* quem ad hoc miseramus, terciam partem eorum omnium que habebant in maritagio predicte Petronille in parrochia de Noent, et duas partes vendiderunt Girardo, ipsius ecclesie Villelupensis abbati, pro quinque milibus solidis et sex libris turonensium, ipsi et monasterio suo pacifice in perpetuum possidenda, exceptis furno et molendino de Noent; assignatis per ipsum Gaufridum prefate Petronille in recompensacionem et permutacionem dicti maritagii, in terra quam habebat in parrochia de Faveroles, VII modiis bladi communis, sicut de terra ipsa provenerit, et tribus hominibus, scilicet : Johanne Baudoin, Renaudo Baudoin et Gaufrido Durant. Ita quod si eadem Petronilla decedat non exstante ex se aliquo herede hec permutacio ad Tancredum, patrem ipsius Petronille, et heredes suos imperpetuum revertetur. Et hanc permutacionem et donacionem et vendicionem predictorum sibi esse utilem et ratam se habere tam dicta Petronilla quam pater ejus et fratres, coram dicto Nicholao confessi sunt. Et se ita servaturos et denfensuros ea que diximus ecclesie prenotate, nec aliquid ultra reclamaturos prefati Gaufridus et Petronilla, Tancredus et Gaufridus filius ejus, coram eodem Nicholao, juramento prestito, promiserunt. Nos vero ad peticionem parcium in testimonium predictorum presentem cartam adnotari fecimus et sigilli nostri munimine roborari. Actum anno Domini M° CC° tercio decimo, mense januario.

[L. — 1206. Charte de Barthélemy, archevêque de Tours, qui atteste que Guérin Aguillons et Aeles, sa femme, ont donné aux abbayes de Villeloin et d'Aiguevive la moitié de la dime de Fretay.]

[34] *Littera de decima de Freteio, quam Garinus Aguillons et Aeles, uxor ejus, dederunt in helemosina ecclesiis Villelupe et Aquevive. — (Cartha DCI.)*

Bartholomeus, Dei gratia Turonensis archiepiscopus, omnibus ad quos littere iste pervenerint, salutem in Domino. Universitati vestre volumus innotescat quod Garinus Aguillons et Aeles, uxor sua, que medietatem decime de Freteio (1) possidebant, in nostra presencia venientes, ducti pio quem ad Villelupensem et Aquevive abbatias gerebant affectu, dederunt et in perpetuam helemosinam concesserunt, cum assensu Raginaudi, filii eorum, eisdem abbatiis, quicquid in predicta decima habebant, quiete et pacifice possidendum, videlicet Villelupensi duas partes et Aquevive terciam partem. Predicti autem G[arinus] et A[eles] in manu nostra dictam decimam resignarunt, qui ea predictorum locorum abbates sicut dictum est curavimus investire. Et ad majorem firmitatem super sacrosancta evangelia juraverunt quod ipsi donacionem istam fideliter observabunt, eandem decimam predictis monachis et canonicis pro posse suo bona fide perenniter defensuri. Preterea Gaufridus de Palludello, dominus de Monte Tesor, suis nobis patentibus litteris innotescere fecit, quod ipse hanc helemosinam ratam volens esse et firmam dederat imperpetuum ipsis monachis et canonicis et concesserat, cum assensu Matildis, uxoris sue, neptis nostre, et Bochardi, filii sui, feodum et hominium quod habebat in memorata decima quam Garinus ab eo tenebat, videlicet monachis duas partes et canonicis terciam partem. In tractu siquidem illius decime monachi duas partes et canonici terciam partem habebunt, in illa autem decima dicti abbates duos tractores si voluerint ponent qui eisdem abbatibus jurare tenebuntur quod suas eis servabunt porciones fideliter, aut si unum de communi assensu ponere voluerint, utrique fidelitatem jurabit. Nos ad peticionem parcium, pro removenda contencionis materia, id litteris annotari et sigilli mei munimine fecimus roborari. Actum anno gracie M° CC° VI°, ordinacionis nostre XXX° II°, assistentibus nobis : Gaufrido, archidiacono Turonensi, Nicolao de Polleyo, magistro Hernaudo de Metulo, magistro Willermo Socrates, magistro Ricardo, canonicis Turonensibus; Hugo de Bademor, Willermus de Fossa Maura, canonicis Ambaziensibus, et pluribus aliis.

LI. — 1208, octobre, Tours. CHARTE DE GEOFFROY, ARCHIDIACRE DE TOURS, QUI MAINTIENT A L'ABBAYE DE VILLELOIN LE DROIT DE PATRONAGE DE LA CHAPELLE DE VOU QUE LUI AVAIT DONNÉ PHILIPPE DE REMMEFORT.]

Littera de construxione de Voo, sigillo archidiaconi Turonensis sigillata. — (Cartha MCCXCIX.)

---

(1) Fretay, commune d'Orbigny (Indre-et-Loire).

Gaufridus, archidiaconus Turonensis, omnibus presentes litteras inspecturis, salutem in Domino. Notum facimus quod, cum Stephanus, bone memorie quondam senescallus Andegavie tempore Henrici, quondam illustris regis Anglie, in parrochia de Vou capellam quamdam construxisset, capellanum quendam, salvo jure parochianali matris ecclesie, ibidem constituens, tandem dicto Stephano sublato de medio, cum dilecto in Xristo Girardo, venerabili abbati Villelupensi, innotesceret, quod Philippus de Remmefort, heres ejusdem Stephani, jus patronatus illius capelle priori de Gressu (1) et fratribus contulisset, idem abbas dictos priorem et fratres et Philippum coram domino Bartholomeo bone memorie, quondam Turonensi archiepiscopo, traxit in causam, allegans quod, quia dicta capella in cimiterio ecclesie de Vou, que ad ipsum et abbaciam suam Villelupensem pertinet, constructa fuerat, conductum fuit in prima ipsius capelle constructione quod dictus Stephanus vel heredes ejus jus patronatus sepedicte capelle nulle religioni preterquam abbatie Villelupensi possent in posterum aliquatenus conferre. Quod, cum idem abbas per testes probare intendisset et testium deposiciones publicate fuissent, dictus Philippus, saniori ductus consilio, in manu dicti archiepiscopi idem jus patronatus eidem abbati et fratribus resignavit, fide interposita confirmans quod nec ipse nec heredes ejus de cetero ipsum abbatem et fratres in hac parte molestaret. Dictus eciam prior pro se et domo sua quicquid juris sibi prius vendicaverat eisdem quoque abbati et fratribus in manu ejusdem archiepiscopi nichilominus resignavit. Ad hec vero dictus archiepiscopus, presentibus dictis priore et Philippo, possessionem juris patronatus sepedicti contulit abbati memorato, tali mediante condicione quod quandocumque magistrum Michaelem, tunc temporis capelle supradicte **[35]** personam, viam universe carnis ingredi, vel ipsam capellam vita comite resignare contingeret, abbas Villelupensis ibidem instituere[t] unum de monachis serviturum. Demum vero post longum tempus, astantibus nobis venerabili abbate de Baugezeis et J., archipresbytero Lochensi, cum quibusdam aliis, constitutus in presencia nostra dictus magister Michael capellam predictam quam diu possederat eidem Villelupensi abbati resignavit. In cujus rei memoriam ad peticionem parcium presentem paginam conscribi et sigilli mei munimine fecimus roborari. Actum Turonis anno Domini M° CC° VIII°, mense octobri.

(1) Le Grais, prieuré, commune d'Azay-sur-Cher (Indre-et-Loire).

[LII. — 1105. DONATION FAITE A L'ABBAYE DE VILLELOIN PAR IRVISUS, SURNOMMÉ CABRONUS RETINENS, DE LA MOITIÉ D'UNE TERRE SITUÉE « APUD MILIUM ».]

Littera de terra apud Milium, quam Irvisus, cognomine Cabronis Retinens, dedit ecclesie Sancti Salvatoris Villelupensis. — (Cartha CIII.)

Scripta teste cognovimus quod diviciarum opulencia nequid fructificari si a possidentibus in hoc mundo diligatur, sed fructum incomparabilem reddit si, spreta pro Deo, necessitatem pacientibus distribuitur(1), felici enim commutacione pauperibus in fenore caduca committuntur ut a Xristo, pauperum capite, manencia recipiantur, qui dixit : *Si quis pro me terrena dimiserit, sine dubio celestia recipiet.* Cujus promissionis firmitate salva fide, Irvisus, cognomine Cabrosus Retinens, dedit ecclesie Villelupensis Sancti Salvatoris, abbati scilicet et monachis medietatem de tota terra que est apud Milium, de salvis *(sic)*, de terris cultis et incultis, de casualibus quoque et omnibus redditibus terre Milii proprietati pertinentibus. Notum tamen sit omnibus quod de Humbaldo de Curt cognomine, qui superdictam terram in vadimonio tenebat, septem blesensium nummorum libris redemimus. Post redempcio[nem] vero, supradicto Irviso, in capitulo nostro venienti, pro confessione*(sic)* dedimus centum solidos andegavensium nummorum, filioque ejus Aimerico, cognomine Pollardo, totidem, et insuper anniversaria sua sicuti uni de monachis nostris post eorum obitum facienda, pauperem quoque pro illis parentibusque suis in mandato de Cena Domini habenda concessimus. Rosbertus vero Cabronus Irvisi XX[ti] solidos pro confessione *(sic)* istius terre Milii recepit ut ab illo omnibusque heredibus suis terra denominata Villelupensi ecclesie quita remaneret. Sciendum preterea quod iste Irvisus multa donavit predicte ecclesie diversis temporibus que in hac carta scribi jussit coram testibus. Donavit apud Chinuncellum (2) in fluvio Kari (3) ad portum de Columberiis (4) dictum, quartam partem

(1) Cette phrase, mal transcrite par le copiste, peut être rétablie ainsi : *Scriptura teste cognovimus quod diviciarum opulencia nequit fructificare si a possidentibus in hoc mundo diligatur, sed fructum incomparabilem redit, si spreta pro Deo, necessitatem pacientibus distribuit.*

(2) Chenonceau, commune du canton de Blèré.

(3) Le Cher, rivière.

(4) Coulommiers, commune de Francueil.

scluse, et in parrochia Francolii apud Enstratum concessit rupem quam domnus Odo, abbas, emerat, terram quoque ibidem duobus bobus plenarie excollendam, et in ipsa parrochia in Braio medietatem pratosum, que ab eo teneri videbantur. Donavit preterea apud Montem Landricum (1) in parrochia Vodolensi omnes alodos suos et quartam terre et casamenta omnia que ibi habere videbatur. Harum donacionum testes sunt : Goffredus de Seneveres Asthone ; Garinus Besilla ; Goffredus Mothardus ; Gulfrandus ; Odo Bardus ; Robertus, filius Arraldi ; Aimo Temperies ; Gormondus ; Sinardus ; Girardus Cosce ; Galterius Naquier et multi alii. Facta est hec cartula a domno Odone, abbate, ipso Irviso jubente, anno M° C° V°, indictione XIII[a], regnante Philippo, Francorum rege, et Godofredo Martello secundo, Andegavorum comite.

[LIII. — 1242, février. CHARTE PAR LAQUELLE HUE DE COUFFY ENGAGE AU PROFIT DE L'ABBAYE DE VILLELOIN TRENTE LIVRES SUR SA DIME DE NOUANS, SUR LAQUELLE IL AVAIT PRÉCÉDEMMENT OBLIGÉ VINGT LIVRES AU PROFIT DE LADITE ABBAYE.]

Littera de decima de Noento, quam Huo de Coffe obligavit ecclesie Villelupensi, precio XXX[ti] librarum, sigillo ejusdem sigillata. — (Cartha CDXXXVII.)

Omnibus presentes litteras inspecturis Huo de Coffe, miles, salutem in Domino. Noverint universi quod, cum ego totam decimam meam quam habeo in parrochia de Noento in omnibus abbati et conventui Villelupensi pro triginta libris turonensium obligassem, sicut continetur in litteris venerabilis patris Juhelli, [36] archiepiscopi Turonensis, et nobilis viri Buchardi, domini Montis Thesauri, postea recepi a predictis abbate et conventu alias XXX libras super predicta decima, racione obligacionis, ita quod dictam decimam potero redimere de marcio in marcium vel aliquis de meo genere, vel dominus, excepto hoc anno, soluta summa tocius pecunie, videlicet LX libras turonensium. In cujus rei memoriam et munimen dedi predictis abbati et conventui presentes litteras sigilli mei munimine roboratas. Actum anno Domini M° CC° XLI°, mense februario.

(1) Peut-être la Bourlanderie, commune de Vou ?

[LIV. — 1200. CHARTE DE LISIARD, ABBÉ DE BAUGERAIS, ET DE JEAN, ARCHIPRÊTRE DE LOCHES, ATTESTANT QUE GIRARD, ABBÉ DE VILLELOIN, ET PIERRE ZACHARIE SE SONT FAIT REMISE DE CENS QU'ILS SE DEVAIENT MUTUELLEMENT.

A. — Original parchemin sans trace de sceau. Archives d'Indre-et-Loire, H. 592.

VARIANTES : (a) Cirographum ; (b) Zacarie ; (c) carterium ; (d) Collengeio ; (e) Zacarie ; (f) Sevilet ; (g) Paganus prior ; (h) millesimo ducentesimo.]

Littera de censu et gardis de pratis de Civilet et de multis aliis. — *(Cartha CCLXIX).*

(a) Ego Lisiardus, abbas Balgezeio, et ego Johannes, archipresbyter de Lochis, omnibus ad quos littere iste pervenerint notum facimus quod dilectus in Xristo frater noster Girardus, abbas de Villalupe, in presentia nostra constitutus, quitavit Petro Zacharie *(b)* et Laure, uxori ejus, et Petro primogenito eorumdem, qui et ipsi presentes erant, quarterium *(c)* terre Petritaret quod est ad capud ecclesie de Colengeio *(d)*, [et censum de granica eorumdem de Collengio, (1)] et unum denarium census de Radulfo molendinario, et septem denarios census quos idem Petrus Zacharie *(e)* debebat abbacie annuatim reddendos. Prenominati vero Petrus, pater, et uxor Laura et Petrus, filius, quictaverunt eidem abbati et abbacie ejus imperpetuum censum et gardas que debebat eis Ulricus Carpentarius pro pratis suis de Civilet *(f)*, videlicet decem et octo denarios inter censum et gardas. Quictaverunt eciam censum de area Stephani, clerici, que est ante portam capelle Sancti Michaelis de Villalupe. Huic mutue quictacioni interfuerunt : Gaufredus Pretor ; Paganus *(g)* ; Bernardus, sacrista ; Gofredus de Albigniaco, miles ; Guarnerius, presbyter ; Bartholomeus Ysembart ; Petrus Amici ; Petrus Pretor et plures alii. Actum est hoc anno ab Incarnacione Domini M° CC° *(h)*, Johanne regnante, rege Anglorum. Ut autem hoc ratum et firmum habeatur ad peticionem utriusque partis nos cartulam istam sigillorum nostrorum impressione munivimus.

[LV. — 1225. CHARTE D'AIMON, ARCHIPRÊTRE DE TOURS, QUI ATTESTE QUE DACLES, CHEVALIER, A ENGAGÉ AU PROFIT DE

(1) Ce membre de phrase, omis par le copiste du manuscrit, a été ajouté en marge au XVII° siècle.

l'abbaye de Villeloin huit livres tournois sur sa dime de Vou.]

Carta de decima de Voui sigillo archiepiscopi Turonensis sigillata.

Omnibus Xristi fidelibus ad quos presentes littere pervenerint, magister Aymo, archipresbyter Turonensis, salutem in Domino. Notum facimus universis quod, constitutus coram nobis, Dacles, miles, obligavit abbati et conventui Villelupensi decimam suam de Voui, pro octo libris turonensium, tali pacto quod, quandocumque dictus miles vel ejus heredes eam voluerint redimere, poterunt ita quod infra octobam Pasche eam redimant. Si autem infra illud tempus eam non redimerint *(sic)*, predicti abbas et conventus colligent fructus dicte decime usque ad aliud Pascha et tunc nisi infra octavam Pasche dictus miles vel ejus heredes prefatam decimam redimerint *(sic)*, sepedicti abbas et conventus fructus ejusdem decime usque ad subsequens Pascha percipient, et sic de ceteris. Et hanc peticionem tenetur dictus miles fide mediante fideliter observare. In cujus rei testimonium, nostras dedimus litteras testimoniales. Actum anno Domini M° CC° XX° V°.

[LVI. — 1174-1206. Charte de Barthélemy, archevêque de Tours, qui atteste que Barthélemy Marques, chevalier, a fait remise aux moines de Villeloin d'une procuration qu'il prétendait lui être due.]

Littera de procuracione quam Bartolomeus Marques, miles, repetebat in prioratu de Vou.

Bartholomeus, Dei gratia Turonensis archiepiscopus, omnibus qui presentes litteras viderint in Domino salutem. Universitati vestre volumus innotescat, quod cum dilectus filius abbas et monachi Villelupensis, cum Bartholomeo Marques, milite, super quadam procuracione quam idem B[artholomeus] a dictis monachis in domo sua de Vou, pro terra sua de Monte Landri, habendam singulis annis consuetudinarie repetebat, monachi econtra inficiantibus, diucius litigassent; tandem predictus B[artholomeus,] saluti anime sue et patris sui et antecessorum suorum providere desiderans, quicquid juris in illa procuracione habebat prefatis monachis in perpetuam elemosinam coram nobis concessit et in manu nostra dimisit. Assistentibus nobis : Gaufrido, ecclesie nostre archidiacono; Nicholao, ar[.......].

[Les feuilles **37** et **38** du manuscrit manquent et sont remplacées par deux feuilles blanches de parchemin].

[LVII.— 1262, juillet. CHARTE QUI RÈGLE LES DROITS DES USAGERS EN LA FORÊT DE CLEOFFY (1)].

(Cartha DCLVI.)

[........ **[39]** duabus porcionibus suis ab eisdem acceptatis possint de cetero mittere porcos suos de propria nutritura sua in duabus porcionibus dictorum religiosorum postquam editum fuerit seu preconizatum quod porci intrarent dictum nemus tempore pastionis, solvendo tantummodo pro quolibet porco tres denarios de pasnagio religiosis superius nominatis. Et dictus nobilis similiter voluit et concessit quod usagiarii ab eodem admissi et recepti de porcis suis eodem modo possunt facere in tercia parte sua. Actum fuit eciam inter abbatem et procuratorem et nobilem, quod si Raginaldus Sabbart et Martinus Rouseau, mansionarius dicti Raginaldi, probare possent se debere habere usagium in predicto nemore, quilibet eorum dominorum ipsos reciperet, in quantum jus dictaret, in porcionibus suis. Promiserunt eciam et concesserunt coram nobis tam dicti abbas et procurator pro dicto conventu et nobilis, quam usigiarii predicti, exceptis hominibus canonicorum predictorum et Radulpho Sabbart et Martino ejus mansionnario, quod contra particiones et divisiones predictas et omnia alia superius expressa, per se vel per alium non venient in futurum... Ad premissa omnia et singula tenenda, sequenda et inviolabiliter observanda prout superius sunt expressa, judicio curie domini regis judicamus et sentencialiter condempnamus. Datum et sigillatum sigillo nostro ad peticionem dictorum abbatis et procuratoris dicti conventus ac nobilis et usageriorum predictorum una cum sigillis dictorum abbatis et conventus et eciam nobilis supradicti in testimonium veritatis. Anno Domini M° CC° LX^mo secundo, mense julii.

[LVIII. — 1270, avril. CHARTE DE GEOFFROY DE PALLUAU, CHEVALIER, SEIGNEUR DE MONTRÉSOR, PAR LAQUELLE IL DONNE SON CONSENTEMENT AU JUGEMENT ARBITRAL DE GEOFFROY FRESLON, ÉVÊQUE DU MANS, ET DE GEOFFROY DE LAVARDIN.]

Littera super justicia terrarum de Bellomonte et super multis aliis articulis, per bonorum virorum concilium pacificatis, sigillo sepedicti domini Montis Thesauri sigillata. — (Cartha CXXI.)

Universis presentes litteras inspecturis et audituris, Gaufridus

(1) La table du cartulaire donne à cette charte le titre suivant : *De uzagiariis de Clofy.*

de-Paludello, miles, dominus Montis Thesauri, eternam in Domino salutem. Noverint universi quod, cum contentio, diu est, ventulata *(sic)* extitisset super pluribus accionum articulis inferius annotatis inter me, ex una parte, et religiosos viros abbatem et conventum monasterii Villelupensis, ex altera, tandem, de consilio bonorum ex parte mea et ex parte ipsorum religiosorum, compromissum extitit in reverendum patrem Gaufridum, Dei gratia quondam bone memorie episcopum Cenomanensem, et Gaufridum de Lavardino, militem, pena centum marcharum argenti apposita, a parte resiliente ab arbitrio dicto seu ordinacione ipsorum persolvenda alteri parti arbitrium observanti. Qui vero arbitri, mutuis peticionibus hinc inde traditis, lite legitime super ipsis contestata, jurato postmodum de calumpnia, auditis et intellectis que ego pro parte mea et ipsi religiosi voluimus proponere coram ipsis, retenta sibi de consensu nostro potestate declarandi, interpretandi et eciam corrigendi usque ad tempus contentum in compromisso ea que in subsequentibus declaranda, interpretanda viderent seu eciam corrigenda, super justicia terrarum quas ipsi religiosi habent seu que tenentur ab eis in parrochia de Bellomonte, Turonensis dyocesis, et super multis aliis articulis de quibus infra fit mencio, taliter ordinarunt. In primis, scilicet super dicta justicia, de qua mota erat contencio inter me, ex una parte, et ipsos religiosos, ex altera, voluerunt et ordinaverunt dicti arbitri, quod per ipsos seu alterum ipsorum mete ponerentur, scilicet a riparia de Androeis, usque ad dumum juxta fulcas meas et ab eisdem usque ad quamdam quercum juvenem [**40**], que est in haia foreste, et ab ipsa usque ad quigneium foreste, ab illo quidem quigneyo usque ad parvam viam que est prope cormerium, et per illam viam usque ad ripariam de Bellomonte, et sic eundo a dextris erit tota justicia dictorum religiosorum in terris, feodis, rebus et censivis, quas modo possident continuo adjacentes. A sinistris vero vigeria et alta justicia terrarum et terragialium et censivarum dictorum religiosorum mihi meis que successoribus remanebit, inter dictas metas et aquam de Androeis. Nec non in terris, rebus et locis quas seu que tenent ipsi religiosi seu que tene[n]tur ab ipsis in parrochia de Bellomonte ultra aquam versus domum defuncti Bernardi de Bellomonte et infra villam de Orbigneio et infra fossata de Noento, mihi meis que heredibus alta justicia et vigeria remanebunt. Dictis vero religiosis omnis alia minor justicia, sive simplex justicia, sive parva vigeria appellaretur, remanebit. Declarantes quod cum aliis ad predictam justiciam dictis religiosis remanentem pertinentibus habebunt iidem religiosi vendarum, celatarum, arborum excissarum emendas, quantumcumque valeant, et placitum duelli ad talem justiciam pertinentis, quousque duellum in eorum curia fuerit judicatum, ex tunc autem mihi meisque heredibus remanebit, reddendo septem solidos et dimidium abbati et conventui supradictis. Et hoc intellexerunt dicti arbitri, tam in rebus quas dicti religiosi tenent infra dictas metas in dominico, quam in rebus que tenentur ab ipsis sive ad fidem, sive ad terragium, sive eciam ad censivam. Item in terris et locis qui a dictis religiosis tenentur et que seu quas dicti religiosi tenent in parrochia de Orbigneyo extra villam habebunt ipsi religiosi totam vigeriam, alta justicia mihi et meis heredibus remanente. Item in illa porcione que in bosco de Biart, dictis religiosis pro usagio ipsorum est vel fuit a vassallo seu vassallis meis assignata, mihi meisque heredibus alta tamen justicia remanet, dicta porcione bosci cum omni vigeria et segregario dictis religiosis remanente. Item dictis religiosis remanebit quicquid in feodis et retrofeodis meis adquisierunt usque ad diem ordinacionis arbitrorum, cum tali justicia quam ipsi habebant, a quibus extitit adquisitum et cum omni jure quod ipsi religiosi habebant antea in eisdem. Sciendum est autem quod ab omnibus terris gaagnerie mee de Monthesor, ego et heredes mei remanemus de terragio ipsarum terrarum quas modo possideo et ab omnibus aliis reddibenciis, ratione terrarum predictarum debitis, exceptis decimis que dictis religiosis remanent sicut ante, imperpetuum liberi et immunes. Ab omnibus vero justiciis et rebus aliis que dictis religiosis remanent, ego excludor penitus et heredes mei et successores. Item sciendum est quod furnus meus de Noento habet et habebit usagium suum in nemore de Chedone, ad pedes, ad edificandam seu construendam domum dicti furni tantummodo, et ad branchas, ad calfagium dicti furni. Et si quercus biceps sive gemella inveniatur, minor tallia scindi poterit ad calfagium dicti furni. Si vero plures pedes procedant sive nascantur ex una cochia seu trunco habebo et heredes mei branchas ad calfagium dicti furni et pedes ad reedificandum seu construendum domum dicti furni, ratione usagii dicti furni. Tuscha vero Lupi in qua dicebam et petebam me debere habere quartam partem remanet eisdem religiosis quita, libera et immunis. Similiter de quodam prandio, quod ego petebam in domo prioratus sui de Hyis quolibet anno pro meis servientibus, juxta ordinacionem dictorum arbitrorum remanent ipsi religiosi de cetero quitti, liberi et immunes. Questionem vero suppressionis stagni de Hyis, eisdem religiosis quito penitus et dimitto in futurum. De garennis vero taliter extitit ordinatum, quod neuter nostrum in aliquo loco poterit facere vel expletare garennam in quo alta justicia alteri nostrum remanet in futurum. Preterea de costumis hominum capiendis hinc et inde declaratum extitit per dictos arbitros taliter; quod homines Villelupensis apud Montem Thesauri et homines [**41**] Montis Thesauri apud Villamlupensem ab costumis omnibus sint immunes. De hominibus vero qui in mediate sub juridictione mea et dictorum religiosorum in juridictione morantur, per inquisicionem factam de mandato dictorum arbitrorum, consensu utriusque partis accedente, factam per Raginaldum de Copheyo, militem, et Gaufridum de Rocha Borduil, clericum, dicti arbitri taliter declaraverunt et ordinaverunt, quod alii homines excepti a predictis hominibus de Monte Thesauri et de Villalupense utrique parti in locis debitis vendas solvere tenebuntur. Per composicionem et ordinacionem factam ab arbitris prenotatis dictus abbas segriagium de podio de Hyis mihi meisque heredibus dimisit penitus et quitavit. Per inquisicionem siquidem factam de mandato dictorum arbitrorum, consensu utriusque partis expresse et specialiter accedente, per Raginaldum de Copheyo, militem, et Gaufridum de Rocha Borduil, clericum, superius nominatos, ordinatum extitit compositum et conventum quod homines dictorum religiosorum in pedagiariis meis in diocesi Turonensi nullum pedagium de cetero reddere tenebuntur. Hanc autem pacis composicionem, ordinacionem, dictum arbitrium, seu prelacionem dictorum arbitrorum, volo, laudo, approbo et omnibus premissis et singulis assensum benivolum prebeo et concedeo... In cujus rei testimonium munimen et roboris firmitatem presentes litteras dedi dictis religiosis sigilli mei munimine roboratas. Datum anno Domini M° CC° septuagesimo, mense aprili.

[LIX. — 1262, juillet. CHARTE DE GEOFFROY DE PALLUAU, CHEVALIER, SEIGNEUR DE MONTRÉSOR, CONTENANT LE PARTAGE DU BOIS DE CLÉOFFY, FAIT ENTRE LUI ET L'ABBAYE DE VILLELOIN.]

Carta de divisione sive particione nemoris de Clofi, sigillo sepedicti domini Montis Thesauri sigillata. — (Cartha DCLVII.)

Universis presentes litteras inspecturis et audituris, Gaufridus de Paludello, miles, dominus Montis Thesauri, salutem in Domino. Noverint universi quod, cum contentio verteretur inter me, ex una parte, et religiosos viros abbatem et conventum monasterii Villelupensis, ex altera, super hoc quod ego petebam nemus de Clophi (1) situm in parrochia de Noento, cum fundo, landis, plano, terris, dominio et justiciis et omnibus aliis pertinenciis suis, cujus tercia pars ad me pertinet et due partes sive porciones ejusdem pertinent ad dictos religiosos, inter nos dividi portionnaliter et partiri, ego siquidem de toto nemore predicto cum pertinenciis suis omnibus tam fundo, landis, plano et terris, quam dominio et justiciis, de assensu et voluntate dictorum religiosorum, tres partes sive portiones feci fieri, dividi et metari, de quibus tribus partibus sive porcionibus factis et metatis, seu per metas divisis elegerunt et acceptaverunt dicti religiosi duas partes sive portiones, videlicet illas duas partes sive portiones continuas et jungentes et per metas divisas versus territorium de Orcayo (2) et Collengeium existentes, eisdem religiosis et suis successoribus cum omni justicia et districtu imperpetuum remanentes, tercia parte seu porcione dicti nemoris versus Escuilleyum existente mihi et heredibus meis cum omni justicia et districtu imperpetuum remanente. De qua tercia parte sive portione contentus sum et me teneo pro pagato pro omni jure possessionis et proprietatis, justicie et dominii quod habebam et habere poteram in toto nemore predicto. Quitavi eciam et quito dictis religiosis quicquid habebam et habere poteram, racione quacumque, [**42**] in dictis duabus partibus sive portionibus remanentibus religiosis supradictis. Postea vero ego et dicti religiosi processimus ad divisionem seu partitionem usagiorum hominum dicti nemoris in hunc modum, videlicet quod homines mansionarii et eorum heredes qui usagium habebant in dicto nemore seu qui probare poterunt racione alicujus casalis, manerii aut estagii, seu quacumque alia racione sufficienti, se debere habere usagium in eodem, existentes in toto territorio quod est versus Escuilleyum a quadam meta posita et defissa in noa que dicitur noa de Coignet, sicut recte tendit ad filum aque subtus ipsam noam, et prout ab ipsa meta per alias metas inter eamdem metam positam et aliam metam positam in noa dicti Pavert positas et defissas dividitur, et prout territorium predictum dividitur seu protenditur ab ipsa meta ultimo dicta per alias metas, dictam terciam partem sive porcionem meam a dictis duabus partibus sive portionibus dictorum religiosorum dividentes, in dicta tercia parte sive porcione dicti nemoris mihi remanente, usagium suum imperpe-

(1) Le bois de Cléoffy, commune de Nouans.

(2) Orsay, commune de Loché.

tuum percipient et habebunt. Quibus usagiariis assignavi et assigno usagium suum in dicta tercia parte sive portione mea capienda et habenda prout habere consueverunt in toto nemore supradicto, et erga quos sive contra quos teneor et promitto defendere dictas duas partes sive porciones dictorum religiosorum ab omni usagio et ab omnibus aliis consuetudinibus que ipsi possent petere in eisdem duabus partibus seu portionibus, ratione usagii aut quacumque alia ratione, et easdem servare illesas quantum ad usagium et dictos religiosos indempnes. Et dicti religiosi receperunt et acceptaverunt in dictis duabus suis portionibus omnes homines mansionarios quos notum est habere usagium in dicto nemore vel qui probare poterunt ratione alicujus casalis, manerii aut estagii se debere habere usagium in nemore predicto, existentes in toto territorio quod est a metis et divisionibus predictis et a filo dicte aque versus territorium de Orcayo et Collengeyum, ad capiendum usagium suum et habendum in duabus portionibus prout habere consueverant in toto nemore predicto, exceptis Radulpho Sabbart et Martino Rouseau, quos ipsi religiosi negant debere habere usagium in porcionibus dicti nemoris ipsos religiosos contingentibus, quos eciam Radulphum et Martinum recipient dicti religiosi in suis porcionibus dicti nemoris in quantum jus dictabit si ipsi Radulphus et Martinus probare potuerint se habere debere usagium suum in portionibus eorumdem. Promitto insuper et concedo quod contra partitiones et divisiones predictas et contra omnia et singula alia supradicta vel aliqua de predictis per me vel per alium non veniam in futurum... Datum mense julii anno Domini M° ducentesimo sexagesimo secundo.

[LX. — 1265, octobre. CHARTE DE GEOFFROY DE PALLUAU, CHEVALIER, SEIGNEUR DE MONTRÉSOR, QUI RELATE L'ACCORD ENTRE PIERRE DE PALLUAU, SON ONCLE, ET L'ABBAYE DE VILLELOIN, AU SUJET DE L'ÉTANG D'OIGNAIS.]

Cartha de stagno de Oigneis. — (Cartha MCLXVI.)

Universis presentes litteras inspecturis et audituris Gaufridus de Paludello, miles, dominus Montis Thesauri, salutem in Domino. Noverint universi quod, cum inter religiosos viros abbatem et conventum Villelupensem, ex una parte, et Petrum de Paludello, militem, avunculum meum, ex altera, contencio verteretur super hoc quod idem Petrus inceperat construere quoddam stagnum [**43**] juxta domum ipsius Petri de Oigneis, cujus stagni et calciate ejusdem pars, videlicet a rivo sive filo aque dicti stagni versus Boscum Francum consistebat in terra, fundo, feodo et dominio dictorum religiosorum, ut dicebant, quare petebant ipsi religiosi dictam calciatam propriis sumptibus dicti Petri demolliri et rumpi ; et super hoc eciam quod idem Petrus tenebat et occupaverat quatuor arpenta Bosci Franci, que Buchardus de Sancto Germano, miles, eidem Petro tradiderat, ut dicebat, et que dicti religiosi proponebant et dicebant dictum Buchardum tradere eidem Petro non potuisse, cum ipsi religiosi haberent medietatem in eisdem, ut dicebant, in parte quorum quatuor arpentorum partem alterius stagni et calciate ejusdem subtus supradictum stangnum construi fecerat idem Petrus et edificari, ut dicebat, tandem inter dictos religiosos, ex una parte, et dictum Petrum, ex altera, de bonorum virorum consilio et nostro, super dictis contencionibus in hunc modum pacis et concordie coram nobis communiter convenerunt : videlicet, quod dicti religiosi concesserunt et quitaverunt dicto Petro et heredibus suis partem suam dictorum quatuor arpentorum et totam terram suam a stagno superiori dicti Petri occupatam et infra metas ibidem positas existentem, pro qua terra et arpentis a stagnis ipsius Petri occupatis, tenetur, promisit eciam et concessit idem Petrus coram nobis se finaliter redditurum dictis religiosis et ipsorum successoribus imperpetuum sexdecim sextarios bladi, videlicet terciam partem frumenti et duas partes siliginis ad mensuram de Escuilleyo, in prioratu eorumdem religiosorum apud Escuilleyum ad festum Omnium Sanctorum annuatim. Ita tamen quod dictus Petrus vel heredes sive successores sui non poterunt elevare seu exaltare calciatam dicti stagni superioris quin fons de refunte sorsam suam consuetam semper habeat et suam detineat claritatem. Nec poterunt eciam dictus Petrus, vel heredes sui clausuram facere, vel impedire quominus animalia dictorum religiosorum et hominum sive mansionariorum eorumdem ad dicta stagna libere valeant adaquari. Insuper tenetur, promisit eciam et concessit coram nobis dictus Petrus excludere vel excludi facere aquam dictorum stagnorum, eo modo quod extra terram et arpenta eidem Petro a dictis religiosis concessa et extra metas ibidem positas per nemus dictorum religiosorum non possit hebere meatum. Actum fuit eciam inter dictos religiosos et ipsum Petrum quod, si contingat eumdem Petrum vel heredes suos velle facere molendinum ad aliquod dictorum stagnorum, unicum fiet sive construetur molendinum ad communes expensas tam dictorum religiosorum quam dicti Petri vel heredum suorum, quod quidem molendinum commune erit inter dictos religiosos et dictum Petrum vel heredes suos in proventibus, exitibus, justiciis dominio et mensuris et in omnibus aliis, et die Dominica in

Sexagesima poterunt dicti Petrus vel heredes sui illud stagnum ad quod vel in quo erit dictum molendinum evacuare et tenere vacuum de triennio in triennium usque ad vigiliam Pasce, et illud tenentur dictus Petrus vel heredes sui recludere in vigilia Pasche ad aquam recipiendam et retinendam et opturare et semper dictam calciatam et dictum molendinum in bono statu tenere. Et si contingat aliquo casu calciatam dicti stagni rumpi, dirimi seu demoliri, ita quod meramentum et molagium dicti molendini deterioraretur vel amittaretur, dictus Petrus vel heredes sui tenentur dictam calciatam et molendinum reficere et reparare propriis suis sumptibus et dictis religiosis dampna que sustinerent propter hoc reddere et resartire. Concessum fuit insuper inter dictos religiosos et dictum Petrum quod dicti religiosi et ipsorum successores vel eorum mandatum sequi poterunt quemcumque malefactorem suum terre vel nemoris, vel pecudem venatam (1) usque ad filum aque stagni et justiciam suam quantamcumque fuerit exercere, [**44**] salva tamen dicto Petro et herebibus suis justicia de malefactoribus in stagnis superius nominatis. Voluit etiam et concessit coram nobis dictus Petrus quod, si contingat ipsum vel heredes suos in solucione dicti bladi termino statuto ut dictum est facienda deficere, quod pro qualibet ebdomada in qua idem Petrus vel heredes sui essent in mora solvendi post lapsum constituti termini quindecim solidos turonensium nomine pene dictis religiosis solvere teneantur, exceptione aliqua non obstante, contra quam penam si committatur nullam causam dictus Petrus vel sui heredes allegare poterunt quin solvatur, ad principale nichilominus remanentes obligati. Voluit etiam et concessit coram nobis dictus Petrus quod dictis religiosis salvi sint omnes alii articuli in litteris curie Turonensis inter ipsos et dictum Petrum confectis expressi et contenti, de quibus in presentibus litteris expressa mencio non habetur. Nos vero pro ista pace facienda dedimus imperpetuum et quictavimus dictis religiosis totam partem nostram et quicquid habebamus et habere poteramus in triginta sex arpentis nemoris de Chedone habendum et tenendum a dictis religiosis et ipsorum successoribus cum omni jure, fundo et justicia imperpetuum et capiendum ab ipsis religiosis in illa parte dicti nemoris de Chedone ubi ea voluerint eligere et capere contigua plessiaco eorumdem. Promittentes nos defensuros et garantizaturos eisdem religiosis et ipsorum successoribus predictam partem nostram dictorum triginta sex arpentorum contra omnes

(1) En marge : Jus venationis nobis licitum.

ad voluntatem suam faciendam, hoc excepto quod ipsi religiosi ibi non poterunt facere plessiacum nec stagiarios ponere nisi unum in guengueria si qua ibi faciant et alium masionarium vel duos mansionarios ad usum et consuetudinem patrie si guegneria in manu sua voluerint detinere. Preterea, si contigerit nos vel mandatum nostrum aliquem malefactorem in communi nemore de Chedone scindentem et nemus defferentem invenire, nos sequi possemus eum et capere in dictis triginta sex arpentis et explectare secundum consuetudinem nemoris supradicti. Si vero res esset deposita vel posita in dictis triginta sex arpentis, nos vel nostri ibi nullam haberemus captionem, sed jus nostrum, si prosequi vellemus, in curia dictorum religiosorum dominorum loci, ut jus esset prosequi teneremur. Promittimus eciam et concedimus quod nos compellemus dictum Petrum et ipsius heredes sive successores ad solucionem dicti bladi et pene, si committatur, ut predictum est, faciendam... In cujus rei memoriam, dictis religiosis presentes dedimus litteras sigillo nostro sigillatas. Datum mense octobris anno Domini millesimo CC° LXmo quinto.

[LXI. — 1218. TRANSACTION FAITE ENTRE GEOFFROY DE PALLUAU, CHEVALIER, SEIGNEUR DE MONTRÉSOR, ET LES MOINES DE VILLELOIN, PAR LAQUELLE CEUX-CI LUI ABANDONNENT LEUR MOULIN DE MONTRÉSOR ET REÇOIVENT EN RÉCOMPENSE LE FIEF QUE JOURDAIN DE NAZELLES, CHEVALIER, TENAIT DUDIT GEOFFROY, SITUÉ EN LA PAROISSE DE BEAULIEU, AU FAUBOURG DE GUIGNÉ, ET TROIS BOISSEAUX DE BLÉ DE RENTE A PRENDRE SUR LA DIME DE BUCHEPOT, PAROISSE DE LUÇAY.]

Carta domini Montis Thesauri super molendino Montis Thesauri.

Ego Gaufridus de Paludello, dominus Montis Thesauri, notum facio tam presentibus quam futuris quod contencio que vertebatur inter me et Girardum, abbatem, et monachos Villelupenses super molendino Montis Thesauri et aliis querelis quas ipsi habebant adversum me pacificata est in hunc modum : idem abbas et monachi pro bono pacis concesserunt michi et heredibus meis imperpetuum predictum molendinum suum cum aquis suis de Monte Thesauri usque ad prata Sancti Martini. In cursu eciam aque vive qui extenditur a pratis Sancti Martini (1)

(1) On trouve un moulin de Saint-Martin, commune de Beaumont-Village, sur le ruisseau d'Olivet.

usque ad rotam molendini de Montigneyo (1), monachis piscari non licebit, licet eadem aqua sit propria monachorum, et mihi eumdem [45] cursum propter detrimentum molendini non licebit impedire. Aqua mortua ad omnia usualia nullo contradicente est propria monachorum. Ego autem in recompensacione hujus molendini et aquarum, cum assensu Matildis, uxoris mee, et Buchardi, filii mei, dedi eisdem monachis in perpetuam elemosinam feodum et dominium feodi quod tenebat de me Jordanus de Nazelis, miles, apud Bellilocum (2), in vico qui dicitur Gaigne (3), cum omnibus ad ipsum feodum pertinentibus, ita quod inde nullam mihi faciant redebitionem. Assignavi etiam eis in perpetuam elemosinam tres modios bladi annuatim habendos in decima et terragio in territorio de Buchepot (4) in parrochia de Luceaio (5), sicut continetur de domo Asselet usque ad fontem de Buignon de Buchepot, et sicut via extenditur de fonte de Buignun usque ad terram Guidonis Gastineau, et exinde directe usque ad domum Petri Sapientis, et exinde sicut mete posite sunt versus boscum. Terragium vero homines ejusdem loci deferent ex consuetudine ad perceptum monachorum apud Luciacum vel in quamlibet domum in ipsum territorium constitutam. Decimam vero, ut moris est, legitime monachis reddant. Hujus autem beneficii sepedicti monachi non ingrati spontanea voluntate statuerunt se celebraturos cotidie unam missam pro defunctis et predecessoribus meis in quibus diebus licitum est cantare pro defunctis. Quitaverunt eciam mihi decem solidos et unum sextarium frumenti, quos ego debebam eis pro anniversariis antecessorum meorum nec minus anniversaria celebrabunt. Ego vero reddam eis quinque solidos censuales quos debeo eis de daniumno Montis Thesauri annuatim ad festum sancti Pauli (6). Hec omnia supradicta concesserunt Matildis, uxor mea, et Buchardus, filius meus. Contencio vero que erat inter me et dictos monachos super terra que erat de feodo Gauvein et super terra quam ego plantavi, que est de terris Mauricii

(1) Le moulin de Montigny, sur l'Indrois, commune de Montrésor, à la limite de celle de Villeloin-Coulangé.

(2) Beaulieu, commune du canton de Loches.

(3) Guigné, faubourg de Beaulieu.

(4) Bichepot, commune de Luçay-le-Mâle.

(5) Luçay-le-Mâle, commune du canton de Valençay (Indre).

(6) En marge: Pro sachrista.

Anguillon, pacificata est in hunc modum : dicte terre mihi pacifice remanserunt. Ego vero, in recompensacione dictarum terrarum, dedi eis, assensu et voluntate Matildis, uxoris mee, et Bucardi, filii mei, tres sextarios siliginis in molendino meo de Porta ab eis imperpetuum annuatim percipiendos in festo sancti Michaelis. Actum anno gratie M° CC° XVIII°.

[LXII. — 1280, 19 mars. CHARTE DE GEOFFROY DE PALLUAU, CHEVALIER, SEIGNEUR DE MONTRÉSOR, ATTESTANT LA VENTE DE LA MAISON DE LA MÈRE, SITUÉE EN SON FIEF, EN LA PAROISSE DE NOUANS, FAITE A L'ABBAYE DE VILLELOIN PAR RENAULD DE CEPHOUX, CHEVALIER, RENAULD DE CEPHOUX, ÉCUYER, SON FILS AINÉ, ET JEAN DE CEPHOUX, SON AUTRE FILS, ÉMANCIPÉS.]

Littera empcionis de manerio de la Meyse, cum omnibus pertinenciis ejusdem manerii, sigillo domini Montis Thesauri sigillata. — (Cartha CDXLVIII.)

Universis presentes litteras inspecturis et audituris Gaufridus de Paludello, miles, dominus Montis Thesauri, salutem in Domino sempiternam. Noveritis quod in nostra presencia constituti Raginaldus de Copheio, miles, et Raginaldus de Copheio, armiger, primogenitus, et Johannes de Copheio, filii dicti Reginaldi, militis, emancipati ab eodem patre suo, ut confessi sunt coram nobis in jure, confessi sunt se vendidisse, concessisse et tradidisse, nec non coram nobis in jure vendiderunt, tradiderunt, concesserunt et imperpetuum nullo jure sibi suisque retento quictaverunt religiosis viris abbati et conventui Villelupensis monasterii et eorum successoribus imperpetuum, pro precio ducentarum et decem octo librarum monete currentis, ipsis venditoribus ab ipsis emptoribus plenarie persolutis,..... quoddam manerium quod vulgariter nuncupatur la Mayse (1), situm in parrochia de Noento, in feodo nostro, cum omnibus domibus, edificiis et fundo, omnimoda justicia et omnibus aliis pertinenciis ejusdem manerii, quibuscomque et ubicomque consistunt, tam terris cum omnibus bladis in eis seminatis, tam cultis quam excolendis, vineis, tuschis, nemoribus, pratis, nois, pasturalibus, salicetis, hominibus, tailliis, censibus, decimis, deveriis, redibenciisque costumis et aliis [46] pertinenciis, quibuscomque, necnon eciam et quicquid juris, proprietatis, possessionis et dominii, juridicionis et districtus accionis realis

(1) La Mère, commune de Nouans.

et personalis, que ipsi venditores habebant et habere poterant in premissis quoquomodo, de quibus ipsi venditores desaisierunt se, et ipsos emptores et eorum successores quuestierunt coram nobis in jure, assensu nostro mediante super hoc, per tradicionem presencium... Promiserunt eciam coram nobis in jure per eamdem fidem ipsi venditores et quilibet insolidum dictis emptoribus et eorum successoribus premissa omnia et singula garentire et defendere adversus omnes... sub pena centum librarum turonensium... Preterea coram nobis in jure propter hoc constituti Odetus dictus de Poys, Reginaldus de Foresta et Reginaldus de Berauderia (1), valleti domini feodalis, dictarum rerum venditarum omnium [**47**] vendicionem, concessionem, tradicionem et quictacionem predictas rerum predictarum factas a dictis venditoribus dictis emptoribus, prout superius sunt expresse, voluerunt et concesserunt, ratas, gratas habuerunt et firmas, et eas liberaliter approbarunt, cedentes et quitantes coram nobis in jure eisdem emptoribus et eorum successoribus imperpetuum omnia et singula premissa et quicquid juris, feodi, proprietatis, possessionis et dominii, juridictionis, accionis realis et personalis ipsi valleti et quilibet ipsorum habebant vel habere poterant et debebant in premissis quoquomodo, et premissa omnia penitus et liberaliter amortizarunt, amore Dei et intuitu pietatis, volentes et concedentes ipsi valleti coram nobis quod ipsi emptores et eorum successores premissa omnia et singula ex nunc et imperpetuum teneant, habeant et possideant pure, quiete et libere et pacifice in manu mortua, et quod de ipsis ipsi emptores suam faciant omnimodam voluntatem... Nos autem prefatus dominus Montis Thesauri, tanquam dominus feodalis pre ceteris nominatis rerum predictarum de feodo nostro moventium, ob amorem et favorem dictorum venditorum, predictam vendicionem, concessionem et quittacionem rerum predictarum de feodo nostro moventium, et omnia et singula premissa, prout superius sunt expressa, volumus, concedimus et liberaliter approbamus, et nunc premissa dictis emptoribus et eorum successoribus imperpetuum, tenore presencium amortizamus, et amortizata premissa de feodo nostro moventia tantummodo, predictis emptoribus et eorum successoribus, per presentes imperpetuum liberaliter confirmamus ; volentes et concedentes quod ipsi emptores et eorum successores premissa omnia et singula teneant et possideant in perpetuum quiete, pure et pacifice tanquam in manu sua mortua et de eis suam faciant omni-

(1) La Bèraudière, commune de Nouans.

modam voluntatem..... In cujus rei testimonium presentes litteras sigilli mei munimine duximus roboratas. Datum et actum et sigillo nostro sigillatum ad peticionem dictorum venditorum et domicillorum, die martis post *Reminiscere* M° CC° LXX° nono.

[LXIII. — 1281, 18 avril. CHARTE DE GEOFFROY DE PALLUAU, QUI ATTESTE QUE RAINAULD DROCON DE LUÇAY, DAMOISEAU, ET ISABELLE, SA FEMME, ONT RATIFIÉ LA VENTE DU LIEU DE LA MÈRE FAITE A L'ABBAYE DE VILLELOIN PAR RAINAULD DE CÉPHOUX ET SES FILS.]

Item littera de la Mayse quam Raginaldus Droco et ejus uxor ratificaverunt sigillo domini Montis Thesauri sigillata. — (Cartha CDL.)

Universis presentes litteras inspecturis et audituris, Gaufridus de Paludello, miles, dominus Montis Thesauri, salutem in Domino. Noveritis quod in nostra presencia constituti Raginaldus Droconis de Lucayo, domicellus, et Ysabellis, confessi sunt coram nobis se ratam et acceptam habere et ratificaverunt et acceptaverunt, approbraverunt et laudaverunt omnimodam et totalem vendicionem omnium rerum venditarum, [**48**] religiosis viris abbati et conventui monasterii Villelupensis, a nobili viro Raginaldo de Cofiaco, milite, et Raginaldo de Cofiaco, juniore, et Johanne, filiis et heredibus dicti militis, consistentium et permanencium in loco qui vulgariter dicitur la Mayse, sito in parrochia de Noento, in feodo nostro, ex nunc dictis religiosis et eorum successoribus admortizato nobis, quocumque loco consistant et quocumque nomine censeantur, prout in quadam littera super hoc et dicta vendicione confecta et a nobis sigillo nostro sigillata ad peticionem dictorum Raginaldi et ejus filiorum et heredum plenius continetur..... In cujus rei testimonium et munimen, ad peticionem dictorum Raginaldi Droconis et ejus uxoris et Raginaldi de Cofiaco junioris, presentes litteras dedimus dictis religiosis sigillo nostro sigillatas. Datum et actum die veneris post festum Resurrectionis Domini, anno ejusdem M° CC° octogesimo primo.

[LXIV — 1277, juin. CHARTE DE GEOFFROY DE PALLUAU, CHEVALIER, QUI ATTESTE LA VENTE FAITE PAR RENAULD DE CEPHOUX, CHEVALIER, ET RENAULD ET JEAN, SES FILS, DE CE QU'IL POSSÉDAIENT DANS LES DIMES DE LA QUARTERIE, D'ORSAY, DE VILLORSIN.]

Littera de decima de la Quarterie et de Orcayo et de Villeorsin in parrochia de Noento consistente. — (Cartha CDXLVI.)

Universis presentes litteras inspecturis et audituris Gaufridus de Paludello, miles, dominus Montis Thesauri, salutem in Domino sempiternam. Quoniam memoria hominum labilis est, in scriptis dignum duximus reservandum que moderno tempore peraguntur. Unde notum sit omnibus quod coram nobis constituti Reginaudus de Cophiaco, miles, et Reginaudus primogenitus et Johannes, ejusdem militis filii et heredes, vendiderunt et concesserunt, tradiderunt et imperpetuum quittaverunt, nullo jure seu dominio sibi retentis, religiosis viris abbati et conventui monasterii Villelupensis et eorum successoribus, pro octies viginti et decem libras turonensium, de quibus recognoverunt in jure coram nobis se solutionem integraliter et grantum suum penitus habuisse in pecunia numerata, omne jus et quicquid juris, proprietatis, possessionis et dominii, accionis realis et personalis sibi et utrique eorum competentis et competituri, que et quas ipsi venditores habebant et habere poterant et debebant, tam nomine et ratione decime sui ipsorum quam ratione cujusdam doni dicto militi et suis heredibus nuper facti a nobili domina Maria, domina Montis Pipelli, pro servicio ejusdem militis eidem domine jam impenso, vel alioquoquomodo seu qualibet alia ratione in omnimoda decima de la Quarterie (1) et in decima de Orcayo, si quid habebat ratione dicte decime de la Quarterie, et in omnimoda decima de Vileorssin, cujuscumque generis sint dicte decime et ubicumque et quocumque nomine censeantur, et in quibuscomque consistant, in parrochiis de Noento, de Colengeio et de Locheio, se predicti venditores desaisientes de prenominatis decimis cum omni jure proprietatis, possessionis et dominio, accionibus realibus et personalibus, coram nobis in jure, et dictos religiosos et eorum successores de premissis omnibus et singulis venditis investierunt **[49]** corporaliter per traditionem presentium litterarum, animo in ipsos religiosos et eorum successores possessionem et verum dominium totaliter transferendi nichil in premissis penitus retinendo sibi et suis heredibus in futurum; salvo tamen jure Archembaudi Sabart quod habere denoscitur in decima de la Quarterie supradicta, videlicet triginta sexteria bladi per quartum frumenti, sigilinis, ordei et avene, pro quo blado dictus Archembaudus et ejus heredes faciant fidem et homagium dictis

(1) Les Quarteries, commune de Nouans.

religiosis et reddent eisdem unum par calcarium deauratorum in precio trium solidorum ad mutationem abbatis cujuslibet instituti pro dicto blado sic annui redditus in dicta decima optinendo (1)..... Nos vero dictus dominus dictam venditionem dicte decime de la Quarterie una cum reliqua decima de Orcaio vendita, tam ex dono karissime matris nostre quam ex decima ipsum militem jure hereditario et suos heredes contingentem, ratam et gratam habentes et firmam, ad petitionem ipsius militis et ratione sui servicii nobis ab eodem jam inpensi, liberaliter approbamus et admortuescimus, volentes et concedentes quod dicti religiosi dictam decimam de la Quarterie una cum reliqua de Orcayo vendita, que ex feodo nostro dinoscebantur movere, ex nunc in antea teneant et possideant in manu sua mortua libere, pacifice et quiete et eas dictis religiosis ad manum suam mortuam et ad libitum ipsorum ex nunc imperpetuum volumus devenire, salva tamen nobis tali justicia quam habebamus in eisdem decimis prout ante. In cujus rei testimonium presentes litteras dictis religiosis dedimus sigilli nostri munimine roboratas. Datum mense junii anno Domini M° CC° septuagesimo septimo.

[LXV — 1275, septembre. CHARTE DE GEOFFROY DE PALLUAU, CHEVALIER, SEIGNEUR DE MONTRÉSOR, ATTESTANT LA VENTE FAITE A L'ABBAYE DE VILLELOIN PAR PAYEN DE LA ROCHE, DAMOISEAU, DE TOUT CE QU'IL POSSÉDAIT EN LA DIME DE LA QUARTERIE.]

Item carta de decima de la Quarterie. — (Cartha CDXLV.)

Universis presentes litteras inspecturis et audituris, Gaufridus de Palludello, miles, dominus Montis Thesauri, salutem in Domino. Noverint universi quod, cum dictus Paganus de Rocha,
[50] domicellus, vendiderit religiosis viris abbati et conventui monasterii Villelupensis, totam partem, totum jus et totam proprietatem et dominium cum omni accione reali et personali que et quas dictus Paganus habebat et habere poterat et debebat, et omnia alia que ad ipsum Paganum pertinebant et pertinere poterant et debebant quoquomodo in omni moda decima et decimaria de la Quarterie, ubicumque consistit et a quibuscumque nominibus censeantur, in feodo nostro constituta, nos, amore Dei et divine pietatis intuitu et

(1) En marge : Homage de deulx esperons dorez.

ob anime nostre remedium et salutem, predictam vendicionem premissorum ratam habentes et gratam liberaliter approbamus et eciam penitus amortuamus, volentes et concedentes quod ipsi religiosi premissa omnia et singula cum dictis omnibus pertinenciis dicte decime et decimarie de cetero sine aliqua contradictione teneant et possideant imperpetuum pacifice et quiete in manu mortua. In cujus rei testimonium et munimen universa et singula supradicta duximus dictis religiosis sigilli nostri munimine confirmanda. Datum et actum anno Domini M° CC° septuagesimo quinto, mense septembri.

[LXVI. — 1276, novembre. CHARTE D'OGER, ARCHIDIACRE D'OUTRE-VIENNE, ATTESTANT LA VENTE FAITE A L'ABBAYE DE VILLELOIN PAR GUILLAUME LANE, VALET, ET JEANNE, SA FEMME, DE CE QU'ILS POSSÉDAIENT EN LA DIME DE LA QUARTERIE.

A. — Orig. parch., scellé sur double queue d'un sceau perdu, Archives d'Indre-et-Loire, H 592.

VARIANTES : (a) et concessisse; (b) Villeloen; (c) Quarterie; (d) sexto.]

Item carta de decimaria de la Quarterie, sigillo archidiaconi Transvigenensis sigillata.

Universis presentes litteras inspecturis et audituris, Ogerius, archidiaconus Transvigenensis in ecclesia Turonensi, salutem in Domino. Noveritis quod in nostra presencia personaliter constituti Guillermus Lane, valetus, et Johanna, ejus uxor, confessi sunt se vendidisse *(a)* et eciam coram nobis vendiderunt et nomine vendicionis concesserunt abbati et conventui de Villeloing *(b)* omne jus et quicquid juris vel accionis habebant vel habere poterant in quadam decimaria que vocatur les Quartiers *(c)* de Noento, in parrochia de Noento, precio centum solidorum turonensium, de quibus denariis dicti venditores coram nobis se tenuerunt plenarie pro pagatis in pecunia mumerata, ad habendum, tenendum et eciam possidendum pacifice et quiete et ad faciendum exinde totam suam plenariam voluntatem..... In cujus rei testimonium presentibus litteris sigillum nostrum duximus apponendum. Datum ad peticionem dictorum venditorum anno Domini M° CC° LXX° VI° *(d)* mense novembris.

[LXVII. — 1281, juin, Montrésor. CHARTE DE L'OFFICIAL DE BOURGES, PENDANT LA VACANCE DU SIÈGE, ATTESTANT LA VENTE FAITE A L'ABBAYE DE VILLELOIN PAR GUILLAUME LE ROUX, DIT GACHET, DE SA PART DE LA DIME DE LA QUARTERIE.

A. Orig. parch., scellé sur double queue d'un sceau perdu, Archives d'Indre-et-Loire, H 593.

VARIANTES : *(a)* diocesis ; *(b)* in decimaria de la Quarterie, sita ; *(c)* diocesis.]

Item carta de decimaria de la Quarterie. — (Cartha CDXLIX.)

[**51**] Universis presentes litteras inspecturis, officialis curie Bituricensis, sede vacante, salutem in Domino. Noveritis quod Guillermus Rufi, dictus Gachet, domicellus, constitutus coram dilecto in Xristo magistro Petro de Limovicis, canonico de Leproso (1) jurato curie Buturicensis, gerente quantum ad hec vices nostras ac habente a nobis super hec speciale mandatum, providus et consultus recognovit et confessus fuit, coram dicto canonico vice nostra, se vendidisse, tradidisse, concessisse imperpetuum et quictasse.... religiosis viris abbati et conventui monasterii Villelupensis, ordinis Sancti Benedicti, Turonensis dyocesis *(a)*, et eorum successoribus imperpetuum, pro quatuordecim libris turonensium..... totam partem suam decime quam ipse Guillermus habebat in decimaria de la Quarterie *(b)*, in parrochia de Noento, Turonensis dyocesis *(c)*..... [**52**] In cujus rei perpetuam memoriam sigillum curie Bituricensis presentibus litteris duximus apponendum. Datum et actum anno Domini M° CC° octogesimo primo, mense junio.

[LXVIII. — 1213, Montrésor. CHARTE DE GEOFFROY DE PALLUAU, CHEVALIER, SEIGNEUR DE MONTRÉSOR, QUI ATTESTE QU'EN SA PRÉSENCE GEFFROY DE MARSAIN, FILS DE TANCRÈDE, S'EST ENGAGÉ, AU CAS OU LA TERRE QU'IL A DONNÉE A L'ABBAYE DE VILLELOIN AU TERRITOIRE DE MARSAIN NE COMPRENDRAIT PAS CINQ BOISSELÉES, A COMPLÉTER LES CINQ BOISSELÉES.]

Cartha de terra de Murceins sigillata sigilli domini Montis Thesauri. — (Carta CDXXIII.)

Ego Gofridus de Palludello, dominus Montisthesauri, omnibus ad quos presentes littere pervenerint, in Domino salutem. Noverit universitas vestra quod, cum Gofredus de Murceins, filius Tancredi, militis, coram me constitutus dedisset in perpetuam elemosinam, cum assensu uxoris sue Ainglentine, ecclesie Villelupensi quinque modiatas terre sitas in territorio de Murceins, et cum in terra memorata mete essent posite ab utraque parte, idem Goffridus coram me concessit quod, si quinque modiate predicte terre non erant integre et perfecte inter metas

(1) Levroux, chef-lieu de canton de l'arrondissement de Châteauroux (Indre).

positas, ipsas sine contradictione ad monicionem abbatis jamdicte ecclesie perficiet et integrabit, tali modo quod idem abbas faciet colere unam sextariam terre et illa seminabitur a quodam legitimo agricola, qui non erit de dominio predicti Gofredi neque abbatis. Si vero idem Gofredus ad monicionem abbatis vel ejus mandati nollet videre seminare terram illam, infra quindecim dies idem abbas vel ejus mandatum eamdem terram seminare faciet, et ad magnitudinem ipsius sextariate cum juramento seminatoris quod ipse etiam legitime seminaverit, Gofredus vel ejus successores de terra contigua et adjacenti eidem terre memoratas modiatas quando abbas eundem vel ejus successores submonuerit sine contradiccione perficient et integrabunt. Idem vero abbas in recompensacionem supradicte terre dedit eidem Gofredo de Murceins triginta libras turonensis monete ex in proviso et sine pacto. Ego Gofredus de Paludello donacionem memoratam ab ipso Gofredo factam in manu cepi et adversus omnes qui de donacione facta ecclesie Villelupensi injuriare voluerint, me et heredes meos certos constitui defensores; et ne eadem ecclesia super hac donacione possit pertubari, ad preces utriusque partis, Gofredi videlicet et abbatis, dedi eidem ecclesie presentes litteras hujus donacionis testimoniales ad majorem rei certitudinem sigilli mei munimine roboratas. Date sunt littere apud Montesorium, anno gratie M° CC° XIII°.

[LXIX. — 1213, avril, Montrésor. Charte de Geoffroy de Palluau, chevalier, seigneur de Montrésor, attestant la donation a l'abbaye de Villeloin, par Geffroy, seigneur de Marsain, d'une terre en la paroisse de Genillé.]

Item littera de Murceins sigillo sepedicti domini Montis Thesauri sigillata. — (Cartha MCCCLXXIIII.)

Ego Gofredus de Paludello, dominus Montis Thesauri, omnibus ad quos presentes littere pervenerint, in Domino salutem. Noverit universitas vestra quod Gofredus, dominus de Murceins, filius Tancredi de Plesseio, militis, coram me constitutus, cum assensu fatris sui et Ainglentine, uxoris sue, donavit et imperpetuam elemosinam concessit ecclesie Villelupensi et monachis ibi Deo servientibus, in parrochia de Geniliaco (1) totam terram que continetur a marcheis de la Champeneise us-

(1) Genillé, commune du canton de Montrésor.

que ad alium marcheis qui vocatur Corbum, et a via que vadit de Pravaus (1) ad Geniliacum, et ab illa via usque ad aliam viam que est contigua ad abbateit de Murceins, et ab illis duobus marcheis usque ad lessart Johannis Villaim, totam, quietam et liberam ab omni dominio suo, ita quod in homines illos qui supra dicta terra manebunt nullum dominium, nullam exationem habere licebit et ab eis nichil [53] poterit extorquere. Homines vero qui in eadem terra morabuntur herbagia, pascua, nemora et omnia usualia, que ceteri homines habent qui in terra de Murceins morantur, sine contradictione predicti Gofredi et dominorum subcedencium de Murceins quiete et pacifice in perpetuum possidebunt. Ecclesie vero Villelupencium data est dicta elemosina. Homines terre Gaufredi de Murceins causa manendi ibi hospitari non licebit. Et ne dicta ecclesia Villelupensis super predicta elemosina in posterum quoquomodo possit perturbari, ego Gofredus de Paludello, dominus feodi, eandem elemosinam intuitu karitatis concessi, et etiam pro posse meo defendere et garentire constituens, ad preces sepedicti Gofredi et Willermi, fratris sui, et Ainglentine, uxoris ejusdem Gofredi, sigilli mei munimine roboravi. Date sunt littere iste apud Montesorium, anno gratie M° CC° XIII°, mense aprilis.

[LXX. — 1287, janvier. Echange fait entre Geoffroy de Palluau, chevalier, seigneur de Montrésor, et l'abbaye de Villeloin.

A. — Orig. parch. scellé sur double queue d'un sceau perdu, Archives d'Indre-et-Loire, H 972.

Variantes : (a) touz; (b) Montesor ; (c) seignor ; (d) bayllion ; (e) hers ; (f) couvent; (g) meyson ; (h) Bernat ; (i) tel ; (j) comme ; (k) reyson; (l) cous; (m) vivoyent ; (n) tote la dyme ; (o) le diz; (p) retyement à os ; (q) tote ; (r) Montessor; (s) nos tenyon dou rey ; (t) prebendiers de seygle renduz à Montessor à la meysure de Montessor et une carte de seygle pour nos serjantz ; (u) e tres denyers à Noel e tres a Pasques ; (v) chascun ; (x) guaengne ; (y) por quoy il cuylle ; (z) quarte ; (aa) Aygnen ; (bb) touz ; (cc) y ; (dd) poyon ; (ee) chouses ; (ff) en dys gaengnors ; (gg) bayllon ; (hh) aus dyz religious ; (ii) meys ; (jj) peysiblement ; (kk) de tout an tout ; (ll) chouses ; (mm) e an saysons ; (nn) religious ; (oo) baylle ; (pp) leytres ; (qq) an tel menere ; (rr) relegious ; (ss) Villeloyen ; (tt) touz yors meys ; (uu) quatre sytyers de seygle à la meysure de Montessor ; (vv) moes.]

Item littera de Cloé (2).

A toz *(a)* ceus qui cetes présentes letres veyront, nos Jofroy

(1) Le Prévôt, commune de Céré.

(2) En marge : Pour le Chambrier.

de Palliuau, chevalier, seignour de Monthesor *(b)*, saluz en Nostre Seignour *(c)*. Sachiez tuit que nos avon eschangié et eschangion et baillion *(d)* en eschange à touz jors mes de nos et de nos heirs *(e)*, à religious homes à l'abbé et au covent *(f)* de Villeloyen, pour une lor meson *(g)*, asisse en la paroisse de Beaumont, laquele meyson est apellée comunément le Bolloy (1), qui fut jadis feu Bernart *(h)* de Beaumont e Ysabeau, sa fame, o tiel *(i)* droiz e o tel jostice comme *(j)* il i avoient e o le bois, e o le pré, e o la vigne, e o les terre, sauve demi quarteron d'uyle que li prestres de Beaumont a dessus le pré, par reison *(k)* de l'iglise, de rente, que les diz Bernat et Ysabeau tenoient de ceus *(l)* religious ou tens qu'il vivoient *(m)*, e excetée toute la dyeme *(n)* grant et petite que li diz *(o)* relegious retienent à eus *(p)* e à lor successors en choses de sus dites, toute *(q)* la rente que nous avon e pooen avoir avec la ville de Cloé (2), apartenient à la coustume de Monthesor *(r)*, la quele rente nos tenion dou roy *(s)* de France, c'est à savoir : sus chescun estaygier guaengnant o beux, cinc provenders de segle renduz à Monthesour à la mesure de Monthesour, e une quarte pour nos serjanz *(t)* rendue à Cloé à la mesure de Saint Aignen am Berri et treis deniers à Noiel et treis à Pasques *(u)*, et sur chescun *(v)* que ne gaengne *(x)* ou boux por quoi il cuille *(y)* blé, une carte *(z)* de seigle por nos serjanz rendue à Cloé à la mesure de Saint Aignent *(aa)*. Totes les queles choses desus dites e nomées e toutes les actions reeles e personels et toz *(bb)* les droiz que nos i *(cc)* avon et poon *(dd)* avoir tant an dites choses *(ee)* nomées e expresses comme en diz gaigneors *(ff)*, nos baillon *(gg)* aus diz religious *(hh)* à porsseer e à lever dous et de leur successors, à toz jors mes *(ii)* pardurablement, peissiblement *(jj)* et quitement et franchement et nos desaisissons do tout en tout *(kk)* desdites choses *(ll)* e en seisons *(mm)* ceox religious *(nn)* par la baille *(oo)* ce cetes letres *(pp)*, en tiel manière *(qq)* que les diz religious *(rr)* e le chanberier de Villeloing *(ss)* que sera ou tens rendront et seront tenuz à rendre à nos et à nos hers ou à nostre commandement à touz jors mes *(tt)* chascun an landemain d'an nouf à Noyant quatre sestiers de seigle à la mesure de Monthesor *(uu)*..... [**54**]..... Ce fust doné en l'an de grace mil et CC et quatre vinz et sis, ou moins *(vv)* de genvier.

(1) Le Belloy, commune de Beaumont-Village.

(2) En marge : Fault scavoir qu'est devenu cela.— Cloué, ancienne commune réunie à Ecuillé (Indre).

[LXXI. — 1214-1216. CHARTE DE GEOFFROY DE PALLUAU, SEIGNEUR DE MONTRÉSOR, ATTESTANT QUE GIRARD, ABBÉ DE VILLELOIN, L'A ASSOCIÉ AVEC LUI DANS L'ACQUISITION QU'IL A FAITE DE TRANCRÈDE, CHEVALIER, ET D'HÉLIE D'ARGY, DE LA FORÊT DE CHEDON.]

Littera de medietate nemoris de Chedone. — (Cartha DCXXV.)

Ego Gofredus de Palludello, dominus Montis Thesauri, omnibus presentes litteras inspecturis notum facio quod, cum Girardus, venerabilis abbas Villelupensis, nemus de Chedone, quod erat de feodo Helye de Argeyo, a Tancredo, milite, et ab heredibus suis, et residuum feodi et homagium Tancredi ab ipso Helia comparasset, idem abbas, de assensu et voluntate capituli sui, in tota venditione a dicto Tancredo facta, me socium et participem habere voluit, ita tamen quod medietatem precii solverem et medietatem venditi nemoris ab ipso et ab ecclesia Villelupensi tenerem, homagio videlicet Tancredi cum residuo feodi ipsi abbati et ecclesie Villelupensi specialiter remanente. Preterea statutum est inter me et abbatem et ecclesiam Villelupensem quod pro redibicione dicti nemoris de Chedone singulis annis quinque solidos usualis monete dicte ecclesie persolvam in foagio dicti nemoris in die Circumcisionis Domini, et tam idem abbas quam capitulum suum promiserunt dictum nemus pro dicto *(sic)* redibicione mihi tanquam sibi ipsis tanquam domini feodi mediante justicia defendere et garentire. Preterea statutum est inter me et abbatem et ecclesiam Villelupensem quod neuter sine altero de dicto nemore de Chedone aliquid donare, vendere vel alienare poterit ullo modo nec alter alterum sub alicujus optentu ocasionis compellere poterit, neque nemus partiri nisi ex communi mea vel heredum meorum et ipsius capituli voluntate. Predictum vero nemus ad proprios meos usus in castellaria mea de Montesorio tantum capere potero. Similiter abbas et ballivi ecclesie Villelupensis, exceptis prioribus foranis (1), de toto dicto nemore de Chedone quantum necesse fuerit capient ad suos proprios usus. Si aliquis in jamdicto nemore de Chedone forisfacto a servientibus meis captus fuerit, apud Novientem vel apud Montesorium tantum ipsum trahere potero in curia mea justicie pariturum. Similiter de omnibus querelis et consuetudinibus et causis et redditibus bosci que ad abbatem pertinent si quislibet inde causatus fuerit co-

(1) En marge : Les prieurs torains n'ont usage ès bois de Chédon.

ram abbate apud Villelupensem juri stabit, ibi de jam dictis judicium accepturus et juri pariturus. Si vero aliquis in nemore dicte vendicionis forte hospitatus fuerit tam in justicia quam in terragio, quam in decimis, quam in receptis, quam in talleis, quam in aliis rebus, partem meam habebo sicut in alio nemore, et abbas similiter per omnia partem suam habebit. Item famuli mei et famuli abbatis qui terragiabunt et decimabunt sacramento tenebuntur et in campis garbas dispertient et unusquisque suam partem ubi voluerit portabit.

[LXXII. — 1214. Charte de Geoffroy de Palluau attestant qu'en sa présence Tancrède, chevalier, a promis a Girard, abbé de Villeloin, de ne vendre sa part de la forêt de Chédon qu'a quelqu'un de sa famille.]

Item carta nemoris de Chedone. — (Cartha DCXXVII.)

Ego Gofredus de Palludello, omnibus presentes litteras inspecturis, in Domino salutem. Noverit universitas vestra quod constitutus in presencia mea dilectus et fidelis meus Tancredus, miles, concessit bona fide Girardo, tunc temporis abbati et capitulo Villelupensi, quod fundum nemoris de Chedone et terram suam de Chedone, nulli preterquam alicui de genere suo sive parentela sua vendet vel vendere poterit neque in manu ponere aliena unde dampnum posset incurrere abbatie, et ut hoc in manu caperem tanquam dominus suus mihi humiliter supplicavit. Quod ad ejus peticionem in manu capiens presentes litteras testimoniales eidem abbatie duxi concedendas in testimonium veritatis. Actum est hoc anno gratie M° CC° XIIII°.

[LXXIII. — 1270, 10 mai. Charte de Geoffroy de Palluau, chevalier, seigneur de Montrésor, par laquelle il donne aux moines de Villeloin les fouages qu'il avait droit de percevoir en la forêt de Chedon, et leur assigne sur sa prévoté de Nouans les cinq sous de rente qu'il devait sur lesdits fouages au terme de la Circoncision.]

Item littera de fouagiis nemoris de Chedone. — (Cartha DCXXXVI.)

Ego Gaufredus de Palludello, miles, dominus Montis Thesauri, notum facio universis presentem paginam inspecturis quod ego dedi et concessi, et do et concedo, Deo et monasterio Villelupensi ac monachis [**55**] ibidem Deo famulantibus fouagia mea que habebam et habere consueveram in nemore de

Chedone a mansionariis et costumariis nemoris antedicti. Verumptamen, quia pro quarta parte nemoris predicti quam teneo ab abbate Villelupensi teneor et heredes mei solvere annis singulis abbati et conventui predictis quinque solidos monete currentis in festo Circumcisionis Domini, prout erant assignati dicta die persolvendi in dictis fouagiis, ego, volens et concedens dictos abbatem et conventum sua redibicione nullo modo defraudari, eisdem abbati et conventui tradidi et assignavi, tradido *(sic)* et assigno quinque solidos persolvendos eisdem seu ipsorum mandato in dicto festo annuatim apud Noentum in prepositura mea seu ballia de Noento, ad quam solutionem faciendam eisdem religiosis vel eorum mandato in festo predicto annis singulis pro redibicione predicti nemoris, ego obligo me et omnia bona mea, mobilia et immobilia, et heredes meos pariter et successores. In cujus rei testimonium et munimen presentes litteras dedi dictis religiosis sigilli mei munimine roboratas. Datum die sabbati post festum sancti Nicholai estivalis, anno Domini M° CC° LXX^{mo}.

[LXXIV. — 1283, 15 mai. CHARTE DE GEOFFROY DE PALLUAU, CHEVALIER, SEIGNEUR DE MONTRÉSOR, QUI DÉCLARE QU'IL A FAIT ENLEVER LES FOURCHES ET LE TRÉPIED DE SA JUSTICE QU'A TORT IL AVAIT FAIT PLACER SUR UNE TERRE APPARTENANT A L'ABBAYE DE VILLELOIN.]

Cette lettre est des fourches que li seignor de Monthesor fit remuer de la terre à l'abbé et au couvent de Villeloig.

A touz ceauz qui verront et oirront cestes présentes lettres, gie, Jofrei de Palluau, chevalier, seignour de Monthesor, saluz an Nostre Seignour. Sachent tuic que les forches et le trepié e la joustice que je avoi faite faire e metre en la terre qui est terraiau à l'abbé et couvent de Vileloein, asise près la forest de Beamont, antre le chemin par où len voit de Vileloein à Beamont, d'une part, e le chemin par où lan voit de Vileloein à Espaigné, de l'autre, gie les ai feites hoter à la requeste dou dist abbé e dou covent, e vuil e otroy que touz les espleiz de joustise que ge i hai faiz ou fait faire, par reison de trepié ou de forches, qui scient tenuz à nul et qu'il ne puisse aiver à moy ne au miens, à rien ne nuire au diz abbé e au covent. En tesmoine de laquele chose ge ai doné ceites lettres auz diz abbé et au covent seelées de mon seel. Ce fust fait et doné an l'an de grace mil et deux cenz e quatre vinz et trois, le samadi après la feste Saint Nicholas d'esté.

[LXXV. — 1229, décembre. TRANSACTION PAR LAQUELLE JEAN ZACHARIE, FILS DE FEU PIERRE ZACHARIE, ABANDONNE A JEAN, ABBÉ, ET A L'ABBAYE DE VILLELOIN, CERTAINS INDIVIDUS QU'IL PRÉTENDAIT LUI APPARTENIR COMME SERFS.]

Littera quam Johannes Zacharie dedit ecclesie Villelupensi, sigillo domini Montis Thesauri sigillata. — *(Cartha CCCXV.)*

Universis Xristi fidelibus presentes litteras inspecturis, Gaufridus de Palludello, dominus Mothesorii, salutem in Domino. Noverit universitas vestra quod, cum Johannes Zacharie, primogenitus defuncti Petri Zacharie, coram venerabili viro Johanne, abbate Villelupensi, in causam traheret Odeburgim, mulierem, et Bertrannum Bedier, maritum illius, Johannem et Bernardum, filios illorum, et Odeardam, filiam dicte Odeburgis, et Johannem, Coquin cognomine, Bartholomeum et Johannem filios illorum, et Johannam, uxoris Robini Pelliparii, et ipsum Robinum et Philippum, filium eorum, dicens ipsos ad ipsum pertinere racione servilis condicionis, ipsis hoc inficientibus et se pro liberis gerentibus ; tandem, post altercationem multimodam, interveniente bonorum virorum consilio, sospita fui *(sic)* questio in hunc modum : videlicet quod predictis Johannes, cum assensu Placencie, matris, Petri et Guillermi, fratrum suorum, pro remedio animarum parentum suorum et sue, dedit in puram et perpetuam elemosinam Deo et ecclesie Villelupensi, ibidem Deo servientibus, si quid juris habebat in supradictis omnibus nunc existentibus, vel si qui ex eis procreati fuerint, in ipsis nullatenus ratione qualibet sibi vel suis jus aliquod vendicabit. Ut autem hoc in posterum haberetur firmum et stabile, predictus Johannis predictaque Placencia, mater ejus, Petrus et Guillermus, fratres ipsius Johannis, fide corporali prestita in manum Vairum, servientis mei, ad hoc a me specialiter destinati, firmaverunt [56] spontanei se contra predictam elemosinam per se vel per alium non venire. Ut autem presenti cartule adhiberetur fides uberior, ad peticionem predictorum Placencie, Petri et Guillermi, cartam sigilli mei munimine, qui dominus sum feodi, roboravi. Actum anno Domini M° CC° vicesimo nono, mense decembris.

[LXXVI. — 1209. CHARTE DE GEOFFROY DE PALLUAU, SEIGNEUR DE MONTRÉSOR, QUI S'ENGAGE A GARANTIR A L'ABBÉ GIRARD ET AUX MOINES DE VILLELOIN CINQ MUIDS DE FROMENT DE RENTE A PRENDRE SUR LA PAROISSE DE NOUANS, QUE LEUR AVAIT VENDUE TANCRÈDE DU PLESSIS, CHEVALIER.

A. — Original parchemin scellé sur queue double d'un sceau perdu. Archives d'Indre-et-Loire, H 692.

VARIANTE : (a) solutionem.]

Littera de V modiis frumenti emptis a Tancredo, milite, existentibus in parrochia de Noent. — (Cartha CDXXII.)

Ego Gofredus de Palludello, dominus Montis Thesauri, omnibus presentes litteras inspecturis, in Domino salutem. Noveritis quod, cum Tancredus de Plesseio, miles, coram me constitutus, vendidisset Girardo, abbati de Villalupe, quinque modios bladi, sitos in decimis suis de Noent, in parrochia videlicet et in decima et in terragio. quod idem Tancredus partitur cum eodem abbate in territorio de Chedone, imperpetuum pacifice possidendos, que nisi sufficere possint ad salucionem *(a)* predicti bladi, et si dictus Tancredus vel ejus heredes molestare velint predictum abbatem super prefato blado, ego teneor eidem abbati residuum bladi complere, vel totum bladum, si inde molestatus fuerit, persolvere, usque ad tres annos sicut consuetudo est in partibus istis matrimonii redditus assignare. Et ne idem abbas super hoc in aliquo possit molestari, ego Gofredus de Palludello, ad preces ipsius Tancredi, hoc in manu cepi et me fidejussorem constitui et ad majorem rei certudinem sigilli mei munimine confirmavi. Actum est hoc anno Verbi Incarnati millesimo CC° nono.

[LXXVII. — 1222. CHARTE DE GEOFFROY DE PALLUAU, SEIGNEUR DE MONTRÉSOR, ATTESTANT QUE GEOFFROY DE MARSAIN A HYPOTHÉQUÉ POUR CENT QUATRE VINGTS LIVRES SA PART DE LA DIME DE MARSAIN AU PROFIT DES RELIGIEUSES DE MONCÉ.

B. Copie au folio 62 du même manuscrit.

VARIANTES : (a) Gofredus ; (b) bladi de territorio ; (c) bladi ; (d) qui ; (e) totam suam decimam bladi ; (f) michi ; (g) denoscitur ; (h) si autem dictus etc., *avant* si vero abbas.]

Littera de mediate decime de Murceins, sigillo Domini Montis Thesauri sigillata. — (Cartha CDXXVII.)

Ego Gaufridus *(a)* de Paludello, dominus Montis Thesauri, omnibus presentes litteras inspecturis, notum facio quod, cum dilectus et fidelis meus Gaufridus de Murceins medietatem decime *(b)* de Murceins haberet, et monasterium Villelupense alteram medietatem decime *(c)* tantum, Gaufridus, quas *(d)* ipsas decimas de me tenet in feodum, coram me constitutus, pignori obligavit dilectis in Xristo monialibus de Moceyo (1) totam decimam suam de Murceins *(e)*, pro centum et octoginta libris turonensis monete, ita quod licebit eidem Gaufrido, vel ejus heredibus, vel alicui de sua progenie, vel mihi *(f)*, de cujus feodo dicta decima movere dinoscitur *(g)*, sive heredibus meis, illam redimere inter festum Omnium Sanctorum et Pascha Domini tantum, hoc ipsum autem licebit facere abbati Villelupensi. Si vero abbas Villelupensis dictam decimam redimere voluerit, eam redimere poterit pro centum et quadraginta libris. Si autem dictus *(h)* Gaufridus de Murceins, vel sui heredes, vel aliquis de sua progenie, vel ego, vel mei heredes, dictam decimam redimere voluerimus, dictis monialibus centum et octoginta libras reddemus, de quibus ipse moniales dicto abbati quadraginta libras reddere tenebuntur. In cujus rei memoriam presentes litteras ad peticionem parcium sigilli mei munimine roboravi. Actum anno gratie M° CC° XXII°

[LXXVIII. — 1205. Charte par laquelle Geoffroy de Palluau, seigneur de Montrésor, du consentement de sa femme Mathilde et de son fils Bouchard, donne les deux tiers du fief de la dime de Fretay a l'abbaye de Villeloin, et l'autre tiers a l'abbaye d'Aiguevive.]

Littera de decima de Frate sigillo domini Montis Thesauri sigillata. — (Cartha DXCIX.)

Ego Gaufridus de Palludello, omnibus ad quos presentes littere pervenerint, salutem. Universitati vestre volumus innotescat quod ego, cum assensu Matildis, uxoris mee, et Buchardi, filii mei, ecclesie Sancti Salvatoris Villelupensis et monachis ibi Deo servientibus, in elemosinam dedi et concessi duas partes feodi et hominii decime de Frate, quam Guarinus Aquleus, post obitum Raginaldi Barbilum et Radulphi, filii ejus, de me tenebat, terciam vero partem ecclesie Beate Marie Aquevive et canonicis ibi Deo famulantibus imperpetuum possidendam. Girardus vero et Johannes, abbates jamdictarum ecclesiarum, hujus beneficii non ingrati, mihi quadraginta libras giemensis monete donaverunt. Huic dono et concessioni presentes fuerunt : Stephanus de Synapariis, miles ; Assaliz ; Odo Canis ; Odo Porchers ; Andreas Damio ; Petrus Bursers. Actum est

(1) Moncé, abbaye de femmes de l'ordre de Citeaux, commune de Limeray (Indre-et-Loire).

hoc anno Incarnati Verbi M° CC° V°. Quod ut ratum teneatur et firmum sigilli mei munimine confirmavi.

[LXXIX. — 1205. LETTRE DE GEOFFROY DE PALLUAU A BARTHÉLEMY, ARCHEVÊQUE DE TOURS, LUI DEMANDANT DE CONFIRMER LA DONATION DU FIEF DE LA DIME DE FRETAY AUX ABBAYES DE VILLELOIN ET D'AIGUEVIVE.]

Item littera de duabus partibus decime de Frate, sigillo B[artholomei], quondam archiepiscopi Turonensis, sigillata.—(Cartha DC.)

[**57**] Reverendo patri et domno B[artholomeo], Dei gratia Turonensi archiepiscopo, Gaufridus de Palludello, salutem. Quia duas partes feodi et hominii decime de Frate, quam Garinus Aquleus, post excessum Raginaldi Barbilum et Radulphi, de me tenebat, ecclesie Sancti Salvatoris Villelupensis et monachis ibi Deo servientibus, terciam vero partem ecclesie Beate Marie Aquevive et canonicis ibi Deo famulantibus, assensu Mathildis, uxoris mee, et Bucardi, filii mei, in elemosinam didi *(sic)* et concessi, paternitatem vestram exoro quatinus jamdictam donationem a me factam predictis ecclesiis munimine sigilli vestri ad preces nostras, si vobis placet, dignemini confirmare.

[LXXX. — 1237. CHARTE DE BOUCHARD DE PALLUAU, SEIGNEUR DE MONTRÉSOR, RELATANT LA DONATION FAITE A L'ABBAYE DE VILLELOIN PAR GEOFFROY DE PALLUAU, SON PÈRE, DU CONSENTEMENT DE GUY, CHEVALIER, ET DE PIERRE, CLERC, SES FILS, DES DEUX PARTS DU PROFIT QU'IL AVAIT DANS LE BOIS DE CLÉOFFY.]

Littera de avantagio et de segreagio caprarum nemorum de Cleofi, sigillo domini Montis Thesauri sigillata. — (Cartha DCLIX.)

Universis Xristi fidelibus presentes litteras inspecturis, ego, Bucchardus de Palludello, dominus Montis Thesauri, salutem in Vero Salutari. Noverint universi tam presentes quam futuri quod bone memorie Gaufridus de Palludello, dominus Montis Tesauri, pater meus, adhuc vivens, de assensu et voluntate mea, et Guidonis, militis, et Petri, clerici, fratrum meorum, dedit in puram et perpetuam elemosinam ecclesie Villelupensi duas partes avantagii quod habebat in nemore de Clofi, videlicet in segreagio caprarum et in mestiva et in tallea hominum, qui modo ibidem sunt, et in omnibus aliis, que in dicto nemore vel in territorio ejusdem nemoris possunt contingere vel contingent. Preterea sciendum est quod de dicto nemore non possum sumere nisi tantummodo ad opus terre mee de Monthesauro. In cujus rei memoriam presentes litteras prelibate ecclesie dedi sigilli mei munimine roboratas. Actum anno gratie Domini millesimo [ducentesimo (1)] tricesimo septimo.

[LXXXI. — 1231. CHARTE DE GEOFFROY DE PALLUAU, SEIGNEUR DE MONTRÉSOR, ATTESTANT QUE, PAR SON INTERMÉDIAIRE, L'ABBÉ ET LE COUVENT DE VILLELOIN ONT RACHETÉ D'HÉLIE D'ARGY, CHEVALIER, LA REDEVANCE D'UN GOBELET D'ARGENT QU'ILS LUI DEVAIENT.]

Littera de quodam cipho argenteo empto ab Helya de Argeio, precio XXX librarum, sigillo domini Montis Thesauri sigillata.— (Cartha DVI.)

Universis Xristi fidelibus ad quos presentes littere pervenerint, ego Gaufredus de Palludello, dominus Montis Thesauri, notum facio quod, cum unum ciphum argenteum dimidie marche, intus deauratum, quem abbas et conventus Villelupensis Helye de Argeio, militi, debebant annuatim, ab eo comparassem, ego postmodum ad preces dictorum abbatis et conventus omnino dictam empcionem predicti cyphi quitavi [abbati] et conventui sepedictis, et ipsi me presente precium dicti cyphi, scilicet triginta libras, supradicto Helye, militi, reddiderunt. Et Helias sepedictus et Renulphus de Argeyo, milites, dictam vendicionem eisdem abbati et conventui concesserunt, me presente, ab ipsis et suis heredibus jure possessionis et dominii imperpetuum pacifice et absque contradictione aliqua possidendam. Quod ut ratum et inconcusssum permaneat in futurum, presentes litteras in hujus rei testimonium sepedictis abbati et conventui Villelupensi indulsi sigilli mei munimine roboratas. Actum anno gratie millesimo CC° tricesimo primo.

[LXXXII.— Vers 1205. CHARTE DE GEOFFROY DE PALLUAU, PAR LAQUELLE IL FAIT SAVOIR QU'EN RECONNAISSANCE DE LA DONATION DU FIEF DE LA DIME DE FRETAY, QU'IL A FAITE A VILLELOIN, L'ABBÉ GIRARD ET LES MOINES LUI ONT DONNÉ QUARANTE LIVRES.]

Item carta decime de Fratei.

Ego Gaufridus de Palludello omnibus ad quos presentes littere perveverint salutem. Sciatis quod ego, cum assensu Ma-

(1) Le mot *ducentesimo* qui a été omis dans le manuscrit a été ajouté au XVII° siècle.

thildis, uxoris mee, et Burcardi, filii mei, ecclesie Sancti Salvatoris Villelupensis et monachis ibi Deo servientibus, in elemosinam dedi et concessi feodum decime de Fratei, quam Guarinus Aquleus, post obitum Raginaudi Barbilum et Radulphi, filii ejus, de me tenebat, in perpetuum possidendum. Ad recompensacionem vero hujus elemosine abbas Girardus et monachi jamdicti mihi quadraginta libras giemensis monete persolverunt. Huic dono et concessioni presentes fuerunt : Stephanus de Seneveres, miles ; Assaliz ; Odo Canis ; Odonet Porchers ; Handres Damio ; Petrus Bursers et plures alii. Quod ut ratum teneatur et firmum sigilli mei munimine confirmavi.

[LXXXIII. — 1239, juillet. CHARTE DE BOUCHARD DE PALLUAU, CHEVALIER, SEIGNEUR DE MONTRÉSOR, ATTESTANT QUE GOLBERT ET GUILLAUME POLEINS, GUILLAUME ASSILIZ, JEAN LE ROUX, CHEVALIERS, ET LA VEUVE DE FEU NICOLAS METEAU, ONT DONNÉ A L'ABBAYE DE VILLELOIN UNE DIME QU'ILS POSSÉDAIENT EN LA PAROISSE DE BEAUMONT.]

Littera de decima [**58**] *parrochie de Bellomonte. — (Cartha DLIII.)*

Universis Xristi fidelibus presentes litteras inspecturis, Buchardus de Palludello, miles, dominus Montis Thesauri, eternam in Domino salutem. Noverit universitas vestra quod, in mea presencia constituti, Golbertus Poleins, Guillermus Poleins, Guillermus Assilliz, Johannes Rufus, milites, et relicta defuncti Nicholai Metaut quitaverunt penitus totam decimam suam, quam in parrochia de Bellomonte habebant viris religiosis abbati et conventui Villelupensi. Ego vero Buchardus, dominus feodi, dictam decimam a dictis militibus quitatam teneor memoratis abbati et conventui garire et tueri. Quod ut ratum et firmum permaneat, prefatis abbati et conventui presentes litteras dedi in testimonium sigilli mei munimine roboratas. Actum anno gratie M° CC° XXX° nono, mense julio.

[LXXXIV. — 1281, avril. CHARTE DE GEOFFROY DE PALLUAU, ATTESTANT QUE RENAULD DE CEPHOUX, CHEVALIER, RENAULD, SON FILS AINÉ, ET JEAN, SON AUTRE FILS, ONT DEVANT LUI DÉCLARÉ QU'AU CAS OU LE SEIGNEUR D'AMBOISE VOUDRAIT CONTRAINDRE LES RELIGIEUX DE VILLELOIN A METTRE HORS DE LEUR MAIN UNE PARTIE DU BIEN QU'ILS LEUR AVAIENT DONNÉ A LA MÈRE, LEDIT SEIGNEUR D'AMBOISE SERAIT OBLIGÉ A LEUR RESTITUER LE PRIX QUE FIXERAIENT L'ABBÉ DE BEAULIEU ET LE SEIGNEUR DE MONTRÉSOR.

B. Copie aux folios 62 et 63 du même manuscrit.

VARIANTES : (*a*) Cofeio ; (*b*) quarumdam ; (*c*) la Meise ; (*d*) tenentur ; (*e*) electorum, videlicet ; (*f*) compulsionem.]

Item carta de la Meyse. — (Cartha CDL.)

Universis presentes litteras inspecturis et audituris Gaufridus de Palludello, miles, dominus Montis Thesauri, salutem in Domino. Noveritis quod, in nostra presencia constituti, Raginaldus de Cofeyo *(a)*, miles, et Raginaldus, ejus primogenitus, et Johannes de Cofeio, ejusdem militis filii et heredes, voluerunt et concesserunt coram nobis in jure quod, si contingat religiosos viros abbatem et conventum monasterii Villelupensis cogi modo aliquo vel compelli a nobili viro domino Ambazie vel ipsius heredibus aut ab ipsis causam habentibus, aliquam partem seu porcionem rerum quarumdem *(b)* eisdem religiosis venditarum a dictis milite et ejus filiis, sitarum et permanencium in loco qui vulgariter dicitur la Meyse *(c)*, in feodo nostro et in parrochia de Noento, prout in quadam littera super dicta vendicione confecta et sigilli nostro sigillata plenius continetur, ad extra manum suam ponendam, tanquam ex manu mortua removendam, se teneri et tenetur *(d)* reddere et restituere in pecunia numerata dictis religiosis precium, valorem seu estimacionem rerum, ut dictum est supra, venditarum, ad arbitrium seu dictum duorum arbitrorum jam electorum et nominatorum *(e)*, videlicet religiosi viri abbatis Bellilocensis monasterii et nobilis viri domini Montis Thesauri, qui pro tempore fuerint, computato precio rerum venditarum in pronunciacione seu arbitrio aut dicto dictorum arbitrorum super restitucione et reddicione eisdem religiosis facienda, si res aliquas de premissis per cohercionem aut compressionem *(f)* dicti domini Ambazie aut heredum ipsius vendi aut extra manum suam suam poni contingat aut aliquatenus amovere casu aliquo contingente..... Datum et actum anno Domini M°CC° octogesimo primo, mense aprilis, et sigillo nostro in rei testimonium sigillatum.

[LXXXV.— 1220, novembre. CHARTE DE GEOFFROY DE PALLUAU ATTESTANT UNE TRANSACTION AU SUJET DE LA DIME D'EPEIGNÉ ENTRE L'ABBAYE DE VILLELOIN ET EUDES ET HERVÉ JAQUELIN, FRÈRES.]

Littera super quadam decima de Espaigneio. — (Cartha MCX.)

Ego Gaufridus de Palluau, de Monte Thesorii dominus, notum facio omnibus tam presentibus quam futuris quod, cum contencio verteretur coram nobis inter abbatem et conventum Villelupensem, ex una parte, et Odonem Jaquelin et Herveum Jaquelin, fratrem ejus, ex altera, super decima quadam sita in territorio de Espaigneio, quam dicti fratres petebant ratione successionis ex parte defuncti Petri Jaquelin, patris eorum, a dictis abbate et monachis, cujus decime partem unam dicti monachi recognoscebant dictis fratribus se debere de jure, alteram negantes, tandem, de bonorum virorum consilio, illa contencio coram nobis sopita est in hunc modum : quod dicti O[do] et H[erveus], pro remedio [59] animarum suarum et parentum, in puram et perpetuam elemosinam quicquid petebant et habeant et de jure habere poterant in illa decima dederunt monachis supradictis nichil in ea penitus retinentes. In cujus rei memoriam et munimen ad instanciam utrorumque presenti pagine sigillum meum apponere dignum duxi. Actum anno gratie M° CC° XX°, mense novembris.

[LXXXVI. — 1208-1228. Vidimus donné par Jean, archevêque de Tours, d'une charte par laquelle Geoffroy, son prédécesseur, réglait l'emploi du luminaire fondé en l'abbaye de Villeloin par Renauld de Marsain.]

Littera archiepiscopi Turonensis de decima de Murcens pertinens ad luminare ecclesie Villelupensis.

Johannes, Dei gratia Turonensis archiepiscopus, omnibus ad quos presentes littere perneverint, salutem in Domino. Noverit universitas vestra nos litteras domni Gaufridi, archiepiscopi Turonensis, predecessoris nostri, inspexisse sub hoc forma :

[Ici est inséré le texte de la charte que nous donnons plus loin N° CXXXIX.]

[LXXXVII. — 1206. Charte de Geoffroy de Palluau, attestant qu'Odon, chevalier de Saint-Amand, a vendu a condition son fief de Sales a Girard, abbé de Villeloin, qui s'était engagé pour lui vers ses créanciers juifs.

A. Original parchemin scellé sur double queue d'un sceau perdu. Archives d'Indre et Loire, H. 592.

Variantes: (a) littere iste ; (b) com ; (c) com ; (d) suplicacione ; (e) sesto ; (f) peccunia.]

Littera de feodo de Sales. — (Cartha CCCXII.)

Ego Gaufridus de Palludello, universis ad quos presentes littere *(a)* perneverint, notum facio quod, cum *(b)* Girardus abbas Villelupensis ecclesie, pro Odone, milite Sancti

Amandi, in magna ejus necessitate apud judeos creditores caritatis et liberalitatis causa, se spontaneus obligasset pro quadam summa pecunie necnon et aliis creditoribus pro blado et aliis debitis; ipso Odone cum *(c)* humilitate et supplicacione *(d)* multimoda hoc petente, dictus Odo, Guillermo fratre ejus, concedente et hoc ipsum postulante, ne monasterium Villelupense pro beneficio maleficium reportaret, feodum de Salis integre cum pertinenciis suis, quod tenebat ab ipso abbate, tradidit ei pro indempnitate monasterii sui servanda, tali condicione apposita quod, si in Purificacione Beate Marie que contigit anno gratie millesimo CC° sexto *(e)* non esset creditoribus quibus abbas tenebatur dicta pecunia *(f)* persoluta, abbas, qui apud creditores obligacionem incurerat, feodum dictum, satisfaciendo creditoribus, titulo empcionis haberet, pecunia ipsis persoluta loco precii reputanda. Hec vidimus et audivimus cum multis aliis et hiis testimonium perhibemus, unde presentes litteras sigilli nostri apposicione signavimus.

LXXXVIII. — 1239, juillet. Donation faite a l'abbaye de Villeloin par Bouchard de Palluau, chevalier, seigneur de Montrésor, de vingt-cinq sols de rente sur son moulin fouleret de Montrésor pour la fondation de son anniversaire et de celui de son père.]

Littera de viginti quinque solidis redditus in molendino folerez Montis Thesauri.

Noverint universi presentes pariter et futuri presentem paginam inspecturi quod ego, Buchardus de Palludello, miles, dominus Montis Thesauri, dedi et concessi, cum assensu et voluntate Marie, uxoris mee, viris religiosis abbati et conventui Villelupensi viginti quinque solidos annui redditus in molendino folerez de Monteisor, ad festum beati Andree, apostoli, singulis annis percipiendos pro anniversariis scilicet mei et patris mei annuatim faciendis. Quod ut ratum et firmum permaneat dictis abbati et conventui presentes litteras dedi in testimonium sigilli munimine roboratas. Actum anno gratie M° CC° XXX° nono, mense julio.

[LXXXIX. — 1239, juillet. Autre charte relatant la précédente donation.]

Item littera de viginti quinque solidis supradictis.

Universis tam presentibus quam futuris Bucchardus, dominus [60] Montis Thesauri, salutem in Domino. Noveritis quod ego dedi in puram et perpetuam elemosinam abbati et conventui monasterii Villelupensis, pro anniversario patris mei Gaufridi de Palludello et mei singulis annis in dicto monasterio celebrando, viginti quinque solidos sitos apud Montem Thesauri in molendino meo felerez in festo beati Andree, apostoli, annuatim reddendos pro pitancia in die anniversarii supradicti in anno qualibet dictis monachis facienda. Actum anno Domini M° CC° XXX° nono, mense julio.

[XC. — 1193. CHARTE PAR LAQUELLE FOULQUES DE VILLENTROIS DÉCLARE PRENDRE SOUS SA PROTECTION TOUT CE QU'ARNULFE, ABBÉ DE VILLELOIN, SES PRIEURS ET SES SERVITEURS POSSÉDAIENT EN SA TERRE ET EN SES FIEFS.]

Littera domini Fulconis de Vilentras. — (Cartha MCC.)

Salvationis et pacis integritate non [im]merito gloriantur que protectione principum, litteris ipsorum atestantibus, ad solidum roborantur. Ego, Fulco de Vilentrasto, tam futuros quam presentes presentibus certifico litteris quod in manu et salvatione et protectione mea suscepi quicquid Alnulphus, abbas Villelupensis, et ejus priores et eciam famuli in mea terra et in feodis meis possident. Et si quis super hoc querelare ipsos voluerit, ego me ipsum pacificatorem et defensorem concedo et affirmo. Hujus rei testes sunt : Marchus de Vendome ; Herveus Rabelli ; Fulco Ruphus ; Raginaudus de Mainil ; Raginaudus de Spengne ; Gaufridus Mauricii ; Girardus, capellanus Sancti Georgii, aliique quamplurimi. Ne vero aliquis contra hujusmodi salvacionem venire presumat, sigilli mei apposicione presentes feci litteras confirmari, anno Verbi Incarnati M° C° nonagasimo tercio.

[XCI. — 1230. CHARTE DE FOULQUES, SEIGNEUR DE VILLENTROIS, QUI RELATE LA TRANSACTION FAITE ENTRE LUI ET GEOFFROY DE PALLUAU, AU SUJET DES PLESSIS DE BEAUMORTIER.]

Littera de plesseis de Bello Morterio.

Fulco, dominus de Vileentras, omnibus presentes litteras inspecturis, salutem in Vero Salutari. Noverint universi quod, cum contentio verteretur inter me, ex una parte, et dominum Gaufridum de Palludello, ex altera, super plesseiis de Bellomorteterio, de consilio bonorum virorum, pacificatum fuit inter nos et matatum tali modo : quod omnes plesseus a meta que est in rivo de Fossa et ab illa meta usque ad metam que est juxta charprerium de Fossa, et ab illa usque ad quercum que est prope de Fossa, et ab illa usque ad quercum que est juxta le Trembrat erga domum, et ad querculo totam crestam de fosseio ad quercum situm que est Estelum de Porta, et de querco à la Coche que est lais de tribus boscis, eidem remansit versus boscum de Chedone. Ipso *(sic)* vero mihi dedit et heredibus meis et crevit in homagio suo, cum alio feodo quod teneo ab eodem, totum pleisseium a dictis metis usque ad Chedonem et plesseium de bosco suo in landa scilicet que est inter fosseyos et domum meam de Bellomorterio, feodum vero est ballivia Huberti Autru quam dedi fratri meo Ridello in parte, et ballivia in hominibus in feodis, in terris et in blado. Condictum fuit et confessum quod ego nec heredes mei non poterimus in dicto facere fortestam nisi palacium situm erat ante contintionem. Ad majorem vero cercitudinem eidem dedi litteras istas sigilli mei munimine sigillatas. Actum anno gratie M° CC° XXX°

[XCII. — 1219, janvier. CHARTE DE FOULQUES, SEIGNEUR DE VILLENTROIS, ATTESTANT QUE « LEVRAUDI », CHEVALIER, A AFFRANCHI SON SERF BERNARD DROET.]

Littera de quittacione Bernardi dicti Droet. — (Cartha CCVI.)

Ego Fulco, dominus de Villentras, omnibus presentes litteras inspecturis, in Domino salutem. Noverit universitas vestra quod Levraudi, cum assensu Elisabet, uxoris sue, et filii sui et aliorum heredum suorum, coram me constitutus, amore Dei intuitu pietatis, quictavit et liberum reddidit Bernardum Droet, hominem suum, ab omni servitude et ab omni exactione servitutis, et omnes heredes qui ex eo procedent, ita tamen quod de cetero dictus Levraudi nec sui heredes in dicto Bernardo nec in suis heredibus nullam exaccionem servitutis nullo modo poterunt reclamare. Et ne dictus Bernardus Droet vel sui heredes super hac quictacione coram me facta quoquomodo possint perturbari, ad peticionem jamdicti Levraudi, militis, dedi eis presentes litteras hujus quictacionis testimoniales, sigilli mei munimine roboratas. Date sunt littere iste anno Incarnati Verbi M° CC° XVIII, mense januario.

[XCIII. — 1228, octobre. ECHANGE DE TERRES ENTRE L'ABBAYE DE VILLELOIN ET FOULQUES, SEIGNEUR DE VILLENTROIS (1).]

[**61**] Ego Fulco, dominus de Villentras, universis presentes

(1) La rubrique manque.

litteras inspecturis notum facio quod ego dedi et tradidi in excanbio ecclesie Sancti Salvatoris Villelupensis, cum assensu et voluntate Fulconis, primogeniti mei, quicquid solebam habere a via que venit de Excubiaco et tendit apud Sanctum Anianum ante fossata Roberti Rolant usque ad terram Gaufridi Pictaviensis, videlicet tercium in omnibus, et totam noam versus Excubiacum sicut mete dividunt, pro casalio Guillermi de Curia, videlicet a calceata stagni mei a meta in metam versus nemus meum. Et ne dicta ecclesia super dicto excambio quoquomodo possit in posterum perturbari, dedi eisdem litteras meas hujus excambii testimoniales sigilli mei munimine roboratas. Actum anno Domini M° CC° vicesimo octavo, mense octobri.

[XCIV. — 1200-1219. CHARTE PAR LAQUELLE GEOFFROY DE PALLUAU, CHEVALIER, SEIGNEUR DE MONTRÉSOR, DÉCLARE PRENDRE SOUS SA PROTECTION TOUTE LA TERRE DE GIRARD, ABBÉ DE VILLELOIN, ET CEUX QUI HABITENT SUR CETTE TERRE.]

Littera sigilli domini [Montis Thesauri] sigillata.

Ego Gofridus de Palludello, dominus Montis Thesauri, omnibus ad quos presentes littere pervenerint, salutem. Noveritis quod ego suscepi in modo conductu et in modo salvamine in mea protectione totam terram abbatis Villelupensis et omnes gentes que in eadem terra morantur et earum possessiones, ubicumque eas habuerint, et si quis eis malum facere voluerit eo pro posse meo defensorem concedo. Ad recompensacionem autem jamdicte protectionis, Girardus, abbas Villelupensis, et dicte gentes mihi triginta quinque libras Giemensis monete donaverunt. Hujus rei testes sunt : Paumerius, monachus ; Helias, capellanus Montis Thesauri ; Assiliz ; Robertus de Plessiz ; Martinus Garganz et plures alii. Ut hoc autem ratum teneatur et inconcussum sigilli mei munimine confirmavi.

[XCV. — 1218. CHARTE DE GEOFFROY DE PALLUAU, CHEVALIER, SEIGNEUR DE MONTRÉSOR, EXPOSANT DANS QUELLES CONDITIONS PEUT ÊTRE PARTAGÉ ENTRE LUI ET L'ABBAYE DE VILLELOIN LE BOIS DE CLEOFFY.]

Littera de particione nemoris de Closi sigillo domini Montis Thesauri sigillata. — (Cartha DCLII.)

Ego Gofridus de Palludello, miles, dominus Montis Thesauri, notum facio presentibus et futuris quod ego teneor erga abbatem et monachos Villelupensis quod, quando iidem monachi nemus de Clofi partiri voluerint, dicti monachi eligent quatuor homines et ego duos qui dictum nemus bona fide partientur, et ego et monachi divisionem factam a dictis hominibus sine contradictione percipiemus, exceptis illis que sine contradictione monachorum possideo. Si vero predicti homines in particione nemoris convenire non poterunt, abbas et monachi dictum nemus partientur, et data sorte super partes quilibet nostrum sicut sors dictaverit suam percipiet porcionem. Actum anno gratie M° CC° XVIII°.

[XCVI.— 1230. CHARTE DE BOUCHARD DE PALLUAU, CHEVALIER, SEIGNEUR DE MONTRÉSOR, ATTESTANT QU'IL A DONNÉ AUX MOINES DE VILLELOIN SON TERRAGE DE BEAUMONT.]

Littera de terragio quod fuit Johannis Cotereau de Bellomonte, sigillo domini Montis Thesauri sigillata. — (Cartha DLI.)

Omnibus Xristi fidelibus presentes litteras inspecturis, Buchardus de Palludello, miles, dominus Montis Thesauri, eternam in Domino salutem. Noverit universitas vestra quod ego tradidi religiosis et honestis viris abbati et conventui Villelupensi terragium meum quod fuit Johannis Cotereau de Bellomonte situm in grangia sua per manus sui servientis attrahendum pro octo sextariis bladi, videlicet frumenti, siliginis, ordei et avene per quartum, quoadusque domina Agnes, uxor Johannis Mestaier, decimam suam in dicta parrochia sitam prenominatis abbati et conventui Villelupensi quitam tradiderit et immunem. Si dictum vero terragium ultra predictos octo sexterios bladi excesserit, illud residuum per sacramentum prenominati servientis memorato B[uchardo] vel ejus heredibus quitum penitus remanebit, prius tamen [**62**] a dicta Agnete super dicta decima prenominatis abbati et conventui quitacione facta. Quod ut ratum et firmum permaneat, sepenominatis abbati et conventui presentes litteras dedi in testimonium sigilli mei munimine roboratas. Actum anno gratie M° CC° XXX°.

[XCVII.— 1209. CHARTE PAR LAQUELLE GEOFFROY DE PALLUAU, SEIGNEUR DE MONTRÉSOR, CONCÈDE A L'ABBAYE DE VILLELOIN POUR SON PRIEURÉ DE LUÇAY LE DROIT D'USAGE EN LA FORÊT DE LUÇAY.]

Littera de prioratu de Luçay super usagio dicti prioratus in ne-

more de Luçay, sigillo domini Montis Thesauri sigillata. — *(Cartha MCCL.)*

Ego Gofredus de Palludello, dominus Montis Thesauri, omnibus presentes litteras inspecturis, in Domino salutem. Noverit universitas vestra quod, cum abbas et capitulum Villelupenses de me conquererentur, asserentes quod suus prioratus de Luçay habebat usagium suum in nemoribus meis de Luçay tam in vivo quam in mortuo, et ecclesia ejusdem prioratus; pro bono autem pacis et pro remedio animee mee et parentum meorum, ego Gofredus de Palludello, dominus Montis Thesauri, concessi, cum assensu Matildis, uxoris mee, et Buchardi, filii mei, eidem ecclesie usagium suum in bosco vivo, et eidem prioratu usagium suum in bosco mortuo, et duos quercus vivos ad usagium jamdicti prioratus singulis annis imperpetuum pacifice capiendos, quos quando prior ejusdem prioratus habere voluerit servienti domini Gofredi de Palludello, domini Montis Thesauri, servienti videlicet nemoris ejusdem, denunciabit. Et ne abbas et capitulum Villelupensis super hoc in posterum in aliquo possint molestari et ad majorem rei certitudinem, hoc sigilli mei munimine confirmavi. Actum est hoc anno Incarnati Verbi millesimo CC° IX°.

[XCVIII.— 1222. CHARTE DE GEOFFROY DE PALLUAU, SEIGNEUR DE MONTRÉSOR, ATTESTANT QUE GEOFFROY DE MARSAIN A HYPOTHÉQUÉ POUR CENT QUATRE-VINGTS LIVRES SA PART DE LA DIME DE MARSAIN AU PROFIT DES RELIGIEUSES DE MONCÉ.]

Littera de medietate decime de Murceins quam G[aufridus,] dominus de Murceins, vendidit monialibus de Moceio, sigillo domini Monthis Thesauri sigillata. — *(Cartha CDXXVII.)*

[Le texte de cette charte a été précédemment donné n° LXXVII.]

[XCIX. — 1281, avril. CHARTE DE GEOFFROY DE PALLUAU ATTESTANT QUE RENAULD DE COUFFY, CHEVALIER, RENAULD, SON FILS AINÉ, ET JEAN, SON AUTRE FILS, ONT DEVANT LUI DÉCLARÉ QU'AU CAS OU LE SEIGNEUR D'AMBOISE VOUDRAIT CONTRAINDRE LES RELIGIEUX DE VILLELOIN A METTRE HORS DE LEUR MAIN UNE PARTIE DU BIEN QU'ILS LEUR AVAIENT DONNÉ A LA MÈRE, LEDIT SEIGNEUR D'AMBOISE SERAIT OBLIGÉ DE LEUR RESTITUER LE PRIX QUE FIXERAIENT L'ABBÉ DE BEAULIEU ET LE SEIGNEUR DE MONTRÉSOR.]

Item carta de la Meise sigillo domini Monti Thesauri sigillata. — (Cartha CDL.) [**63**]

[Le texte de cette charte a été précédemment donné nº LXXXIV.]

[C. — 1288, 2 septembre. TRANSACTION ENTRE FRÈRE JEAN LE BERRUER, COMMANDEUR DE L'ESPINAT, ET L'ABBAYE DE VILLELOIN.]

Littera de sex sextariis bladi sigillo fratis Raimondi de Marolior sigillata. — (Cartha DCDIII.)

Universis presentes litteras inspecturis, frater Raimondus de Marilio, humilis preceptor domorum milicie Templi in Avernia, in Lemovicino, in Bituria, salutem in Domino. Noverint universi quod, cum contencio, diu est, ventilata extitisset inter religiosos viros fratrem Archembaudum, abbatem monasterii Villelupensis, et conventui *(sic)* ejusdem loci, ex una parte, et nos et preceptorem nostrum fratrem Johannem Le Berruer, et fratres domus nostre de Lespinat (1), ex altera, super eo videlicet quod dicti abbas et conventus dicebant et petebant se possidisse *(sic)* et in possessione fuisse habendi et recipiendi annuatim in domo nostra de Lespinat tria sextaria frumenti et tria sextaria siliginis ad mensuram dicti loci, racione cujusdam stangni nostri de Lespinat et cujusdam pecie terre incluse et site juxta dictum stagnum, et ratione vicesime quarte gerime eisdem religiosis debite, ratione terragii in nostra cultura de Tercieria ; nos vero, dicti Johannis, preceptoris, et fratrum nostrorum consilio mediante et assensu, eisdem religiosis abbati et conventui, in recompensacionem et escambium et eciam permutacionem rerum supradictarum, tradidimus et concessimus duo sextaria frumenti, duo sextaria sigilinis et duo sextaria avene, quod bladum nos consuevimus habere et habebamus super detentores et possessores decime et in decima de Bociolles in parrochia de Villeentras, reddendum in festo beati Remigii annis singulis, et unum sextarium frumenti et aliud sextarium sigilinis, percipienda et capienda in decima et terragiis Johannis dicti Mauricii domicelli, sita apud Cartam (2) in parrochia ante dicta, reddenda in festo beati [**64**] Nicholai yemalis annuatim. Quictantes et transferen-

(1) L'Epinat, ancienne commanderie de l'ordre du Temple, commune de Barrou (Indre-et-Loire).

(2) La Carte, commune de Villentrois (Indre).

tes in eosdem religiosos omnia jura, possessiones et acciones, que nobis competebant et poterant competere in rebus premissis contra quoscumque racione rerum premissarum, promittentes eisdem religiosis res predictas contra omnes defendere et garire necnon et tradere et livrare omnia instrumenta et litteras que et quas habemus ad defensionem et confirmacionem omnium premissarum. Si vero contingeret futuris temporibus quod domini feodales aut alii quicumque in dicto blado impedimentum aliquid apponerent in toto vel in parte nos tenemus et promittimus impedimentum tolere, si vero non possemus seu vellemus illud impedimentum amovere, nos et preceptor et fratres dicte domus de Lespinat, qui pro tempore fuerint, eisdem religiosis solvere tenebimur et promittimus duo sextaria frumenti, duo sextaria sigilinis, duo sextaria ordei et duo sextaria avene in domo nostra de Lespinat annuatim, in festo Omnium Sanctorum, et dicti religiosi tenebuntur reddere et restituere omnia instrumenta et litteras per que vel quas non possemus petere dictum bladum. Et nos frater Raymondus predictus de Marilio promittimus omnia supradicta et singula eisdem reddere, defendere contra omnes et garire sub ypotheca rerum nostrarum et specialiter domus nostre de Lespinat. In cujus rei testimonium presentes litteras sigilli nostri munimine et caractere confirmamus. Datum die Jovis post festum beati Egidii, anno Domini M° CC° octogesimo octavo.

[CI.— 1291, novembre. CHARTE PAR LAQUELLE JEANNE, COMTESSE D'ALENÇON ET DE BLOIS, RESTITUE AU PRIEUR DE SEUR TROIS QUARTIERS DE VIGNE ET CINQ QUARTIERS DE TERRE A LA MALLARDIÈRE QU'ELLE AVAIT UNIS A SON FIEF.]

Cete lettre est de trois quartiers de vigne e de cinc quartiers de terre partenans à la priorée de Seuz, selée de seau de la contesse de Bloies. — (Cartha MCLXXXIX.)

A touz ceuz qui verront cetes presentes letres, Johanne, contesse d'Alençon et de Blois, salut en Notre Seigneur. Sachent tuit que, comme nous par nostre droit de fié eussiens assené et mis en notre main trois quartiers de vignes et cinc quartiers de terres assis à la Mallardière, movenz de noz rierefiez, lesqueles vignes et terres le prieur de Seuz (1) tenoit et porsoaiet, et nous y eussiens assené par reson de ce que nous ne vou-

(1) Seur, commune du canton de Contres (Loir-et-Cher).

lions pas que ledit prieur peust tenir les dites vignes sanz notre assentement; à la parfin, nous, par Dieu et par aumoune, avons ostée notre main des choses dessus dites, et volons et octroyons par Dieu et en aumoune que le devant dit priour tienge et puisse tenir les vignes et terres desus dites à touzjourmes peisiblement e en paiz, senz ce que nous noz heirs ne noz successors le puissiens james porforcier à les metre hors de sa main. Et quand à ce tenir fermement et garder e de non venir encontre nous obligons nous, noz hoirs et noz successors, et les biens de nos hoirs et de nouz successors. En tesmoigne de laquele chose nous avons seellé cetes presentes letres de notre propre seel. Données l'an de grace mil CC quatre vinz et onze, ou moys de novembre.

[CII. — 1276, 16 mars. CHARTE PAR LAQUELLE BARTHÉLEMY ET GUILLAUME, FILS DE FEU GUILLAUME POLEIN, CHEVALIER, ET MARGUERITE, LEUR MÈRE, POUR S'ACQUITTER ENVERS L'ABBAYE DE VILLELOIN DE LA SOMME DE CINQUANTE LIVRES A LAQUELLE ÉTAIENT ESTIMÉS LES ARRÉRAGES D'UN BOISSEAU DE BLÉ DE RENTE SUR LE LIEU D'HYGLAS, PAROISSE DE COULANGÉ, CONSTITUENT A SON PROFIT UNE RENTE DE SEPT SETIERS DE BLÉ EN LA PAROISSE D'AUBIGNY.]

Littera de Bartholomeo et Guillermo dictis Polain, sigillo domini Petri, quondam archidiaconi Turonensis, sigillata. — (Cartha DCCIII.)

Universis presentes litteras inspecturis P[etrus], archidiaconus Turonensis, salutem in Domino. Noveritis quod constituti coram nobis Bartholomeus dictus Polein et Guillermus Polein, fratres, ut dicunt, filii et heredes defuncti Guillermi Poleyn, militis, ut dicunt, et Margarita, relicta dicti defuncti, mater eorum, ut dicunt, coram nobis confessi sunt in jure se debere religiosis viris abbati et conventui Villelupensi quinquaginta libras turonensium de vendicione, appreciacione et afforacione undecim modiorum bladi ad mensuram Belliloci, scilicet frumenti, siliginis, ordei et avene, quos undecim modios dicti bladi debebant, ut dicunt, tempore vendicionis et afforacionis predictarum: tam de arreragiis unius modii bladi, scilicet, sex sextariorum siliginis, duorum sextariorum frumenti, duorum sextariorum ordei et duorum sextariorum avene, quem modium ipsi bladi predicti heredes et eorum mater coram nobis in jure se debere et debebant [65] ratione cujusdam gagerie seu obligacionis facte dictis religiosis a defuncto predicto patre suo, tempore quo vivebat, super decimis quam habebat in parrochia de Aubigné et super fructibus earum, pro duodecim libris turonensium dicto defuncto solutis a dictis religiosis, ut dicti heredes et eorum mater confessi sunt coram nobis, quam de arreragiis dimidii modii bladi, scilicet quatuor sextariorum siliginis et duorum sextariorum avene ad dictam mensuram annui et perpetui redditus, quem dimidium modium dicti bladi annui redditus dicti heredes et eorum mater confessi sunt coram nobis se debere dictis religiosis annuatim super decimis et *(sic)* Ylglois sitis in parrochia de Colenge, ratione cujusdam composicionis facte inter ipsos religiosos, ex una parte, et dictum defunctum, ex altera, super decimis novalium examplis quas idem defunctus continebat occupatis, in territorio dictorum religiosorum, ut dicunt dicti heredes et eorum mater coram nobis, in quorum arreragiorum solucione dictis religiosis facienda de dicto blado cessaverant, ut dicunt, tempore retroacto. Pro quibus quinquaginta libris predictis et in solucione quinquaginta librarum predictarum, predicti heredes et eorum mater predicta confessi sunt coram nobis se vendidisse, concessisse et assignasse dictis religiosis et coram nobis in jure vendiderunt, concesserunt et assignarunt eisdem religiosis, pro dictis quinquaginta libris turonensium, septem sextaria bladi ad dictam mensuram, annui et perpetui redditus, scilicet quatuor sextariorum siliginis et trium sextariorum avene, que septem sextaria dicti bladi vendita predicti heredes et eorum mater coram nobis assisierunt et assignarunt ipsis religiosis habenda, tenenda, percipienda, possidenda et levanda ex parte ipsorum religiosorum et mandati sui singulis annis quitte, libere et absolute super omnibus et singulis decimis quas ipsi heredes et eorum mater habebant et tenebant, sitas in parrochia de Aubeigné et super fructibus earum presentibus et futuris, a dictis Bartholomeo et Guillermo et eorum matre et heredibus eorumdem et aliis possessoribus dictarum decimarum. Que septem sextaria dicti bladi vendita annui et perpetui redditus et dictum dimidium modium dicti bladi annui redditus ad dictam mensuram predicti fratres et eorum mater et quilibet eorum insolidum promiserunt coram nobis se reddituros dictis religiosis vel eorum mandato apud villam de Aubeigne in domo dictorum fratrum singulis annis in octava Assumpcionis Beate Marie Virginis, ad sumptus proprios et expensas dictorum fratrum et matris sue quitte, libere et absolute super dictis decimis eorum sitis in parrochia de Aubeigneyo supradicta et super earum fructibus presentibus et futuris si ad hec sufficiant, et, nisi sufficiant, super aliis decimis suis et fructibus earum et aliis bonis suis tenentur et promiserunt coram nobis reddere et suplere dictis religiosis quitte et libere annuatim....[66]... Datum et sigillo nostro sigillatum ad eorum peticionem in testimonium predictorum, anno Domini M° CC° LXX^mo quinto, mense marcio, die Lune post Dominicam qua cantatum fuit *Letare Jerusalem*.

[CIII. — 1266, 19 mars. CHARTE PAR LAQUELLE JEAN MAURICE, DAMOISEAU, DONNE A LA COMMANDERIE DE L'ESPINAT DEUX SETIERS DE BLÉ DE RENTE SUR LA DIME DE LA CARTE EN LA PAROISSE DE VILLENTROIS.]

Littera de duobus sextariis frumenti de decima de Quarta in parrochia de Villentras. — (Cartha MCCIIII.)

Universis presentes litteras inspecturis, officialis curie Bituricensis, salutem in Domino. Noveritis quod, presens coram nobis in jure propter hoc, Johannes Mauricii, domicellus, sponte ac provide sine spe revocandi, dedit in puram et perpetuam elemosinam, donacione facta inter vivos, preceptori et fratribus domus milicie Templi de Lespinaz duos sextarios, unum videlicet frumenti et unum siligini,sitos ut dicitur in terragiis suis in decima sua de Quarta in parrochia de Vilentras, annis singulis reddendis eidem preceptori et fratribus vel eorum mandato in festo sancti Nicholai yemalis, ab ipso donatore et ejus heredibus imperpetuum, fide data..... Datum hoc anno LX° quinto, die Veneris post *Isti sunt dies*.

[CIV. — 1205-1219, Loches. CHARTE DE DREUX DE MELLO, CONNÉTABLE DE FRANCE, QUI ATTESTE QUE JEANNE, FEMME DE MAURICE REMBAUD, S'EST DÉSISTÉE DU PROCÈS QU'ELLE FAISAIT A GIRARD, ABBÉ DE VILLELOIN, AU SUJET DES BIENS QUE SON MARI AVAIT DONNÉS A CETTE ABBAYE EN Y PRENANT L'HABIT MONASTIQUE.]

Approbacio quedam donationis. — (Cartha LXXVI.)

Ego Droco de Melloto, Francorum constabulis, omnibus presentes litteras inspecturis, salutem. Noverit universitas vestra quod, cum Johanna, quondam uxor Mauricii Rembaudi, coram me constituta, cum dilecto G[irardo] meo, abbate Villelupense, super rebus et possessionibus quas idem M[auricius], tunc temporis habitum religionis indutus, fidem abbati et ecclesie Villelupensi in elemosinam prius dederat, in curia mea litiguaret, sano ducta consilio, multis viris astantibus, donacionem a predicto M[auricio] factam, libere et absolute approbavit et spontanea *(sic)* quitavit, et idem G[irardus], abbas, et predicta J[ohanna] inter se bona fide de omnibus querelis suis pacificati fuerunt. Unde ego jam dicto abbati meas litteras testimoniales dedi sigilli mei munimine apud Lochas roboratas.

[CV. — 1183. CHARTE PAR LAQUELLE L'ABBÉ ARNULPHE ET LES MOINES DE VILLELOIN ACCENSENT A J., CHAPELAIN, LA MOITIÉ DES REVENUS DE LA CHAPELLE DE MENETOU.]

De medietate oblationum de Menetou. — (Cartha DCX.)

Ut acta presencium posterorum memorie tenacius infundantur litterarum remedium necessarium perhibetur, noverint igitur universi presentes pariter et futuri quod, cum redditus capellanie ecclesie de Monesto inter capellanum ejusdem ecclesie et monachos Villelupenses per medium dividantur, excepto quod capellanus preter medietatem habet, visitaciones infirmorum, et judicia, et denarios solos qui ad missam offeruntur, et tres sextarios frumenti et tres siliginis in decima, placuit Ernulfo, abati Villelupensi, et universo conventui ut partem suam proventuum altaris, J., capellananus *(sic)* de Monesto, quamdiu capellanus ejusdem ecclesie fuerit, adcensaret, a memorato itaque capellano annuatim accipient XXVII solidos monete verbi currentis ; meditas in Pascha reddetur, reliqua in Nativitate persolvetur. Preterea notandum est quod monachi a [**67**] procuracionibus archidiaconi, archipresbyteri, prelatorum et predicatorum ecclesie Bituricensis liberi et immunes erunt et censum suum libere et quiete habebunt. Facta est autem hec constitucio per manum mei Gaufridi, prioris Exoldunencis, qui ut rata maneret et inconcussa inposterum haberetur, volui et *(sic)* sigilli mei patrocinio muniretur. Hujus rei testes fuerunt : ex parte capellani : Garnerius, archipresbyter de Vastigno ; Johannes de Carrofio ; Bernardus, capellanus de Polinis (1); Bernardus, frater ipsius capellani ; Petrus Escarsellus. Ex parte abbatis : Radulphus Catus, Lochacensis canonicus ; Vallinus, capellanus Villelupensis ; Johannes, monachus de Teliz ; Robertus de Castellione ; Renaudus Palez, canonicus Exoldunensis. Actum est autem anno Incarnati Verbi M° C° octogesimo III°.

(1) Poulaines, commune du canton de Saint-Christophe-en-Bazeille (Indre).

[CVI. — 1282, 2 juin, Villeloin. CHARTE DE PIERRE, ARCHIDIACRE DE TOURS, ATTESTANT QU'EN SA PRÉSENCE L'ABBÉ ARCHAMBAULD ET LES MOINES DE VILLELOIN ONT DONNÉ AU CAMÉRIER DE L'ABBAYE LA JOUISSANCE DE CERTAINS DE LEURS BIENS SITUÉS A CHÉDIGNY ET A BEAUMONT.

A. — Orig. parch. scellé sur doubles queues de quatre sceaux perdus, Archives d'Indre-et-Loire, H 593.

VARIANTES : (a) Chedigneyo; (b) Monthesor; (c) dicti; (d) Hysio.]

Littera de camera monasterii Villelupensis, sigillis Petri, archidiaconi Turonensis, et Guillermi, archipresbyteri Lochensis, una cum sigillis abbatis et conventus sigillata.

Universis presentes litteras inspecturis, Petrus, archidiaconus Turonensis, salutem in Domino. Nobis visitacionis officium quod incumbit in monasterio Villelupense impendentibus seu fungentibus ibidem, die Martis post quindenam Pentecostis, Archembaudus, abbas dicti monasterii, totusque ejusdem loci conventus coram nobis constituti, recognoscentes se statuisse et ordinasse ac fecisse in suo capitulo generali in festo beati Nicholai estivalis ultimo preterito, una cum majori parte priorum prioratuum suorum forensium ex communi assensu et voluntate eorumdem, et coram nobis statuerunt et ordinaverunt ac fecerunt ea que inferius annotantur: scilicet quod predicti abbas et conventus tradiderunt et concesserunt et tradicionem et concessionem hujusmodi unanimiter voluerunt, scilicet quod, quicumque in dicto monasterio pro tempore camerarius fuerit habeat, teneat et possideat et explectet domum cum pratis, vineis, terris, nemoribus, redditibus et aliis pertinenciis suis quas dicti abbas et conventus habebant, ut dicebant, in parrochia de Chidigneyo *(a)* (1) cum omnibus juribus ipsius domus et pertinenciis suarum quarumcumque, et etiam domum ipsorum abbatis et conventus quam ipsi habebant et tenebant in parrochia Bellimontis prope Montesor *(b)*, que fuit defuncti Bernardi de Bellomonte, que domus vocatur domus de La Brethèche (2), in feodo dictorum abbatis et conventus, cum omnibus rebus et juribus ad ipsam domum pertinentibus. Quas duas domos predictas predicti abbas et conventus predicti *(c)* monasterii, de communi assensu pensata utilitate dicti monasterii, cum omnibus pertinenciis et juribus ipsorum domorum, coram

(1) Chédigny, commune du canton de Loches (Indre-et-Loire).

(2) La Bretèche, hameau de la commune de Beaumont-Village.

nobis annexuerunt et adjunxerunt domui seu prioratui suo de Ysio *(d)* ad cameram dicti monasterii, ut dicebant, pertinenti; habenda, tenenda et possidenda omnia supradicta a camerario dicti monasterii qui pro tempore fuerit in futurum, quite, libere et pacifice, ita quod predictus camerarius, qui pro tempore ibidem extiterit, dabit et reddet et ad suas expensas faciet cuilibet monacho claustrali dicti conventus de biennio in biennium ad festum Omnium Sanctorum unam tunicam trium alnarum de sufficienti panno ad ordinem suum, valente qualibet alna ad minus quinque solidos in futurum; aliis nichilominus que idem camerarius tenetur ipsis monachis facere in suo robore duraturis. Ad que omnia facienda et tenenda predicti abbas et conventus unanimiter coram nobis se ad invicem bona fide astrinxerunt, dicentes et asserentes quod predicta erant utilia et necessaria sibi et monasterio suo antedicto. Que omnia predicta et singula nos rata habentes et accepta ad peticionem ipsorum tenore presencium confirmamus et auctorizamus. Actum dicta die Martis. In quorum memoriam et munimen presentes litteras sigillo nostro una cum sigillo venerabilis viri Guillermi, archipresbyteri Lochensis, in ecclesia Turonensi, ad majorem rei certitudinem, et sigillis ipsorum abbatis et conventus ad eorum peticionem duximus sigillandas in testimonium veritatis, anno Domini M° CC° octuagesimo secundo.

[CVII. — 1283, 22 octobre. CHARTE DE CONFRATERNITÉ ENTRE LES ABBAYES DE VILLELOIN ET DE SAINT-PIERRE DE VIERZON.]

[**68**] *Confraternitas cum abbatia Virsionis.* — *(Cartha XLVII.)*

Viris religiosis et honestis et in Xristo sibi karissimis dominis et amicis suis Archembaudo, Dei gratia Villelupensi abbati, totiqué ejusdem loci conventui, frater Guido, humilis abbas sancti Petri Virsionis, totusque ejusdem loci conventus, salutem in eo a quo provenit omnis salus. Notificamus vobis quod monachi Sancti Petri Virsionis talem habent convencionem cum fratribus Sancti Salvatoris Villelupensis ecclesie : quod, audito obitu abbatis, eadem illis officia persolvemus quod nostris abbatibus defunctis persolvere solemus. Et si alteruter abbatum ad alterius monasterium abcesserit, honorifice susceptus, vicem abbatis loci illius sicut in domo propria exsequetur, monachos etiam in sentencia positos, judex sedens in capitulo absolvet, puniendos, sicut expedire cognoverit, affliget. Cum autem breve monachorum ad nos delatum fuerit, unusquisque nostrum sacerdotum pro ipsis defunctis tres missas celebrabit et unam in conventu cantabimus, qui vero sacerdotes non fuerint psalterium ex integro decantabunt. Et si fortassis quispiam monachorum Villelupensis ecclesie, qualibet interveniente discordia, ab ecclesia sua expulsus fuerit, vel iratus, vel alio quoquomodo recesserit, si ad nos pervenerit, sicut unus ex nobis erit, tocius beneficii particeps nisi suum dimiserit abitum, et tamdiu habebit loci nostri mansionem donec gregi fratrum suorum valeat reconciliari. Hoc autem statutum est temporibus Petri, Virsionensis abbatis, et Hervei, Villelupensis abbatis. Datum et sigillis nostris in testimonium premissorum sigillatum, anno Domini M° CC° octogesimo tercio, die Veneris post festum beati Luce evangeliste.

[CVIII.— 1223. CHARTE PAR LAQUELLE RENAULD DE L'ILE, CHEVALIER, RELATE QUE, LES MOINES DE VILLELOIN LUI AYANT DONNÉ LE COURS D'EAU QU'ILS POSSÉDAIENT A CHISSAY, IL LEUR A DE SON COTÉ DONNÉ LA DIME DU MOULIN QU'IL AVAIT CONSTRUIT SUR CE COURS D'EAU.]

De duobus sextariis bladi super molendinum de Chisseio.

Ego Raginaldus de Insula, miles, notum facio omnibus presentes litteras inspecturis quod, cum R., abbas et capitulum Villelupensis ecclesie mihi dedissent et concessissent aquam, quam habebant apud Chisseium (1) a rivo qui venit de Moscheriez usque ad primam insulam que est sub Chisseyo cum insula, ego dedi et assignavi eisdem fratribus, in molendino quod in eadem aqua construxi, totam decimam bladi ipsius molendini et medietatem tocius decime tam bladi quam vini quam habebam super casalium Gaufridi Gaudin; molendinarius dicti molendini eisdem fratribus pro parte sua duo sextaria bladi persolvet annuatim. Ego vero vel mandatum meum, cum recipiam vel faciam recipi bladum meum in dicto molendino, tenebor monere priorem de Chisse vel ejus mandatum ad decimam suam recipiendam, et ab illo fidem recipiet qui custodiet molendinum, quod dictam decimam sicut meam fideliter reservabit. Si vero dictum molendinum contingeret devastari, ego dedi jam dictis monachis et concessi in decima mea de Chisse IIII[or] sextarios bladi annui redditus, et dicta aqua cum dicta insula mihi et heredibus meis integre remanebit. In cujus rei memoriam eisdem fratribus presentes litteras

(1) Chissay, commune du canton de Montrichard (Loir-et-Cher).

dedi sigilli mei munimine roboratas. Actum anno Domini M° CC° XXIII°

[CIX. — 1232, janvier. DONATION D'UNE DIME FAITE A L'ABBÉ GIRARD ET AUX MOINES DE VILLELOIN PAR FOULQUES, SEIGNEUR DE VILLENTROIS, DU CONSENTEMENT DE SA FEMME ISABEAU ET DE SON FRÈRE RIDEAU.]

De quadam decima ad usum prioratus de Villentras.

Ego Fulco, dominus de Villentras, omnibus presentes litteras inspecturis, salutem. Noveritis quod ego excambiavi cum Girardo, abbate, et conventu Villelupense, cum assensu Isabeau, uxoris mee, et Ridelli, fratris mei, totam meam decimam sicut eam possidebam a via que venit de vico per naturalem chiminum usque ad granicam Bellini, per viam que vadit usque ad fontem Sancti Georgii, sicut aqua mater currit a rupe Focaut usque ad ipsum fontem, cum furno suo quem ipsi habebant in vico Sancti Georgii, ita tamen quod ego concessi predictis monachis jamdictam decimam in pace in perpetuum possidere. Cum vero Herveus de Espeigniaco, miles, paleas haberet in dicta decima, ego Fulcho excambiavi eas cum dicto Herveo et concessi eisdem in puram et perpetuam elemosinam [69] prioratui de Villentras et eciam concessi tanquam dominus feodi erga quoslibet supradictam elemosinam garentizare. Ut autem hoc firmum et stabile permaneat in futurum, presentes litteras abbati et conventui Villelupensi dedi sigilli mei munimine roboratas. Actum anno Domini M° CC° tricesimo primo, mense januario.

[CX.— 1294, 14 novembre, Loches. VENTE D'UN SETIER DE FROMENT DE RENTE FAITE A L'ABBAYE DE VILLELOIN PAR GUILLAUME LENGLOIS, AGNÈS, SA FEMME, ET PASQUÈRE LA BUGLOICHE, SA MÈRE.

A. — Orig. parch. scellé sur double queue d'un sceau perdu, Archives d'Indre-et-Loire, H 972.

VARIANTES : (*a*) Saichent; (*b*) e; (*c*) e au couvent de l'abaie de Vileloein; (*d*) vendeors; (*e*) maison; (*f*) maison; (*g*) sus toz; (*h*) Michiau; (*i*) Loiches; (*j*) Dimenche; (*k*) e dous cenz e.]

Achapt d'ung septier de froment assigné sur quelques héritages. — (Cartha CVIII.)

Sachent *(a)* tuit presenz e avenir que Guillaume Lengloys e Agnès, sa femme, e Pasquière la Bugloiche, mère audit Guillaume, on confessé en droit en la cort lou roy à Loiches que il ont vendu e vendent par commun acort e livrent par cest escript à touz jors mes *(b)* à héritage, à religious homes e honestes à l'abbé e au covent de l'abbaie de Villeloien *(c)* e à leurs successors, dous setiers de froment à la mesure de Loiches de anuel e perpetuel rente, laquele rente desus dite les diz *(d)* assieent e assignent as diz religious sus un arpent de terre que il ont, si come il dient, séant joute le pré as diz religious, d'une partie, et joute la terre Philippe Lengloys, de l'autre partie, e sus deus arpenz de terre que il ont, si comme il dient, séanz devant leur meison *(e)* joute la maison Philippe Lengloys, e sus demi arpent de vigne que il ont, si comme il dient, séant joute la meison *(f)* à dit Philippe Lengloys, de une partie, e joute leur meison desus dite de l'autre partie, e sus leur davant dite meison, séant joute ladite vigne, e généralment touz *(g)* les héritages que il tienent des diz religious, à avoir e à tenir e à possoier e à recevoir au jor de la Saint Michou *(h)* chascun an a mès tot jors la rente de sus dite vendue à diz religious e à leurs successors e à ceus qui ont e auront cause d'aux paisiblement par num e par titre d'achet e en faire tote leur volenté haut et bas, por le pris de cent souz de monnaie corant, dont les diz vendeors se tiennent por bien paiez.... Ce fust fait à Loches *(i)* e ajugée a tenir par le jugement de ladite cort lou roy e seelé dou seau de la dite cort en tesmoin de vérité, salve le droit lou roy, le dimanche *(j)* après la Saint Martin d'iver, l'an de grâce mil CC et *(k)* quatre vinz e quatorze.

[CXI. — 1236, octobre. CHARTE DE GEOFFROY, DOYEN, ET DU CHAPITRE DE TOURS RELATANT L'ACCORD SURVENU ENTRE LEDIT CHAPITRE ET L'ABBAYE DE VILLELOIN, AU SUJET DU BOURG DE GUIGNÉ ET DES DIMES DE CERTAINES PAROISSES DONT L'ABBAYE AVAIT LE PATRONAGE.]

De decimis novalium cum caratis seu presbyteris compositio. — (Cartha XXXVII.)

Gaufridus, decanus, et capitulum Turonense, omnibus presentes litteras inspecturis, salutem in Domino. Noverint universi quod, cum nos peteremus ab abbate et conventu Villelupense burgum [**70**] de Gueigni, quem emerant a defuncto Jordano de Nazellis, ea ratione quod ille burgus erat de feodo nostro, tandem ipsi abbas et conventus vendiderunt nobis burgum illum cum omni jure et dominio quod in ipso habere poterant et habebant, exceptis rebus quas in dicto burgo habebant ratione elemosine a defuncto Mauricio Reimbaudi, eis facte precio quatercenti librarum turonensis monete, ita quod dictam pecuniam ponere poterunt in decimis tantum, in archidiaconatu Turonensi, sive in obligacione, sive in vendicione, ita tamen quod nichil emere poterunt in feodo ecclesie nostre. Si vero dicte decime ab ipsis redimerentur, possent dictam pecuniam in aliis decimis collocare, fide prius ab ipsis prestita, quod illa pecunia sit de quatercentis libris superius nominatis, decimas vero a nobis possessas redimere non possent. Condictum fuit etiam inter nos et dictos abbatem et conventum quod in omnibus decimis novalium in parrochiis in quibus habent jus patronatus, scilicet de Noento, Colengeio, Marolio, Villelupense, Locheio, Syvraio, Sancte Marie Divitis, Espeigniaco, Franquolio ,Chisseio,Azaio, Chedigneyo et de Voo, habebunt ipsi abbas et conventus medietatem et nos aliam. Et tenemur tam nos quam ipsi componere super dictis decimis novalium cum presbyteris dictarum parrochiarum, quantum ad terciam partem quam petunt in decimis memoratis. In aliis siquidem parrochiis in quibus percipiunt veteres decimas, in eisdem territoriis habebunt medietatem decimarum novalium, sicut superius est expressum. In cujus rei memoriam presentes litteras conscribi fecimus et sigilli nostri munimine roborari. Actum anno Domini M° CC° tricesimo sexto, mense octobris.

[CXII. — 1232. Charte de Juhel, archevêque de Tours, relatant l'accord survenu entre l'abbaye de Villeloin et le chapitre de Tours, au sujet du bourg de Guigné et des dimes de certaines paroisses.]

De decimis ecclesiarum in quibus abbas habet jus patronus et de pacto cum capitulo Turonensi. — (Carta XXXVI.)

Juhellus, Dei gratia Turonensis archiepiscopus, omnibus presentes litteras inspecturis, salutem in Domino. Noverint universi quod, cum E., decanus et capitulum Turonense peterent ab abbate et conventu Villelupense burgum de Gueigné, quem emerent a defuncto Jordano de Nazellis, ea ratione quod ille burgus erat de feodo nostro, tandem ipsi abbas et conventus vendiderunt predicto decano et capitulo burgum illum cum omni jure et dominio quod in ipso habere poterant et habebant, exceptis rebus illis quas in dicto burgo habebant ratione elemosine a defuncto Mauricio Reimbaudi eis facte, precio quatercenti librarum turonensis monete, ita quod dictam pecuniam ponere poterunt in decimis tantum in archidiaconatu

Turonensi, sive in obligacione, sive in vendicione, ita tamen quod nichil emere poterunt in feodo ecclesie. Si vero dicte decime ab eis redimerentur, possent dictam pecuniam in aliis decimis collocare, fide prius ab ipsis prestita quod illa pecunia sit de quatercentis libris superius nominatis, decimas vero a supradictis decano et capitulo possessas redimere non possent. Condictum fuit etiam inter ipsos quod in omnibus decimis novalium in parrochiis in quibus habent jus patronatus, scilicet de Noento, Colengeio, Marolio, Villelupense, Locheio, Syvraio, Sancte Marie Divitis, Espeigniaco, Francolio, Chisseo, Azaio, Chidigniaco et de Voo, habebunt medietatem dicti abbas et conventus, et dicti decanus et capitulum aliam. Et tenentur ipsi abbas et conventus et capitulum Turonense componere super dictis decimis novalium cum presbyteris dictarum parrochiarum quantum ad terciam partem quam petunt in decimis memoratis. In aliis siquidem parrochiis in quibus percipiunt veteres decimas, in eisdem territoriis habebunt medietatem decimarum novalium sicut superius est expressum. In cujus rei memoriam presentes litteras conscribi fecimus et sigilli nostri munimine roborari. Actum anno Domini M° CC° tricesimo II°.

[CXIII. — 1226. Charte de Philippe, archidiacre de Tours, attestant que Bouchard de Vendome, chanoine de Loches, a renoncé a ses prétentions sur une métairie appartenant a l'abbaye de Villeloin, située au dela du pont d'Amboise entre la Loire et la Cisse, moyennant une pension viagère de soixante sous tournois.]

Littera de quadam prioratui de Insula Ambazie pertinencia sigillo archidiaconi Turonensis sigillata. — (Cartha MCL.)

Universis presentes litteras inspecturis, Philippus, archidiaconus Turonensis, salutem in Domino. Universitati vestre volumus [**71**] innotescat quod, cum inter venerabilem virum abbatem de Villalupense et conventum ejusdem loci, ex una parte, et Bochardum de Vindocino, canonicum de Lochis, ex altera, contencio verteretur super quadam medietaria que condam fuit defuncti Marchi de Vindocino, militis, sita ultra pontem Ambazie inter Ligerim et Sichiam, quam idem B[ochardus] sibi pertinere jure hereditario asserebat, tandem inter ipsos hujus modi composicio intercessit : quod dictus B[ochardus] quicquid juris habebat in predicta medietaria quitavit penitus bona fide et concessit dictis abbati et conventui in perpetuum libere et pacifice possidendum, ita tamen quod prefatus

B[uchardus] sexaginta solidos turonensium annue pensacionis in festo Omnium Sanctorum a predictis abbate et conventu quoad vixerit percipiet et habebit. Archembaudus vero de Vindocino, miles, et G., fratres memorati B[uchardi,] ad peticionem ipsius prelibatam medietariam sepedictis abbati et conventui penitus quittaverunt. Super quo vero, ut tractu temporis ydempnitatem neutra pars sortiretur utrique parti, litterarum nostrarum contulimus firmitatem. Actum de consensu parcium, anno Domini M° CC° XXVI.

[CXIV. — 1282, mars, Loches. CHARTE PAR LAQUELLE LES HÉRITIERS DE FEU GILLES MANSEAU, DONNÉ DE L'ABBAYE DE VILLELOIN, RENONCENT AUX PRÉTENTIONS QU'ILS AVAIENT SUR L'HÉRITAGE DE FEU FRÈRE DE LA LEVÉE.]

Cest lettre est des héritages feu frère que feu Gile Monseau tient à sa vie, doné de l'abbaye de Villeloien, selé du seau le roy que l'en use à Loches.

Sachent tuit présens e avenir que comme contenz fust mehuz entre religious homes et honestes l'abbé et le convent de Villelouein, d'une partie, e Johan Viau, clerc, e filz Mathé Viau e Guillaume Renoart, fevre, par raison de Johanne, sa fame, fille et héritière feu Renoart, Johan Moreau, filz feu Moreau Le Franc, Hemeri Lefranc, Geoffroy Lefranc e Perenin Baut, filz Julienne Coterele, de l'autre partie, sus cen que les diz héritiers demandoient à avoir après la mort feu Gile Manseau, doné de l'abbaye de Villelouein, tot l'éritaige feu frère de la Levée e les conquestes de celui queque le dit feu Giles avoit tenues sa vie en doiare, si comme les diz héritiers disoient ; les diz religious e leur procurator disanz et proposanz encontre que les diz héritiers n'avoient droit ès dictes choses e que les apartenoient as diz religieux, par rayson doudit feu Gile, leur doné, qui les dites choses avoit jadis achetées, e qui audit Giles estoient avenues par le jugement de la cort lou roy si comme les diz religious dysoient : à la parfin, après moult de paroles e de altercacions, les héritiers desus diz, oies e seues e provées sofisoument les reisons as diz religieux, e la verité conquise diligaument e sehues, confessèrent en droit en la cort lou roy à Loches qu'il n'avoient droit ne raison ès choses desus dites, e, se il avoient aucun droit par raison deu dit feu Gile ou par autre raison quex quele soit, il le quitent e delaissent absoluement à touz jors mes as diz religieux e à leurs successors, e prometent en la dite cort lou roy les diz héritiers qu'il en choses desus dites ne en aucune d'iceles dès ores en avant rien ne demanderont ne ne feront demander par raison dou dit feu frère ne par raison doudit feu Gile ne par autre rayson quex quele soit...... Ce fut fait à Loches e ajugé à tenir par le jugement de la dite cort lou roy e saelé dou seau de la dite cort en tesmoin de vérité, salve le droit lou roy, l'an de grace mil CC et quatre vinz e un, en moys de marz.

[CXV. — Vers 1140. CONCORDAT FAIT EN PRÉSENCE D'HUGUES, ARCHEVÊQUE DE TOURS, ENTRE L'ABBAYE DE VILLELOIN ET LE CURÉ DE COULANGÉ, AU SUJET DE LA DIME D'ORSAY.]

Littera de decima de Orceio sigillo archiepiscopi Turonensis sigillata. — (Cartha CCCXI.)

H[ugo], Dei gratia Turonorum archiepiscopus, **[72]** universis Xristiane professionis cultoribus ad quos presentes littere pervenerint, perpetuam pacem in Xristo. Fraternitati vestre manifestum esse volumus quod inter fratres Villelupensis monasterii, tempore Raginaudi, ejusdem loci abbatis, et Cadilonem, sacerdotem de Colongiaco, exorta est contencionis molestia propter decimam de Orceio, quam idem sacerdos de feodo ecclesie sue esse perhibebat et reclamando inter cetera ipsius beneficia possidebat. Monachi autem reclamacioni predicti sacerdoti *(sic)* penitus contradicentes decimam quam diximus de jure monasterii sui esse proclamabant et quasi propriam et quietam ad opus capituli communiter retinere volebant. Cujus altercacionis malum nos per Dei gratiam penitus sopire volentes, partis utriusque concessu, rem in manum nostram suscepimus et concordiam que sequitur super hoc statuentes legitimarum testimonio personarum et sigilli nostri auctoritate eam firmare curavimus. Ea est hujusmodi : Fratres illi monachi, scilicet Lupensis monasterii, decimam illam propriam et quietam inter cetera loci sui beneficia absque alicujus calumpnie contencione imperpetuum possidebunt, et ne sacerdos ecclesie sue beneficium imminutum vel parrochia jura minus attenuata conqueratur, eo rogante et volente, ipsi et omnibus successoribus ejus presbyteris de Colungiaco dederunt monachi communi assensu duos arpennos terre apud locum qui dicitur de Calculo et oscham unam que dicitur Oscha Sancti Monialis et pratum quod ab ipsis tenuerat Aubertus sacerdos. Huic conveniencie immo concordie interfuerunt tam clerici quam laici, quorum nomina infra scripta sunt. Ex parte sacerdotis : Symon, archidiaconus ; Aimericus, archipresbyter ; Robertus, presbyter, et omnis sinodus. Ex parte monachorum : Garinus, monachus ; Rainelinus, monachus ; Massellus ; Gaudricus et multi alii.

[CXVI. — 1273, 20 mars, Loché. CHARTE DE PIERRE, ARCHIDIACRE DE TOURS, ATTESTANT QU'EN SA PRÉSENCE JEAN, CURÉ DE VILLELOIN, A VOULU QUE L'ABBÉ ET LE COUVENT PERÇOIVENT A L'AVENIR DEUX DENIERS DE CENS SUR UNE MAISON ET UNE ROCHE QU'ILS ONT CONSTRUITES PRÈS LE CIMETIÈRE.

A. — Orig. parch. scellé sur double queue d'un sceau perdu. Archives d'Indre-et-Loire, H 592.

VARIANTES : (a) Omnibus ; (b) proprio ; (c) voluit, concessit ; (d) de Villalupensi ; (e) recipere ; (f) abbatis, sacriste.]

Litera de duabus denariis censualibus de domo et de rupe in eadem domo existente juxta cimiterium Villelupense, reddituris a Johanne, presbytero ejusdem loci, sigillo archidiaconi Turonensis sigillata. — *(Cartha CCLXXI.)*

Universis *(a)* presentes litteras inspecturis et audituris, Petrus, archidiaconus Turonensis, salutem in Domino. Noveritis quod coram nobis constitutus Johannes, rector ecclesie Villelupensis, pensata utilitate dicte ecclesie, proprie *(b)* firmans juramento, voluit et concessit *(c)* quod religiosi viri abbas et conventus Villelupenses percipiant et habeant annuatim in Conversione Sancti Pauli duos denarios censuales pro domo ab eodem de novo constructa et pro rupe in eadem existente, sita juxta cimiterium Villelupense *(d)*. Voluit siquidem ac concessit quod ipse seu successores ipsius qui dictas domum et rupem tenebunt et possidebunt mensuras vini ab ipsis religiosis petere et accipere *(e)* teneantur si vinum contingat vendi in dictis domo seu rupe et durantibus bannis dictorum religiosorum, scilicet abbatis et sacriste *(f)* et elemosinarii, nec ipse nec successores ipsius vinum vendere seu vendi facere possint seu debeant in taberna, ad hec tenenda, sequenda se et successores suos obligando coram nobis. In cujus rei testimonium presentes litteras sigillo nostro sigillavimus. Datum die Lune post *Letare Jerusalem*, nobis visitantibus archidiaconatum nostrum apud Locheium, anno Domini M° CC° LXX^mo secundo.

[CXVII.— 1250, juillet, Villeloin. CHARTE DE VINCENT, ARCHIDIACRE DE TOURS, ATTESTANT QUE LES MOINES DE VILLELOIN ONT DONNÉ A GEOFFROY ET HUGUES RAIGNE, FRÈRES, TROIS ARPENTS DE TERRE AU LIEU DE LA RAIGNÈRE, PAROISSE DE LUZILLÉ.]

Littera de tribus arpentis terre sitis in parrochia de Luzilleio apud la Raignere, sigillo archidiaconi Turonensis sigillata.

Omnibus presentes litteras inspecturis, magister Vincencius, archidiaconus Turonensis, salutem in Domino. Noverint universi quod, in presencia nostra constituti, Gaufridus et Hugo dicti Raigne, fratres, recognoverunt se recepisse ab abbate et conventu Villelupense tria arpenta terre sita in parrochia de Luzilleio apud la Raignere (1) prope domum eorumdem ad annuatim firmam, videlicet pro quatuor sextariis frumenti et uno sextario nucium singulis annis dictis religiosis in festo Omnium Sanctorum apud la Reignere a dictis fratribus et suis heredibus imperpetuum persolvendis. Ad dictam solucionem faciendam, [**73**] prout superius est expressum, dictam terram et omnia alia bona sua mobilia et immobilia presencia et futura pariter cum heredibus obligaverunt. Et ut ratum et stabile permaneat in futurum dictis religiosis ad peticionem dictorum fratrum presentes litteras sigillo nostro dedimus sigillatas. Actum apud Villelupensem mense julii anno Domini M° CC° quinquagesimo.

[CXVIII. — 1207. Charte de Geoffoy, archevêque de Tours, attestant la vente faite a l'abbaye de Villeloin par Sulpice Gaudricus d'un bien situé a Villeloin.]

Littera de tenura que Supplicius Gaudricus vendidit abbatie Villelupensi, sigillo Gaufridi, archiepiscopi Turonensis, sigillata.

Gaufridus, Dei gratia Turonensis archiepiscopus, omnibus presentes litteras inspecturis, in Domino salutem. Universitati vestre volumus innotescat quod Supplicius Gaudricus, in nostra presencia constitutus, confesssus est coram nobis quod ipse totam tenuriam suam quam habebat apud Villamlupensem, tam ex parte patris sui quam matris, vendidit abbati Villelupensi et imperpetuum habendam concessit. Hanc vendicionem firmiter tenere coram nobis promisit et fide data affirmavit. Eodem modo hoc concessit uxor sua Adelina et dotalicium suum quitavit, et quod tempore aliquo contra vendicionem hujusmodi non veniret per se vel per alium coram mandato nostro Nicholao, archipresbytero de Ambazia, fide mediante, firmavit. Ut autem talis vendicio robur perpetuum optineret, ad peticionem dicti Sulpicii et abbatis Villelupensis, litteras nostras eidem abbati con-

(1) La Raiguère, commune de Luzillé.

cessimus super hoc testimonium perhibentes. Actum anno Domini M° CC° septimo.

[CXIX. — 1214. CHARTE DE GEOFFROY, ARCHIDIACRE DE TOURS, ATTESTANT LA CONCESSION DU DROIT D'USAGE EN LA FORÊT DE CHAUMONTAIS, FAITE AU PRIEURÉ DE SAINT-SAUVEUR DE L'ILE PAR SULPICE, SEIGNEUR D'AMBOISE.]

Littera de nemore mortuo ad calfagium domus Sancti Salvatoris de Insula Ambazie, sigillo archidiaconi Turonensis sigillata.

Ego Gofredus, archidiaconus Turonensis, omnibus presentes litteras inspecturis, salutem in Omnium Salvatore. Universitati vestre notum facimus quod nobilis vir Supplicius, dominus Ambazie, dedit, nobis presentibus, et concessit in puram et perpetuam elemosinam in remissionem suorum peccatorum et omnium antecessorum suorum et heredum, domui Sancti Salvatoris de Insula Ambazie et fratribus ibidem Deo famulantibus, nemus mortuum ad calfagium suum in foresta sua de Chaumontheis ubi magis voluerint et eis expedierit sine difficultate et contradictione qualibet percipiendum quantum ab illa foresta usque ad ripam Ligeris fluvii ducere poterit a Pascha usque ad Nativitatem Beati Johannis, equus cum quadriga vel quodlibet animal singulare, et preterea palos de nemore vivo in eadem foresta quotquot eisdem fratribus necessarium fuerint ad dictam insulam ab inumdacione et molestacione dicti fluvii defendendam et omnimodas piscaturas quas ipsi in eodem fluvio facere poterint circa insulam supradictam. In cujus rei memoriam ad peticionem parcium presentes litteras conscribi et sigilli nostri munimine fecimus communiri. Date sunt littere iste anno gratie M° CC° XIIII°.

[CXX. — 1217. CHARTE DE JEAN, ARCHEVÊQUE DE TOURS, ATTESTANT QUE TANCRÈDE DU PLESSIS, CHEVALIER, APRÈS AVOIR VENDU A GIRARD, ABBÉ DE VILLELOIN, LA FORÊT DE CHEDON, A DONNÉ A SA FEMME A. CERTAINS BIENS EN ÉCHANGE DE LA TROISIÈME PARTIE DE LA FORÊT QUI LUI APPARTENAIT EN DOT.

A. — Original parchemin scellé sur queue double d'un sceau perdu. Archives d'Indre-et-Loire, II 592.

VARIANTES : (*a*) vendidisset ; (*b*) Pleisseio ; (*c*) jurati ; (*d*) branchiis ; (*e*) nemore vivo ; (*f*) eschamblum.]

Item littera de Chedone sigillo archiepiscopi Turonensis sigillata. — (Cartha DCXXXIII.)

Johannes, Dei gratia Turonensis archiepiscopus, omnibus qui presentes litteras viderint, salutem. Noverint universi quod, cum Tancredus de Plesseio, miles, cum assensu filiorum suorum vididisset *(sic)* *(a)* Girardo, abbati, et abbatie Villelupensi nemus de Chedon, cum fundo et omnibus pertinenciis, sicut in alia carta nostra super hoc confecta et abbati data plenius continetur, et A., uxor ejusdem Tancredi, terciam partem per dotalicium in dicto nemore et pertinenciis haberet, idem Tancredus in eschangiam ejusdem dotalicii, cum assensu filiorum suorum, assignavit ei medietatem terre sue et reddituum et etiam proventuum, quos habebat in parrochia de Noient, et grangiam de domo sua de Plesseyo *(b)*, faciendo cameram centum solidorum, et dando exitum alium quam principalem ubi competencius secundum ordinacionem grangie poterit assignari, et faciendo fossatum inter viam domus et viam grangie, et uxor predicti Tancredi non cogetur exire a domo de Plesseio quousque supradicta integre fiant. Insuper idem Tancredus concessit quod primogenitus ejus capiet ubi voluerit in terra sua unum hominem qui ei placuerit, et A., uxor ejusdem, capiet secundo post ipsum quemcumque hominem de terra voluerit, qui, si eis placuerint, redditus ipsorum recipient, jurari *(c)* hinc inde tam domine quam heredi, et si illi amoverentur a baillia alii sustituendi similiter eis essent jurati. Ad hec uxor ejusdem Tancredi habebit [**74**] in defesso dicti Tancredi et in viginti arpentis nemoris de Chedon, qui eidem Tancredo remanserunt, chaufagium suum de brangiis *(d)* et de nemore mortuo, et in nemore *(e)* habebit usagium suum preterquam chaufagium. Si contigerit quod heredes predicti Tancredi venderent nemus de defesso vel de viginti arpentis de Chedon, domina haberet medietatem nummorum de vendicione. Hoc autem escambium *(f)* pro dicta vendicione factum dicta domina gratanter recepit et, fide interposita in manu nostra, dicto abbati et abbacie Villelupensi empcionem predictam concessit, et nos rogavit ut nostras daremus litteras in munimine et testimonium hujus rei. Actum anno gracie M° CC° XVII°, ordinacionis nostre nono.

[CXXI. — 1242, 20 juin. Compromis fait devant Juhel, archevêque de Tours, entre les moines de Villeloin et leurs hommes habitant Villeloin, au sujet des coutumes que réclamaient les moines.]

Littera de mansionnariis Villelupensis et de consuetudine que manus mortua vocabatur, sigillo Jubelli, archiepiscopi Turonensis, sigillata. — (Cartha CCXIII.)

Juhellus, Dei gratia Turonensis archiepiscopus, omnibus presentes litteras inspecturis, salutem in Domino. Noverint universi quod cum inter abbatem et conventum Villelupensem, ex una parte, et homines mansionarios Villelupensis et prepositure ejusdem ville, ex altera, contencio verteretur super quadam consuetudine que manus mortua vocabatur, quam dicti abbas et conventus petebant ab eisdem, videlicet medietatem omnium mobilium cujuslibet hominis morientis mansionarii Villelupe vel prepositure eorumdem, tandem, post multas altercaciones super illa consuetudine inter dictas partes coram ballivo domini regis habitas, in nos hinc inde gratanter extitit compromissum et concessum ab ipsis hominibus, prestito sacramento, quod quicquid pro dicta manu mortua in perpetuum tollenda solvendum dictis abbati et conventui in pecunia numerata statueremus et ordinaremus, dicti homines alte et basse perpetuo inviolabiliter observabunt. Nos vero ex habundanti diligenter inquisita pro utraque parte plenius veritate super consuetudine supradicta, scilicet, receptis testibus ex parte dictorum abbatis et conventus ad probandam consuetudinem predictam seu jus suum in hac parte, et ex parte dictorum hominum ad probandam rationem seu defensionem suam quare ad predictam manum mortuam minimine tenerentur, habito super hoc cum viris prudentibus et honestis consilio et tractatu, super hoc ordinavimus in hunc modum : quod homines mansionarii Villelupensis et prepositure Villelupe dictis abbati et conventui pro dicta manu mortua persolvent duodecim libras, terminis assignatis ab abbate de Baugezio et castellano Locharum et Raginaldo de Locheio, milite, a nobis de consensu utriusque partis datis et electis, ita quod, soluta predicte pecunie summa, in terminis assignandis, et dicti homines et eorum heredes a prestacione illius consuetudinis que manus mortua vocabatur remanebunt quiti et liberi imperpetuum et immunes, et etiam interim, solucionibus nondum completis dum tamen ordinacioni steterint et soluciones fecerint terminis a predictis arbitris assignatis. Et debent dicti abbas et conventus impetrare litteras domini regis de rati habicione presentis ordinacionis ad expensas tamen hominum predictorum, que impetrate, una cum litteris nostris et litteris eorumdem abbatis et conventus super hoc confectis de mandato nostro sub fideli custodia deponentur, donec dicta pecunie summa integre fuerit persoluta ; quo facto dicte littere domini regis et nostre et abbatis et conventus reddentur hominibus supradictis. Datum die Veneris ante Nativitatem

Beati Johannis Baptiste, cum presentibus procuratoribus dictorum hominun ab eisdem constitutis missis et sufficienter instructis, et cum dicto abbate et procuratore dicti conventus, anno Domini M° CC° XL° II°, mense junio.

[CXXII. — 1274, 2 août. COMPROMIS ENTRE LES RELIGIEUX DE VILLELOIN ET LES CHARTREUX DU LIGET.

B. — Copie du XIIIe siècle, sur parchemin. Archives d'Indre-et-Loire, H 592.

VARIANTES : (*a*) et audituris ; (*b*) et compromittimus ; (*c*) sequuntur ; (*d*) piscaturis ; (*e*) quam in molendino nostro ; (*f*) Corrector ; (*g*) quindecim ; (*h*) Lochis ; (*i*) liquere.]

Littera super articulis contencionis mote inter religiosos viros abbatem et conventum Villelupenses, ex una parte, et religiosos viros priorem et conventum de Ligeto, Carturiensis ordinis, ex altera. — (Cartha DCDXLI.)

Transcriptum. Omnibus presentes litteras inspecturis *(a)*, frater Archembaudus, Villelupensis monasterii dictus abbas, totusque ipsius loci conventus, salutem in Domino. Noveritis quod super contencionum articulis inferius summatim annotatis, motis inter nos, ex una parte, et religiosos viros priorem et conventum de Ligeto (1), Carturiensis ordinis, ex altera, usque ad datum presencium unanimiter compromisimus *(b)* in venerabilem virum Giraldum, canonicum Beate Marie de Lochis, et personam de Duobus Lucus (2), et Guillermum, personam de Noento, promittentes bona fide nos tenere et inviolabiliter observare quicquid dicti duo arbitri [**75**] pace vel judicio super questionum articulis qui secuntur *(c)* dignum duxerint statuendum, faciendum seu sententialiter ordinandum. Presertim nos impetebamus dictos religiosos : super quadam calciata lapidea in piscator[i]is *(d)* nostris de mandato eorum facta quam petebamus eorum sumptibus debere demolliri ; et super elevacione molagii ipsorum religiosorum de Rupibus (3), super dampnis occasione elevacionis ipsius molagii et molendini tam in pratis quorumdam hominum nostrum *(e)* de Chimilleio factis, super quodam fossato in aquis piscaturarum nostrarum seu juxta ; super juredictione seu jurisdictionis exercicio domus seu partis ipsius

(1) Le Liget, couvent de l'ordre de la Chartreuse, commune de Chemillé-sur-Indrois.

(2) Dolus, commune du canton de Loches.

(3) Les Roches, commune de Chemillé-sur-Indrois.

domus que est Philippi Anglici; super quodam malefactore in piscaturis nostris capto et detento, quem quidam ipsorum religiosorum commonachus dictus Correcto *(f)* seu li Correers et ipsius fauctores et complices per violenciam rapuerunt; super quadam calciata seu stracta publica constructa in pratis quorumdam hominum nostrorum pro quibus nostra interest agere propter census, ne fiat deterior possessio predictorum; super spoliacione duorum denariorum censualium nobis annuatim debitorum super quadam possessione per inspectionem declaranda, item super recepcione duodecim *(g)* denariorum censualium nobis a Mauricio Anglici et ejus coheredibus debitorum. Vallatum extitit siquidem dictum compromissum pena quinquaginta librarum turonensium, hinc inde datis fidejussoribus, scilicet venerabilibus viris Johanne, cantore ecclesie Beate Marie de Lichis *(h)*, et Philippo Besille, ipsius ecclesie canonico, parti observanti dictum seu ordinacionem aut statutum dictorum arbitrorum persolvenda a parte nolente parere seu observare dictam ordinacionem aut statutum ipsorum arbitrorum, seu a parte per quam staret quominus arbitrium finiretur seu modo juris debiti per dictos arbitros terminaretur; ita quod super quolibet articulo de quo eisdem loquere *(i)* poterit poterint sigillatim diffinire et eorum defficioni stabitur super quolibet articulo seu pluribus deffinitis ad penam superius prenotatam. Actum fuit inter nos, ex una parte, et ipsos priorem et conventum, ex altera, quod utraque pars, si contra minimenta, litteras aut instrumenta habeat seu habere possit, que ad declaracionem contencionum faciant, ad peticionem partis adverse arbitris exhibebit. Si vero contigerit aliquam partem ad diem assignatam deficere seu minus competenter comparere, tenetur pars deficiens solvere dictis arbitris viginti quinque solidos, nomine pene, pro quolibet defectu, de quibus viginti quinque solidis dicti arbitri suam poterunt facere voluntatem, nisi excusacionem pars habeat legitimam, quam triduo ante diei assignacionem parti alteri tenetur et debet sufficienter demandare. Tempus siquidem compromissi seu arbitrii et ipsorum arbitrorum potestas et jurisdiccio usque ad festum Omnium Sanctorum instans proximo perdurabit. Dicti vero arbitri de consensu partis utriusque potestatem habebunt et ex nunc habent penam, si comitatur, capiendi, levandi et ex ea juxta suum arbitrium ordinandi..... In cujus rei testimonium presentes litteras sigillis sigillavimus. Datum die Lune post octavam Nativitatis Beati Johannis Baptiste, anno Domini M° CC° septuagesimo quarto. Nos vero dicti arbitri, collacione facta prius copiam dicti compromissi dictis religiosis Villelupensibus fecimus, originali dictis religiosis Carturiensibus remanentibus. In cujus rei memoriam presenti transcripto sigilla nostra, una cum sigillo dictorum prioris et fratrum de Ligeto, quo unico utuntur, in prima cauda apposito, duximus apponenda. Datum hujus transcripti : die Sabbati proxima post festum Invencionis Beati Stephani anno Domini M° CC° septuagesimo IIII°.

[CXXIII. — 1205-1219. CHARTE PAR LAQUELLE DREUX DE MELLO, SEIGNEUR DE LOCHES, A LA DEMANDE DE DREUX, SON PÈRE, DONNE AUX CHARTREUX DU LIGET UNE COUTUME DONT IL JOUISSAIT AUX ROCHES.]

Littera sigillo domini Droconis de Merlo, junioris, domini Lochacensis, sigillata, super costuma de Rupibus.

[**76**] Ego Drogo de Merlo, junior, dominus Locacensis, presentibus et futuris notum fieri volo quod, voluntate, peticione et assensu domini Drogonis, patris mei, dedi et concessi in perpetuum, viris religiosis Cartusiensis ordinis in domo Dei de Ligeto ad Dei servicium constitutis, costumam quam habebat in terra cujusdam Chalonis nomine, apud Rupes, quam terram predicti religiosi ab eodem Chalone empcione optinuerant. Spero quidem per illorum intercessiones apud Deum hujus beneficii largicionem anime mee simul et amicorum meorum aliquatenus profuturam. Ut igitur hoc in presencia multorum factum calumpnie aut contradictioni in futurum non pateat et firmum et inconcussum valeat permanere, sigilli mei munimine volui confirmari. Testes qui affuerunt : domnus Girardus, abbas Villelupensis; Marcus de Sancto Germano; Raginaldus Hardret et alii plures.

[CXXIV. — 1162, Bourges. TRANSACTION ENTRE PIERRE, ARCHEVÊQUE DE BOURGES, ET LES MOINES DE VILLELOIN AU SUJET DE LA DIME DU TRANGER ET DES ÉGLISES QUE LES MOINES POSSÉDAIENT AU DIOCÈSE DE BOURGES.]

Littera facta de decima sita in parrochia de Astrengiaco, sigillo domni Petri, Bituricensis archiepiscopi sigillata. — (Cartha XXXIII.)

Ego Petrus, per Dei misericordiam Bituricensis ecclesie archiepiscopus, notum fieri volo tam posteris quam presentibus quod quedam controversia erat inter nos et monachos ecclesie de

Villalupense super decima quam per manum laicam adquisierant in parrochia nostra de Astrengiaco (1) et super omnibus ecclesiis illis quas in Bituria sine assensu vel predecessorum nostrorum occupaverant, que omnia ad proprietatem ecclesie nostre et nostram reducere querebamus. Super hac controversia talis composicio facta fuit in presencia nostra. Predicti monachi concesserunt nobis predictam decimam de Astrengiaco quiete et pacifice habendam in perpetuum. Nos vero concessimus eis omnes ecclesias illas censuales quas tunc temporis in Bituria possidebant cum omnibus pertinenciis suis : ecclesiam Sancti Georgii de Villentras et capellas Sancte Marie et Sancti Johannis de Villentras; ecclesiam Sancti Maurilii de Monastello et capellam Sancti Martini ; ecclesiam Sancte Marie de Luciolo; ecclesiam Sancti Mauricii de Luciaco et capellam Sancti Symphoriani de Luciaco ; ecclesiam Sancti Petri de Vooil; capellam Santi Melani de Poliaco (2); ecclesiam Sancti Petri de Pelavicino; ecclesiam Sancte Marie de Faveroliis, ecclesiam Sancti Michaelis de Croz, et partem illam quam consueverunt habere in ecclesia de Mazeriis, salvo tamen per omnia in hac et in omnibus supra dictis ecclesiis episcopali jure et ministerialium nostrorum, et salva omnino integritate capellaniarum. Concesserunt quoque nobis iidem monachi ut pro omnibus ecclesiis istis singulis annis persolvant nobis IIII[or] libras andegavensis monete censuales, et, si moneta illa cadat aut vilescat, monete illius qui curret et recipietur communiter in partibus eorum. Quadraginta vero solidi istius debiti census reddentur nobis ad synodum Pentecostes, et quadraginta solidi ad synodum Sancti Luce. Ut autem hec composicio rata imperpetuum et inconcussa permaneat presenti eam scripto commendavimus et sigilli nostri auctorite communivimus. Testes affuerunt : Bonushomo, cantor Beati Stephani; Rainaldus, archidiaconus de Nersena; Herveus, archidiaconus Virsionensis; magister Hubertus Mediolanensis; Willermus, canonicus Beati Stephani; Guauterius, abbas Maciacensis; Stephanus et Olgerius, monachi ecclesie de Villalupensi, et Matheus, archipresbyter de Faveroliis. Actum est hoc Bituricis, anno ab Incarnacione Domini M[o] centesimo sexagesimo secundo, pontificatus vero nostri anno vicesimo secundo.

---

(1) Le Tranger, canton de Châtillon (Indre).

(2) Peut-être Pouillé, commune du canton de Saint-Aignan (Loir-et-Cher).

[CXXV. — 1207. CHARTE DE GEOFFROY, ARCHEVÊQUE DE TOURS, RELATANT LA FONDATION DU PRIEURÉ DE L'ILE, A AMBOISE, ET LA DOTATION DUDIT PRIEURÉ PAR GIRARD, ABBÉ DE VILLELOIN.]

Litera de concessione et donacione capelle de Insula cum ejus pertinenciis, sigillo domini Gaufridi, Turonensis archiepiscopi, sigillata. — (MCXXXIX.)

Gaufridus, Dei gratia Turonensis archiepiscopus, omnibus presentes litteras inspecturis, salutem in Domino. Notum facimus quod nobilis vir Supplicius de Ambazia, pro anime sue remedio et Matildis, matris sue, parentum que suorum, dedit in nostra presencia et concessit imperpetuam elemosinam Villelupensi capellam de Insula, [77] que est ante domum leprosorum de Ambazia, cum ipsa insula et pertinenciis ejus. Dedit eciam eidem abbacie in elemosinam feudum quod Petronilla de Vindocino ab eo tenebat, scilicet medietariam Transligerinam, cum pertinenciis suis, et prata ibidem sita et aquas quas eadem Petronilla habebat in Sicia perpetuo possidenda, ita quidem quod ipsa abbacia constituet ibi duos monachos presbyteros, qui, ibi Domino perpetuo servientes, tenebuntur singuli duas missas de defunctis pro anima memorate domine singulis ebdomadis celebrare et, in missis aliis quas celebrabunt, pro ipsa domina in *memento* misse memoriam facere specialem. Faciant etiam ipsi monachi singulis annis anniversarium dicte Matildis in crastino Purificationis Beate Marie, unum pauperem ipsa die sicut unum de monachis pro ipsius anima procurantes. Girardus quoque abbas Villelupensis coram *(sic)* et conventus abbacie ipsius, coram dilectis nostris Johanne, sacrista Aque Vive, et Matheo, presbytero de Bellomonte, ad hoc a nobis specialiter destinatis, monachis suis ibidem commorantibus assignaverunt quicquid habebant apud Ambaziam et quicquid habebant apud Colomers, et quicquid habebant apud Sivraium, retenta donacione ecclesie de Syvraio, et quatuordecim sextarios bladi apud Hispaniacum, scilicet quinque frumenti, quinque siliginis, et duos ordei et duos avene ad mensuram Ambazie. Illud tamen volumus esse notandum quod vineas Ambazie et illud quod habebat apud Colomers et quatuordecim sextarios bladi predictos memorati monachi de Insula non habebunt donec humanitus contigerit de Willermo de Fossa Maura et Mauricio Bertrandi, canonicis Ambazie, qui ista debent, vita comite, detinere; post mortem quorum omnia ista ad monachos de Insula libere revertentur. Interim autem in recompensacione istorum ad tempus assignavit dictus abbas monachis de Insula decem et octo sextarios bladi ad mensuram Ambazie et sexaginta solidos apud Maruillium donec omnia predicta ad monachos. Que nisi sufficiant eis abbas tenetur competenter supplere defectum. Ut igitur tam pia donacio perpetuo perseveret, has litteras fieri fecimus ad peticionem dicti Supplicii et abbatis et conventus, et sigilli nostri munimine roborari. Actum anno M° CC° septimo.

[CXXVI. — 1217. Tours. CHARTE DE JEAN, ARCHEVÊQUE DE TOURS, ATTESTANT QU'HÉLIE D'ARGY, CHEVALIER, A TRANSFÉRÉ A GIRARD, ABBÉ DE VILLELOIN, L'HOMMAGE QUE TANCRÈDE DU PLESSIS, CHEVALIER, LUI DEVAIT A CAUSE DE LA FORÊT DE CHEDON ET DE SA MAISON DU PLESSIS.

A^1. — Orig. parch. scellé sur double queue d'un sceau perdu. Archives d'Indre-et-Loire, H 592.

A^2. — Autre orig. parch., aussi scellé sur double queue d'un sceau perdu. Archives d'Indre-et-Loire, H 592.

B. — Autre copie au folio 85 du manuscrit.

VARIANTES : (*a*) A^1 Helyas ; (*b*) B Argeyo ; (*c*) A^1, A^2 et B Tancredus de Plesseitio ; (*d*) A^1, A^2 et B Villelupensem ; (*e*) A^2 et B Helye ; (*f*) A^1 et A^2 facere consuerunt ; (*g*) A^1 Helye ; (*h*) A^1 Helye ; (*i*) A^1 Lucheium ; (*j*) A^1 et A^2 cyphum ; (*k*) A^1 marce ; (*l*) A^2 et B Heliam, A^1 Helyam ; (*m*) A^1, A^2 et B Senaudonem ; (*n*) A^1 et A^2 poterint ; (*o*) B cyphi ; (*p*) A^2 Helie ; (*q*) A^2 et B Helias ; (*r*) A^1 et B. Helye ; (*s*) A^2 et B Helie ; (*t*) A^2 et B Helias ; (*u*) A^1 et B Helye ; (*v*) B ciphi ; (*x*) A^1 et A^2 cum plegio recedent ; B cum plegium recedent ; (*y*) B recerdicionem ; (*z*) A^1 et A^2 quitacionem et concessionem ; (*aa*) A^1 et A^2 ratam ; (*bb*) B. Renulphus ; (*cc*) A^1 et B Helye ; (*dd*) A^1 et B Helye ; (*ee*) B Renulphi ; (*ff*) A^2 Helie ; (*gg*) B Renulphi ; (*hh*) A^1 Helye ; (*ii*) A^1 Archimbaudus ; (*jj*) A^1 Helye ; (*kk*) A^2 Helie ; (*ll*) A^1 et A^2 fecerunt ; (*mm*) A^1 et A^2 antecessores ; (*nn*) A^1 Helye ; (*oo*) consuerunt ; (*pp*) A^2 et B Helie ; (*qq*) B Helias ; (*rr*) A^2 millesimo ducent[esimo] ; (*ss*) A^1 XVII°.]

Littera de quictacione homagii ligii, videlicet nemoris de Chedone et domus de Plesseicio, sigillo Johannis, archiepiscopi Turonensis, sigillata. — (Cartha DCXXX.)

Johannes, Dei gratia Turonensis archiepiscopus, omnibus presentes litteras inspecturis, salutem in Domino. Noverit universitas vestra quod, constitutus coram nobis, Helias *(a)* de Argeio *(b)*, miles, quittavit imperpetuum et concessit abbati et abbatie Villelupensi homagium ligium quod ei debebat Tancredus de Plesseicio *(c)*, miles, de nemore illo cum pertinentiis suis quod vocatur Chedone et domo sua de Plesseitio, ita quod dictus Tancredus et heredes sui de cetero sine contradictione qualibet apud Villamlupensem *(d)* facient abbati et abbatie Villelupensi homagium ligium de dictis rebus sicut idem Tancredus et predecessores sui memorato Helie *(e)* et antecessoribus suis hactenus fecerant *(f)*. Pro qua quictatione et concessione donavit dilectus filius noster Girardus, Villelupensis abbas, sexaginta et decem libras turonensium dicto Helie *(g)*, et tam idem abbas quam successores sui de cetero singulis annis in Vigilia Natalis Domini reddent ipsi Helie *(h)* vel heredibus suis aut certo eorum mandato apud Luscheium *(i)* unum ciphum *(j)* argenteum dimidie marche *(k)* intus deauratum, et quandocumque de cetero novus abbas in eadem abbacia instituetur, idem infra quadraginta dies post benedictionem receptam accedet ad dictum Hyliam *(l)* vel heredes suos apud Sanctum Genulfum (1) vel apud Synaudonem *(m)* (2) vel apud Luscheium, si ibi inveniri poterit *(n)*, et ibi recognoscet quod dictum ab eis habet homagium ad servitium prenotatum, et preter annuam dicti ciphi *(o)* redditionem, reddet ibi in ipsa recognitione ipsi Helye *(p)* vel heredibus suis alium cyphum argenteum ejusdem ponderis intus similiter [**78**] deauratum. Si vero infra dictos quadraginta dies apud aliquam villarum dictarum idem Helyas *(q)* vel heredes sui inveniri non poterint, idem novus abbas post illos quadraginta dies ad mandatum ipsius Helie *(r)* vel heredum suorum tenebitur apud aliquam de dictis villis accedere infra octo dies a submonitione facta nisi legitima perpedicione, quam in curia ipsius Helye *(s)* vel heredum suorum possit ostendere, fuerit detentus, et ibi dictum jus recognoscere, sicut dictum est, et facere servitium prenominatum. Nec aliud pro dicta quictacione aut concessione homagii ab abbate aut ab abbacia Villelupense poterunt idem Helyas *(t)* aut heredes sui aliquatenus extorquere. Sed si abbas Villelupensis servicium ipsum ultra terminum statutum reddere distulerit aut in novitate sua, quod de recognicione juris ipsius Helie *(u)* et de cyphi *(v)* argentei reddicione, prout dictum est, modo prenominato non fecerit, ad feodum assignabunt et in eo capient; attamen cum de plegio recedent *(x)* et abbas post retredicionem *(y)* tenebitur in curia eorum facere de utroque defectu quicquid jus sibi dictaverit faciendum. Hanc autem concessionem *(z)* laudavit, concessit et ratum *(aa)* habuit nobilis vir Renulfus *(bb)* de Paludello (3), frater ipsius Helie *(cc)* primogenitus, et eam ad

---

(1) Saint-Genou, abbaye de bénédictins, canton de Buzançais (Indre).

(2) Senaudonne, commune d'Argy (Indre).

(3) Renulfe d'Argy, seigneur de Palluau-sur-Indre. Cf. Eugène Hubert, *Dictionnaire historique, géographique et statistique de l'Indre*, p. 139.

peticionem ipsius Helie *(dd)* coram nobis manu cepit garantizandam tanquam dominus principalis. Concesserunt eciam Willermus, dictorum Renulfi *(ee)* et Helye *(ff)* frater, Matildis, Renulfi *(gg)* et Aanor Helie *(hh)* uxores, Johannes et Archembaudus *(ii)* eorum filii primogeniti, et Agatha, filia Helie *(jj)*. Et ad mandatum sepedictorum Renulfi et Helye *(kk)* fuerunt *(ll)* coram nobis memorato abbati Tancredus et Gaufridus, filius ejus primogenitus, cum assensu et voluntate Willermi, junioris ipsius Tancredi filii, homagium ligium de rebus supradictis, fide in manu nostra prestita, promittentes quod ipsi de cetero memorati abbatis successoribus apud Villamlupensem facient homagium ligium sicut eorum predecessores *(mm)* memorati Helie *(nn)* predecessoribus facere consueverant *(oo)*. In cujus rei memoriam, ad dictorum Renulphi et Helye *(pp)*, Tancredi et Gaufridi peticionem, presentes litteras conscribi fecimus et sigilli nostri munimine roborari, et tenetur etiam sepedictus Helyas *(qq)* abbacie Villelupensi suas super hoc concedere litteras suo sigillo sigillatas. Actum Turonis anno Domini M° CC° *(rr)* septimo decimo *(ss)*, ordinacionis nostre nono.

[CXXVII. — 1234, mai. CHARTE DE J., ABBÉ DE BEAULIEU, ATTESTANT UNE TRANSACTION FAITE ENTRE L'ABBAYE DE VILLELOIN ET BOUCHARD DE SAINT-MICHEL, CHEVALIER, AU SUJET DU DROIT D'USAGE QU'AVAIT LE PRIEURÉ DE HYS DANS LE BOIS DE BIARD, APPARTENANT AUDIT CHEVALIER.]

Littera super quodam usagio nemoris de Biarz pertinente ad prioratum de Ys.

Universis presentes litteras inspecturis, J., Bellilocensis monasterii dictus abbas, salutem in Domino. Universitati vestre duximus intimandum quod, cum contencio verteretur inter religiosos viros abbatem et conventum Villelupensem, ex una parte, et Buchardum de Sancto Michaele, militem, ex altera, videlicet super usagio quod dicti abbas et conventus dicebant se habere in nemore dicti militis quod vocatur nemus de Biarz ad omnia necessaria domus de Ix et molendinorum ipsius domus ad domos construendas de novo, si opus fuerit, ad rehedificacionem domorum, ad calefaciendum, ad opus medietarii dicti domus, ad clausuras segetum, ad ligaturas segetum et ad alia omnia dictarum domui et grangie necessaria, et eciam ad calefaciendum molendinarios dictorum molendinorum; tandem, de bonorum virorum consilio, in viros religiosos Johannem, tunc temporis priorem de Ix, et Yvonem, tunc temporis elemosinarium Villelupensem, super hiis omnibus taliter extitit compromissum, quod dicti abbas et conventus et Buchardus, miles, concesserunt bona fide et etiam obligaverunt se ad penam sexaginta librarum turonensium parti alteri ab illa parte persolvenda, qui a dicto dictorum arbitrorum resiliret, quicquid dicti arbitri super premissis pacis vel judicio dicerent se inviolabiliter servaturos. Ipsi vero arbitri, hinc inde firmato arbitrio et veritate super hoc diligencius inquisita, ab hiis quos veritatem [**79**] scire melius credebant, arbitrium suum sentenciando pronunciaverunt in hunc modum : quod dictus prioratus de Ix et medietarius ipsius prioratus, si infra portam prioratus fecerit mansionem, omnia necessaria supradicta percipient in dicto nemore, tam in vivo quam in mortuo, libere, perpetuo et quiete, et ad molendina sua, excepto molendino de Genille et hoc excepto quod dicti molendinarii non habebunt usagium ad calefaciendum se in nemore supradicto. Si vero medietarius extra portam dicti prioratus fecerit mansionem, non percipiet usagium ad calefaciendum se, sed alia omnia necessaria ad dictam medietariam percipiet in eodem. Hujus pene persolvende sunt plegii ex parte dictorum abbatis et conventus : dominus Milo, miles; Richardus; S. Borrel; et ex parte dicti Buchardi : Philippus de Castellione, Nicholaus de Ponte, Ebo de Sancto Michaele, milites. Nos vero in hujus rei testimonium, ad peticionem parcium et dictorum arbitrorum, quia sigillum autenticum non habebant dicti arbitri, presentes litteras dedimus sigillo nostro ad causas sigillatas. Actum anno Domini M° CC° XXX° quarto, mense maio.

[CXXVIII. — 1275, 8 mars. Echange de terres a Crox, fait en présence de Pierre, archiprêtre du Levroux, entre l'abbaye de Villeloin et Jean Formier.]

Littera de excambio quarumdam peciarum terre sitarum apud Croz, sigillo archipresbyteri de Leproso sigillata.

Universis presentes litteras inspecturis, Petrus, archipresbyter de Leproso, salutem in Domino. Noveritis quod, in nostra presencia constituti, Johannes Formier et Johanna, ejus uxor, et Gaufridus, eorum filius, recognoverunt se exchangiavisse seu mutuavisse et mutuo seu exchangio perpetuo tradiderunt abbati et conventui Villelupensi quamdam suam peciam terre sitam apud Croz, sitam juxta rivum seu refellum prioratus dicti loci, ex una parte, et juxta caselle Symonis Berraut, ex altera, pro duabus peciis terrarum sitarum apud Croz, quarum una terra defuncti Giraudi Belet vocatur, et alia pecia terra defuncti Sulpicii de Croz, et est sita juxta terram predictam, ex una parte, et juxta cheminum per quem itur ad palum comitis, ex altera; ita tamen quod dictus Johannes vel ejus heredes duodecim denarios censuales, tam super terris predictis quam super aliis bonis suis, prout antea annuatim in festo beati Michaelis predicto abbati et conventui Villelupensi et priori nostro de Croz solvere tenebuntur, promittentes bona fide quod contra premissa de cetero non venient in futurum, immo premissa omnia et singula firmiter et inviolabiliter imperpetuum observabunt. In cujus rei testimonium et munimen dictos *(sic)* abbati et conventui et predicto priori de Croz, ad peticionem dicti Johannis Fornier, Johanne, uxoris ejus, et Gaufridi, eorum filii, dedimus nostras litteras sigilli nostri munimine roboratas. Datum die Veneris post *Invocavit me*, anno LXX° quarto.

[CXXIX. — 1228, le Liget. CHARTE DE RAINAULD, PRIEUR DU LIGET, ATTESTANT LA TRANSACTION FAITE ENTRE L'ABBAYE DE VILLELOIN ET BOUCHARD DE SAINT-MICHEL, CHEVALIER, AU SUJET DE LA PROCURATION QUE LEDIT BOUCHARD PRÉTENDAIT ÊTRE EN DROIT DE RÉCLAMER POUR TROIS CHEVALIERS DANS LE PRIEURÉ DE HYS.]

Littera de procuracione quam nobilis vir Buchardus de Sancto Michaele, miles, dicebat se habere annuatim in prioratu de Hiis.

Omnibus ad quos presentes littere pervenerint, ego Raginaldus, prior de Legeto, ordinis Cartusiensis, salutem in Domino. Noverint universi quod, cum contencio verteretur inter venerabiles viros abbatem et conventum Villelupenses, ex una parte, et nobilem virum Bochardum de Sancto Michaele, militem, ex altera, dicto milite asserente firmiter quod in prioratu de Hiis procuracionem haberet annuam se tercio militum, predictis abbati et conventu e contrario asserentibus quod procuracioni, dum sibi fieret, ipse cum unico milite debere interesse, que procuracio est sibi debita propter usum quem prior de Hiis habet in boscho de Biart; tandem, post altercaciones multimodas, coram nobis, Cartusie fuit compositum in hunc modum : videlicet quod predictus miles predictam procuracionem se altero tantum militum in prioratu de Hiis perciperet annuatim, nec ultra quid ab eisdem posset exigere pretextu sibi debite procuracionis. Ad majorem eciam rei evidenciam, presente Odone de Sancto Michaele, milite, filio suo primogenito, et consenciente, predictus Bochardus predictam composicionem servaturum, firmavit fide in manu nostra prestita corporali. Ut autem hoc firmum et stabile fiat in posterum ad peticionem supradictorum militum dedi presentes litteras rei geste memoriam continentes. Actum anno Domini M° CC° vicesimo octavo.

[CXXX. — 1223, Beaulieu. CHARTE DE JEAN, ARCHEVÊQUE DE TOURS, ATTESTANT QU'EN PRÉSENCE DE MICHEL, ABBÉ DE BEAUGERAIS, ET DE JEAN, ARCHIPRÊTRE DE LOCHES, AIGLANTINE, FEMME DE GEOFFROY DE MARSAIN, A APPROUVÉ LA VENTE FAITE PAR SON MARI A L'ABBAYE DE VILLELOIN.]

[**80**] *Lictera de quictacione quam Aglentina, uxor G[aufridi] de Murceins, quiciavit ecclesie Villelupensi, videlicet vendicionem quam dictus G[aufridus], maritus ejus, vendidit prefate ecclesie, sigillo Johannis, archiepiscopi Turonensis, sigillata. — (Carta CDXXIX.)*

Johannes, Dei gratia Turonensis archiepiscopus, omnibus presentes litteras inspecturis, salutem in Domino. Notum vobis facimus quod, sicut per litteras venerabilium virorum M[ichaelis], abbatis Baugesii, et Johannis, archipresbyteri de Lochis, nobis constitit, et insuper ab eis audivimus, quos ad hoc misimus specialiter loco nostri, Aglentina, uxor G[aufridi] de Murceins, quitavit spontanea voluntate abbacie Villelupensi vendicionem illam quam eidem abbacie dictus G[aufridus], vir suus, fecerat, et recognovit quod idem maritus suus dederat ei in recompensacionem dotalicii sui quod habebat in rebus que vendite fuerant, unum modium bladi annis singulis percipiendum apud Morru (1), et juravit quod dictam abbaciam super vendicione illa nullatenus de cetero nec per se nec per alium molestaret. In cujus rei testimonium presentes litteras dicte abbacie dedimus sigilli nostri munimine roboratas. Datum apud Bellumlocum anno Domini M° CC° XX° tercio, mense octobris.

[CXXXI. — 1230, mai. SENTENCE ARBITRALE QUI JUGE UN DIFFÉREND ENTRE L'ABBAYE DE VILLELOIN ET JEAN DE NOUZILLY AU SUJET DE LA PROPRIÉTÉ DE CERTAINS COURS D'EAU PRÈS DU PRIEURÉ DE SEUR.]

Littera de aquis prioratus de Seuz, sigillo Mathei, presbyteri de

(1) Peut-être Mereans *alias* Mairan, commune de Genillé.

Bellomonte, et magistri Girardi [de] Menesio, canonici Sancti Salvatoris Blesensis, sigillata. — (Carta MCLXXXVIII.)

Universis Xristi fidelibus presentes litteras inspecturis, Matheus, presbyter de Bellomonte, et magister Girardus de Menesio, canonicus Sancti Salvatoris Blesensis, salutem. Universitati vestre notum fieri volumus quod, cum verteretur contencio inter religiosos viros J[ohannem] abbatem, et conventum ecclesie Sancti Salvatoris Villelupensis, ex una parte, et Johannem de Nuzilleyo, laicum, ex altera, super quibusdam aquis fluentibus apud Seuz, quarum proprietatem dicti monachi suam esse pretendebant, ratione prioratus de Seuz, dictus vero Johannes ex adverso proponebat se jure hereditario per longa retro tempora possedisse et eciam jure proprietatis sibi adplicari debere, ad offensam rixarum removendam unanimi concursu ex utroque latere voluntatum in nobis tanquam in arbitris arbitrio vallato legitime fuit compromissum tali forma : quod quicquid a nobis pace vel judicio more arbitrii pronunciaretur irrevocabiliter ab utraque parte ratum haberetur. Nos autem super hiis diligente investigacione facta, et attestacionibus utriusque partis visis et auditis et plenius intellectis, lite prius coram nobis legitime contestata, habito prudentum virorum consilio, componendo inter partes arbitrando, pronunciavimus pace et non judicio, quod composicio antiquitus facta super re, letigiosa inter Gaufridum de Sancto Audoeno, laico *(sic)*, et dictos monachos dicte ecclesie fideliter inter presentes partes observaretur, ita quod nec dictus Johannes nec heredes sui quicquam juris in contrarium super re dicta possent reclamare. Et, ut lucidius jus dicte ecclesie omnibus futuris et posteris effulgeret et ut facilius dictum J[ohannem] ad federa pacis traheremus, dictos abbatem et conventum in quadraginta solidis turonensibus condempnavimus dicto J[ohanni] infra octavam Pentecostes ab eisdem persolvendis. Datum anno Domini M° CC° XXX°, mense maio.

[CXXXII. — 1272, 1er août. ECHANGE DE SERFS ENTRE GEOFFROY DE VEUIL, CHEVALIER, ET L'ABBAYE DE VILLELOIN.]

Littera de escambio facto a Gaufrido de Violio milite.

Omnibus presentes litteras inspecturis et audituris, Gaufridus de Violio, miles, salutem in Domino. Noveritis quod ego, cum assensu et voluntate Albe, uxoris mee, filiorumque meorum permutavi et in escambium tradidi et assignavi religiosis viris abbati et conventui Villelupensis monasterii, Turonensis dyocesis, ordinis Sancti Benedicti, Ysabellim la Baasimé et Johannam ejus liberam et omnes liberos et liberas, filios seu filias in eisdem Ysabelli et Johanna procreandos, si quos seu quas in eis contigerit procreari, et tria quarteria prati que dicta Ysabellis se dicit habere apud Riveillom juxta foveam de Gombaut et tres denarios censuales in censiva Petri Muselli, [81] militis, a dictis religiosis eorumque successoribus, seu ab ipsis causam habentibus habendum, possidendum pacifice et quiete. Dicta vero Ysabellis omnes census quos habere se dicebat super hereditagium hominum meorum et ad omne caducum quod ad ipsas earumque filios seu filias, liberos aut liberas, racione hereditagii vel quacumque alia racione possent de cetero devenire quictavit quictatque in perpetuum penitus et absolvit. Sepedicti vero religiosi bona fide promiserunt quod in censibus et caducis, si que fuerint, nichil reclamabunt per se nec per alios faciant reclamari. Propterea antedicti religiosi permutaverunt et in escambium tradiderunt et assignaverunt mihi et uxori mee nostrorumque heredibus Eremburgim, uxorem Gaufridi Rocii, cum liberis suis in eadem procreatis et eciam procreandis, que Eremburgis erat sibi astricta jugo servitutis, et quamdam peciam terre sitam juxta vineam de Jarzaio et vineellum defuncti Gaufridi Ribaut, ex una parte, et juxta roeriam de Fabrica, ex altera, in censiva ipsorum et nobilis domine Marie, relicte Buchardi de Palludello, militis, et quamdam peciam terre arabilis ad terragium situm prope toucham de Roncil, ex una parte, et juxta terram Guillermi Fabri, ex altera, et medietatem domus Giraldi Furnerii cum vine[a] et oschia prope dictam domum sitam in censiva ipsorum religiosorum, a me uxoreque mea nostrorumque heredibus et successoribus causam possidendi habentibus, habendum, tenendum et possidendum pacifice et quiete. Presertim et insuper, ego, cum assensu et voluntate Albe, uxoris mee, et filiorum meorum, permutavi et in escambium tradidi et assignavi eisdem religiosis quamdam vineam meam sitam in clauso vinearum prioratus dictorum religiosorum de Violio, priori de Violio, qui pro tempore est et erit, de cetero quitam et liberam remanendam, tenendam ac quiete et pacifice possidendam pro quadam pecia terre arabilis continua juncta et contigua ab utroque latere mee terre seu culture. Conditum est insuper et concessum quod decima seu pars decime quam ipsi religiosi habebant in terris Gaufridi Rocii, sitis in decimaria mea juxta vineam de Jarzaio et ruellam de Fabrica et vineellum defuncti Gaufridi Ribaut, mihi meeque uxori, nostrisque liberis ac successoribus quita et libera remanebit imperpetuum pro decima terrarum Giraldi Fornier, quam ego et uxor mea habebamus in terris ipsius Girardi, sitis in loco supradicto, scilicet juxta vineam, ruellam et vineellum antedictas, que decima prioratui suo de Violio quita et libera imperpetuum remanebit. Promittens ac concedens bona fide quod contra predicta seu de premissis aliqua per me nec per alios non veniam in futurum..... [**82**]..... In cujus rei testimonium et roboris firmitatem, ego sepedictus Gaufridus presentes litteras dedi predictis religiosis sigillo meo sigillatas. Datum die Lune in festo Beati Petri ad Vincula, anno Domini M° ducentesimo septuagesimo secundo.

Ego siquidem Gaufridus, dominus de Villentras, domicellus, dominus feudalis, omnes et singulas permutaciones et res permutatas ratas habeo et proprio sigillo meo ad peticionem karissimi patrui mei Gaufridi de Violio, militis sepedicti, confirmavi. Datum ut supra anno et die.

[CXXXIII. — 1262, janvier. VENTE FAITE DEVANT L'OFFICIAL DE TOURS A L'ABBAYE DE VILLELOIN PAR HAIMON, PRÊTRE, CURÉ D'INGRANDES, D'UNE PORTION DE VIGNE SITUÉE A EPEIGNÉ.]

Littera de medietate cujusdam pecie vinee site in parrochia de Espeignie, quam vineam Hamo, rector ecclesie de Ingrandia, vendidit abbacie et conventui Villelupensi, sigillo officialis Turonensis sigillata. — (MXXIII.)

Universis presentes litteras inspecturis et audituris, officialis curie Turonensis, salutem in Domino. Noverint universi quod, in jure constitutus coram nobis, Hamo, presbyter, rector ecclesie de Ingrandia (1), confessus est se vendidisse et vendidit coram nobis religiosis viris abbati et conventui Villelupensi, pro sex libris turonensium sibi persolutis ab eisdem religiosis in peccunia numerata, prout dictus presbyter confessus est coram nobis, medietatem suam cujusdam pecie vinee site in parrochia de Espeigneio, in feodo dictorum religiosorum, juxta vineam prepositi de Espeigneio, de Fuga (2), cum omni jure possessionis et proprietatis quod habebat et habere poterat in vinea supradicta, possidendam et habendam a dictis religiosis et ipsorum successoribus titulo empcionis predicte et ad voluntatem suam omnimodam faciendam... Nos vero dictum rectorem presentem et consencientem ad omnia predicta facienda et

(1) Ingrandes, commune du canton de Langeais (Indre-et-Loire), ou Ingrandes, commune du canton du Blanc (Indre).

(2) La Fuie, commune d'Epeigné-les-Bois.

sequenda et inviolabiliter observanda in scriptis sentencialiter condempnamus. Datum mense januario, anno Domini M° CC° LXmo primo.

[CXXXIV. — 1253, 3 mai. CHARTE DE GUILLAUME, ARCHIPRÊTRE DE LOCHES, ATTESTANT QUE L'ABBÉ DE VILLELOIN A DONNÉ A JEAN ET GUILLAUME SAUVERE L'EMPHYTHÉOSE DE CERTAINES TERRES SITUÉES A GENILLÉ.]

Littere de duobus quarteriis terre site juxta fontem de Hyis in parrochia de Genilleio, quam terram Johannes et Gaufridus dicti Sauvere tenent a religiosis viris Villelupensibus ad censum, sigillo Guillermi, quondam archipresbyteri Lochensis, sigillata.

Omnibus presentes litteras inspecturis et audituris, Guillermus, archipresbyter de Lochis in ecclesia Turonensi, salutem in Domino. Noverint universi quod, in nostra presencia constituti, Johannes et Gaufridus dicti Sauvere, fratres, confessi sunt se accepisse a viris religiosis abbate et conventu Villelupensi, videlicet dictus Johannes quoddam quarterium terre, quod fuit defuncti Terrede, situ mjuxta fontem de Hiis ad annuam firmam, videlicet sex solidorum, et dictus Gaufridus aliud quarterium situm supra prata gaynialia prioratus de Yis ad annuam firmam, videlicet quinque solidorum, reddendorum annuatim a dictis fratribus et eorum heredibus dictis religiosis vel eorum mandato, videlicet medietatem in festo beati Michaelis et aliam medietatem in crastino Omnium Sanctorum, ab ipsis fratribus et eorum heredibus imperpetuum pacifice possidenda, que quarteria sita sunt in parrochia de Genilleyo in territorio de Hyis superius nominato, ita tamen quod quislibet dictorum fratrum obstetum tenetur facere in quarterio a dictis religiosis sibi tradito et concesso, et tenentur insuper dicti fratres dictis religiosis pro dictis obstetis redibiciones et costumas reddere prout alii mansionarii in dicto territorio existentes. Nec poterunt dicti fratres seu eorum heredes cindere nuces seu alias arbores in dictis quarteriis existentes. [**83**] Et ad hec omnia et singula facienda et tenenda tenentur dicti fratres fide in manu nostra prestita corporali se et omnia mobilia et immobilia obligando pariter et heredes. Et ut hoc firmum et stabile permaneat in futurum, ad peticionem dictarum parcium, sigillum nostrum presentibus litteris duximus apponendum. Datum die Sabbati in festo Sancte Crucis in mayo, anno Domini M° CC° quinquagesimo III°.

[CXXXV. — 1244, mai. CHARTE DE GEOFFROY DE MARSAIN ATTESTANT QUE BAUDOUIN DE PORYRS, CHEVALIER, A LA PRIÈRE DE RENAUD DE LA FOREST, A ENGAGÉ AUX RELIGIEUX DE VILLELOIN TRENTE LIVRES SUR SA DIME DE VILLORSIN.]

Littera de decima de Murceins quam Baudoinus de Poryrs, miles, obligavit pignori ecclesie Villelupensi, sigillo Gaufridi de Murceins sigillata. — (CDXL.)

Universis presentes litteras inspecturis, Gaufridus de Murceins, salutem in Domino. Noverint universi quod, in presencia mea constitutus, Baudoinus de Poryrs, miles, recognovit se pignori obligasse abbati et conventui Villelupensi totam suam decimam de Villeursim pro triginta libris turonensium, ad peticionem Raginaldi de Foresta, hominis mei de feodo in quo dicta decima sita est, ab eisdem monachis annuatim habendam et pacifice possidendam, ita tamen quod dictus Baudoinus dictam decimam poterit redimere de marcio in marcium, vel aliquis de suo genere, vel ego dominus feodi. Ne autem predicti abbas et conventus super predicta obligacione decime possent processu temporis molestari, ad peticionem dicti B[audoini,] presentes litteras dedi eisdem sigilli mei munimine roboratas. Actum anno Domini M° CC° quatragesimo IIII° mense maio.

[CXXXVI. — 1231. CHARTE DE RAINAULD, ARCHIPRÊTRE DE LEVROUX, ATTESTANT QUE L'ABBÉ JEAN ET LES MOINES DE VILLELOIN ONT DONNÉ A ROBERT, CHAPELAIN DE VEUIL, CERTAINS BIENS POUR AUGMENTER LES REVENUS DE SA CHAPELLENIE DE VEUIL.]

Littera super augmentacione capellanie de Violio, sigillo archipresbyteri de Leproso sigillata. — (Cartha MCCCII.)

Universis Xristi fidelibus presentes litteras inspecturis, Raginaldus, archipresbyter de Leproso, eternam in Domino salutem. Universitati vestre notum fieri volumus quod, constituti in nostra presencia, venerabilis abbas Johannes et conventus Villelupensis, ex una parte, et Robertus, capellanus de Violio, ex altera, super aumentacione capellanie de Violo, hinc inde de redditibus et proventibus et emolumentis omnibus inter ipsos fuit computatum, et sciendum quod, computatis omnibus supradictis, fuit summa compoti octo libre et septem solidi et sex denarii. Pro triginta vero et duobus solidis et VI denariis qui defuerunt de decem libris redditualibus, quas dicti abbas et conventus tenebantur perficere dicte capellanie, assignaverunt dicto

R[oberto,] capellano, novem sextarios bladi per tercium, scilicet tres frumenti, et tres siliginis, et tres avene in decima sua de Ray (1), singulis annis percipiendos infra festum sancti Michaelis per manum servientis dictam decimam colligentis. Remansit etenim dictus capellanus immunis de sex denariis censualibus quos reddebat annuatim priori de Violio pro domo sua et pro oscha que fuerat domini Willermi Graslel, militis. Vinea siquidem, que fuerat condam capellani de Violio, sitam juxta fontem de Violio, et una quarta nucium reddituális in casali Raginaldi Roer, qui similiter olim fuerat dicti capellani, predicto priori penitus remanserunt perhempniter possidende, cum terragio terre de Ray quam excolit Testu, et cum terragio terre site juxta viverium Leupaudi, militis. In cujus rei testimonium presentes litteras dictis abbati et conventui Villelupensi dedimus sigilli nostri munimine roboratas. Ipsi vero in hiis similes sub sigillo capitulli Villelupensis firmatas capellano de Violio dare tenentur. Actum anno Domini M° CC° XX° primo.

[CXXXVII. — 1277, mars. CHARTE PAR LAQUELLE RENAUD ET PHILIPPE DU PUITS, POUR SE LIBÉRER ENVERS LES RELIGIEUX DE VILLELOIN DE DEUX BOISSEAUX DE BLÉ DE RENTE SUR LE MOULIN DE MAZELAIS, CÈDENT CE MOULIN AUXDITS RELIGIEUX.]

Littera de duobus modiis bladi annuatim reddendis ecclesie Villelupensi in molendino de Mazeleio, sigillo archipresbyteri Lochensis sigillata.

Universis presentes litteras inspecturis et audituris, Guillermus, archipresbyter Lochensis in ecclesia Turonensi, salutem in Domino. Noverint universi quod, presentes coram nobis in jure propter hoc, Raginaldus et Philippus de Puteis, fratres, consulti et providi, ut dicebant, confessi sunt coram nobis in jure se debere et teneri religiosis viris abbati et conventui Villelupensis monasterii et eorum successoribus imperpetuum duos modios bladi reddituales annuatim, videlicet decem et octo sextarios mosturangie et dimidium modium frumenti ad mensuram de Belloloco [**84**] percipiendos et habendos a dictis religiosis vel eorum mandato annis singulis super partem et porcionem dictorum Raginaudi et Philippi molendini de Mazelayo et pertinenciarum omnium ejusdem molendini, ratione et titulo vendicionis olim facte a dictis Raginaudo et Philippo religiosis

(1) Le Haut et Bas-Ray, commune de Veuil (Indre).

memoratis precio triginta et quinque librarum turonensium eisdem fratribus a dictis religiosis persoluto, ut dicebant dicti fratres, totaliter et perfecte, quod vero molendinum cum pertinenciis ejusdem movebat a dictis religiosis, et quod tenebant ipsi fratres, ut dicebant, in feodo a religiosis memoratis. Pro quibus vero duobus modiis dicti bladi reddituális persolvendis et reddendis eisdem religiosis et in recompensacionem et solutum dictorum duorum modiorum dicti bladi reddituális, dicti fratres et quilibet insolidum, presentes propter hoc coram nobis in jure, cesserunt dicto molendino et pertinenciis ejusdem et omni juri suo dicti molendini et coram nobis dictum molendinum cum pertinenciis ejusdem dictis religiosis et eorum successoribus imperpetuum successive tradiderunt, concesserunt et imperpetuum quictaverunt, nullum jus nec juris aliquid sibi que suis heredibus retinentes in dicto molendino et pertinenciis ejusdem ubicumque sint et quecumque sint, pratis, vineis, terris, nemoribus, aquis et bestiis et rebus aliis quibuscumque... Nos vero, dictos fratres presentes propter hoc coram nobis in jure et in premissis concensientes, ad omnia premissa tenenda et inviolabiliter observanda et de non veniendo contra, per presentes sentencialiter condempnamus. In cujus rei testimonium et munimen sigillum nostrum ad peticionem dictorum fratrum presentibus duximus apponendum. Datum mense marcio anno Domini M° CC° LXX^mo septimo.

[CXXXVIII. — 1206 environ. Charte de Dreux de Mello, attestant l'engagement du fief de Sales, fait a l'abbaye de Villeloin par Odon de Saint Amand.

A. — Original parchemin scellé sur double queue d'un sceau perdu. Archives d'Indre-et-Loire, H 592.

Variantes : (a) litere ; (b) com ; (c) supplicatione ; (d) ei ; (e) sesto ; (f) satifaciendo ; (g) pecunia ; (h) Exilez ; (i) ipsius prepositi et.]

Littera de feodo de Sales sigillo Drogonis de Merloto sigillata. — (CCCXIII.)

Ego Drogo de Merloto, universis ad quos littere *(a)* iste pervenerint, notum facio quod, cum Girardus, abbas Villelupensis ecclesie, pro Odone, milite Sancti Amandi, in magna ejus necessitate apud judeos creditores, caritatis et liberalitatis causa, se spontaneus obligasset pro quadam summa pecunie, necnon et aliis creditoribus pro blado et aliis debitis, ipso Odone cum *(b)* humilitate et supplicacione *(c)* multimoda hoc petente ; dictus Odo, Guillermo, fratre ejus, concedente et hoc ipsum postulante, ne monasterium Villelupense pro beneficio maleficium reportaret, feodum de Salis integre cum pertinentiis suis, quod tenebat de ipso abbate, tradidit *(d)* pro indempnitate monasterii sui servanda, tali condicione apposita quod, si in Purificacione Beate Marie que contigit anno gratie M° CC° sexto *(e)*, non esset creditoribus, [**85**] quibus abbas tenebatur, dicta peccunia persoluta, abbas, qui apud creditores obligacionem incurerat, feodum dictum, satisfaciendo *(f)* creditoribus, titulo empcionis haberet, peccunia *(g)* ipsis persoluta loco precii reputanda. Hanc autem vendicionem Exilet *(h)*, tunc temporis prepositus Lochacensis, quia jam dictus feodus de Salis de dominio Lochacensi movebat, ad peticionem abbatis predicti et Odonis et Guillermi in manu cepit. Et sub ipsius *(i)*, Roberti Olearii et Roberti, majoris Sancti Quintini, et Guillermi, cellerarii, et aliorum meorum serviencium testimonio, ad preces abbatis et Odonis et Guillermi, qui tunc vicem domini Lochacensis pro Drogonello, filio meo, gerebam, sigilli mei munimine confirmavi.

[CXXXIX. — 1207. Charte de Geoffroy, archevêque de Tours, par laquelle ledit archevêque règle l'emploi du luminaire fondé en l'abbaye de Villeloin par Renaud de Marsain.

B. — Copie de la même charte dans un vidimus de Jean, archevêque de Tours, au foliot 59 du même manuscrit.

Variantes : *(a)* facio ; *(b)* Murceyns ; *(c)* Murcenis ; *(d)* Murceins ; *(e)* supradicte ; *(f)* prenotatam ; *(g)* Balduinus.]

Littera de medietate decime de Murceins, quam Renaudus de Murcheins dedit abbacie Villelupensi, sigillo Gaufridi, quondam archiepiscopi Turonensis, sigillata.

Gaufridus, Dei gratia Turonensis archiepiscopus, omnibus presentes litteras inspecturis, salutem in Domino. Notum facimus *(a)* vobis quod Renaudus de Murchen *(b)*, pia devocione ductus, dedit imperpetuum et concessit abbacie Villelupensi medietatem decime de Murchennis *(c)*, quam habebat in blado quam eciam de proprio acquisivit, ad opus XV lampadum nocte dieque ardencium et LX lamperuns ardencium in festis annualibus, ita tamen si ad hoc possit sufficere decima prenotata. Verum ex decima illa tenetur abbacia Villelupensis reddere unum sextarium frumenti et aliud sigali ad luminare ecclesie de Vilers et totidem ad luminare capelle de Murcennis *(d)*, si ad hoc sufficiat decima memorata. Si vero contingat dictam decimam in tantum diminui quod non possit sufficere ad usum lampadum predictorum, abbas et monachi Villelupenses tenentur sub periculo animarum suarum reddere memoratis ecclesiis porcionem que eas contingit secundum diminucionem et defectum decime sepedicte *(e)*. Item tenentur dicti abbas et monachi sub periculo animarum ad alios usus quam ad usum lampadum non transferre decimam prenominatam *(f)*, residuum vero, si quid fuerit, ad luminare annorum sequencium reservantes. Hanc donacionem concessit Milo, filius dicti R[enaudi] primogenitus, et Bauduinus *(g)*, ejusdem filius, ad quorum peticionem litteras nostras abbati et monachis Villelupensibus concessimus veritati testimonium perhibentes. Actum anno Domini M° CC° septimo.

[CXL. — 1217, Tours. CHARTE DE JEAN, ARCHEVÊQUE DE TOURS, ATTESTANT QU'HELIE D'ARGY, CHEVALIER, A TRANSFÉRÉ A GIRARD, ABBÉ DE VILLELOIN, L'HOMMAGE QUE TANCRÈDE DU PLESSIS, CHEVALIER, LUI DEVAIT A CAUSE DE LA FORÊT DE CHEDON ET DE SA MAISON DU PLESSIS.]

Littera de quictacione hommagii Tancredi de Plesseycio, de nemore et de domo de Plesseycio, sigillo J[ohannis], quondam archiepiscopi Turonensis, sigillata. (Carta CDIII.) [86]

Cette charte a été imprimée ci-dessus N° CXXVI.

[CXLI. — 1210-1236. CHARTE DE MATHIEU, ABBÉ DE PONTLEVOY, ATTESTANT QUE GIRARD ROSE AVAIT DONNÉ A SON ABBAYE LE TIERS DE SA DIME DU BOULAY ET LUI AVAIT HYPOTHÉQUÉ LES DEUX AUTRES TIERS.]

Littera de tercia parte decime site apud Boolatam.

Matheus, Pontileviensium fratrum minister humilis, omnibus presentes litteras inspecturis, salutem in Domino. Noverit universitas vestra quod, cum Girardus Rose de Mosto dedisset nobis in elemosinam terciam partem decime quam possidebat apud Booleta, reliquas duas partes nobis impignoravit sub summa quatuor librarum turonensium, dimidii modii de frumento, novem sextariorum de siligine et duorum sextariorum de avena, ita tamen quod quamdiu dicta decima nobis tenebitur in pignore, totum ejus fructum percipiemus, nichil tamen de summa quam super ipsam accomodavimus propter hoc diminuetur. Gaufridus vero de Borgoiz, de cujus feodo erat dicta decima, tam datum elemosine quam in guagiacionem, ratam habuit et concessit, ita quod ipsi vel heredibus dicti Girardi cum voluerint aut potuerint [87] liceat redimere quicquid in prefata decima titulo pignoris possidemus. Si vero contigerit dictum Gaufridum le Borgoin equum de servicio supradicte decime feodo habere velle, nos in equi sollucione juxta porcionem pignoris nostri ponemus et quicumque decimam redimet porcionem quam in equo ponemus nobis reddet et dictus Gaufridus nobis reddi faciet aliquin de dicta decima neminem investiri pateretur, immo nobis eandem sicut dominus feodi tueretur. Quod ut ratum permaneat sigilli nostri munimine roboramus.

[CXLII. — 1223 environ. LETTRE ADRESSÉE PAR MICHEL, ABBÉ DE BEAUGERAIS, ET JEAN, ARCHIPRÊTRE DE LOCHES, A JEAN, ARCHEVÊQUE DE TOURS, POUR LUI FAIRE SAVOIR QU'EN LEUR PRÉSENCE AIGLANTINE, FEMME DE GEOFFROY DE MARSAIN, A APPROUVÉ LA DONATION FAITE PAR SON MARI A L'ABBAYE DE VILLELOIN.]

Littera de quictacione quam Aglentina, uxor G[aufridi] de Murceins, quittavit ecclesie Villelupensi. — (Cartha CDXXVIII.)

Reverendo patri ac domino J[ohanni], Dei gratia Turonensi archiepiscopo, frater M[ichael,] dictus abbas Baugesii, et J[ohannes,] archipresbyter de Lochis, salutem et obedienciam tam debitam quam. Noverit paternitas vestra quod, sicut nobis injunxistis, apud Villamlupe convenimus et ibi, in presencia nostra et aliorum multorum constituta, Aglentina, uxor G[aufridi] de Murceins, quictavit spontanea voluntate abbatie Villelupensi vendicionem illam quam eidem abbatie dictus G[aufridus], vir suus, fecerat, asserens quod prefatus G[aufridus] de Murceins, vir suus, dederat ei in recompensacionem dotalicii sui, quod habebat super vendicionem illam, unum modium bladi annis singulis percipiendum ad Morru. Juravit eciam super sacrosanctum altare quod super vendicione illa per se nec per alios dictam abbaciam de cetero nullatenus molestaret.

[CXLIII. — 1260, 21 juin. CHARTE DE GUILLAUME, ARCHIPRÊTRE DE LOCHES, ATTESTANT QUE ROSE, FILLE DE FEUE SANXIA, FEMME DE FEU BATHOLOTUS SANXIUS, CONDONNÉ DE L'ABBAYE DE VILLELOIN, A RECONNU AVOIR REÇU LE PAIMENT DES HÉRITAGES SITUÉS A BEAUMONT ET A COULANGÉ QU'ELLE AVAIT VENDUS AUDIT SANXIUS.

A[1] Orig. parch. scellé sur simple queue d'un sceau perdu. Archives d'Indre-et-Loire, H 592.

A[2] Autre orig. parch. aussi scellé sur simple queue d'un sceau perdu. Archives d'Indre-et-Loire, H 592.

VARIANTES : (a) A[1] costituta ; (b) A[1] Sanccie, A[2] Sanctie ; (c) A[1] et A[2] Sanctii ; (d) A[1] et A[2] defuncto ; (e) A[2] Collengeio ; (f) A[1] Sanccie, A[2] Sanctie; (g) A[1] et A[2] ut dicitur; (h) A[1] et promisit quod ; (i) A[1] et A[2] Sanctia ; (j) A[2] quitavit ; (k) A[1] et A[2] premissa ; (l) A[1] et A[2] Sanctia ; (m) A[1] et A[2] Sanctiam.]

Littera de rebus quas Rosa, filia quondam defuncte Sanxie, vendidit B[atholoto] Sanxii, sitis in parrochiis de Bellomonte et de Collengeio. — (Cartha DLIX.)

Universis presentes litteras inspecturis, Guillermus, archipresbyter Lochensis in ecclesia Turonensi, salutem in Domino. Noveritis quod, in jure constituta *(a)* coram nobis, Rosa, filia quondam defuncte Sanxie *(b)*, uxoris quondam defuncti Batholoti Sanxii *(c)*, confessa est se vendidisse dicto defuncti *(sic)* *(d)* B[atholoto,] tempore quo vivebat, omnes possessiones et res immobiles sitas in parrochiis de Bellomonte et de Colengeio *(e)*, que ad ipsam pertinere et devenire poterant et debebant ex successione dicte defuncte Sanxie *(f)*, matris sue, et defuncti Petri Sautereau, fratris sui, seu ex successione alterius cujuscumque, precio quindecim librarum currentis monete, sibi persoluto in peccunia numerata tam a dicto defuncto B[artholoto], tempore quo vivebat, quam post decessum ipsius a religiosis viris abbate et conventu Villelupensi, quorum erat dictus defunctus *(g)* condonatus, de quo precio tenuit se coram nobis dicta plenarie pro pagata, et promisit coram nobis quod *(h)* contra vendicionem predictam per se vel per alium non veniet in futurum, immo quitavit penitus dictis religiosis, ipsius defuncti B[artholoti] successoribus, res et possessiones predictas et quicquid juris habebat et habere poterat in eisdem aliqua ratione. Sanxia *(i)* vero, filia dicte Rose, coram nobis in jure similiter constituta, predictam vendicionem laudavit, voluit et concessit, et promisit quod contra ipsam per se vel per alium non veniet in futurum, et quictavit *(j)* coram nobis dictis religiosis quicquid juris habebat et habere poterat in eisdem. Et ad omnia et singula supradicta tenenda, facienda et sequenda et de non veniendo contra premissis *(k)* obligaverunt dicte Rosa et Sanccia *(l)*, ipsius filia, se et omnia bona sua mobilia et immobilia et heredes suos, fide in manu nostra prestita corporali. Ad que tenenda, facienda, sequenda ipsas Rosam et Sanxiam *(m)* presentes et consencientes in scriptis sentencialiter condempnamus. Datum die Lune ante festum beati Johannis Baptiste, anno Domini M° CC° sexagesimo.

[CXLIV. — 1208, Villeloin. Charte de Jean, archevêque élu de Tours, attestant qu'en sa présence Laure, veuve de Pierre Zacharie, a renouvelé la donation qu'elle et son mari avaient faite a l'abbaye de Villeloin.]

Littera de hominibus et terragiis sitis apud Forestam, sigillo J[ohannis,] archiepiscopi Turonensis sigillata. — (Cartha CDXVIII.)

Johannes, Dei gratia humilis electus Turonensis, omnibus qui presentes litteras viderint, salutem in Vero Salutari. Universitati vestre volumus innotescat quod Laura, vidua, coram nobis apud abbatiam Villelupe, die Natalis Domini constituta, recognovit se et Petrum Zacharie, quondam maritum suum, titulo elemosine dedisse simul et concessisse Deo et ecclesie Sancti Salvatoris Villelupe, ea que habebant in loco qui dicitur Foresta, tam in hominibus quam in terragiis et aliis consuetudinibus, et preterea in commutacionem concessisse eidem abbacie census et consuetudinem que dicitur custodia **[88]** prati de Civilet et partem census quam habebant apud Villamlupensem. Ipsa vero, pro salute anime sue et parentum suorum et quondam mariti sui, dictam elemosinam renovatu *(sic)* consensu in nostra presencia confirmavit et adjecit de proprio dono unum obolum censualem de platea propre grangiam monachorum posita. Et preterea dedit et adjecit dicte helemosine servicium quod habebat in Ysemberto Jagueline et heredibus suis, scilicet duodecim denarios in singulis, et quitavit eos data perpetua libertate, investiens nos ad opus abbacie helemosina prenotata. Que quidem elemosina, sicut coram nobis pia facta, ut perpetuam optineat firmitatem ad peticionem ipsorum G[irardi], abbatis, et monachorum et vidue, eam, auctoritate qua fungimur, duximus confirmandam et presenti scripto annotatam sigilli nostri munimine roborandam. Actuma pud Villamlupe, anno gratie M° CC° VIII°, ordinacionis nostre primo. Testes sunt : E., prior de Leproso; magister P. de Vicoco, capellanus noster; magistri Stephanus de Castro Araudi, Andreas de Cancellis, Nicholaus de Canda, canonici Turonenses.

[CXLV. — 1201, Loches. Jugement du sénéchal de Touraine qui tranche les difficultés survenues au sujet de la forêt de Chedon entre Tancrède et les moines de Villeloin.]

Carta de bosco de Chedone. — (Carta DCXXII.)

Ne apud posteros decidant in incertum ea que gesta sunt, tradimus memorie litterarum. Sciant tam presentes quam posteri quod querela que diu agitata est inter monachos de Villeloen et Tancredum, de bosco de Chedon et de terra eidem bosco adjacente, hoc fine terminata est apud Lochas, coram Johanne Lemozine et Girardo de Ateis, qui vicem Roberti de Tornehan, tunc temporis senescalli, agebant, et coram Guillermo de Azaio, tunc preposito Lochensis. Boscus remansit communis et panagium. Tancredus tantum de defensu suo poterit porcos ejicere, sed non interficiet nec capiet nec redimet. Iterum missio bosci et prohibicio erit Tancredi, ita tamen quod carpentarii et carbonarii habebunt septem dierum inducias extrahendi sua, quando prohibicio facta fuerit, si abbas tantum de vencione nemoris non habuit quantum Tancredus, abbas in ipsa prohibicione tantum vendet de nemore quantum Tancredus habuit. Abbas et Tancredus omni tempore capient de nemore quantum necesse fuerit eis ad propria usualia. Quando Tancredus volet mittere operarios in nemore, indicabit abbati vel famulis ejus. Redditus bosci et consuetudines et lucra erunt communia. Abbas habebit famulos suos et Tancredus suos, famuli abbatis tenebuntur sacramento erga Tancredum et famuli Tancredi erga abbatem, insuper si abbas famulis suis vel famulis Tancredi credere noluerit, ab operariis bosci fidem habebit quod Tancredus prius lucri non acceperit ab eis quam abbas. De omnibus querelis et consuetudinibus et causis et redditibus bosci que ad abbatem pertinent, si quislibet inde causatus fuerit coram abbate apud Villeloen juri stabit et ibi de jamdictis judicium accepturus. Decime, census, recepta, terragia communia sunt. Item famuli abbatis et famuli Tancredi insimul terragiabunt et decimabunt nec alter eorum sine assensu alterius poterit terragiare nec decimare, famuli qui terragiabunt et decimabunt tenebuntur sacramento sicut famuli nemoris. Tallea hominum, qui tunc temporis mansionarii erant in terra de qua contendebatur, remansit Tancredo et justicia, ita tamen quod si aliquis predictorum hominum in abbatem vel in aliquem monachorum suorum violenter manus injecerit, si causatus fuerit de injectione illa, coram abbate apud Villeloien juri stabit ibi judicium super hoc prosecuturus. Item si aliquis predictorum hominum de terragiis, vel de receptis, vel de censu, vel de aliis rebus ad abbatem pertinentibus, abbatem non injuriaverit, apud Novientem, vel in terra gahennerie sue vel in terra communi ubicumque eos ducere voluerit [89] coram abbate juri stabunt. Item residuum nemorum quod tunc temporis hospitatum non fuerat, si hospitatum fuerit, commune erit utrique tam in justicia quam in terragio, quam in decimis, quam in receptis, quam in talleia, quam in aliis rebus. Item famuli jurati qui terragiabunt et decimabunt, in quolibet campo garbas dispercient, et quisque suas ubi voluerit portabit. Item in tota terra illa que sessita fuerit usque ad diem quo hec cerca scripta fuit, anno scilicet Incarnati Verbi M° CC° I°, predictus Tancredus ad consuetudines aliorum poterit hospitari quemlibet hominem. Hanc vero rem concesserunt Gaufridus et Guillermus, filii ejusdem Tancredi. Ne hoc autem aliqua detractione ab aliquo possit violari, ad preces utriusque partis, ego Girardus de Ateis, qui tunc vicem Roberti de Tornehan, tunc temporis senescalli, gerebam, sigilli mei munimine roboravi. Hujus rei testes sunt : Guillermus Ysorez; Petrus Chevrons; Paganus, prior Villelupe; Gaufridus de Sinapariis; Guillermus; Andreas Renauz; Guillermus de Batille; Raginaldus Bretellus; Robertus, major de Sancto Quintino, et plures alii.

[CXLVI. — 1085, 8 mai-1093, 6 février. CHARTE DE FOULQUES LE RÉCHIN, COMTE D'ANJOU, PAR LAQUELLE IL DONNE A L'ABBAYE DE VILLELOIN TOUT CE QU'IL POSSÈDE DANS LA VILLA D'EPEIGNÉ.

B¹ Copie du XVII° siècle, B. N., Coll. Du Chesne, vol. 22, f° 436.

B² Copie du XVIII° siècle, B. N., Coll. Dom Housseau, vol. II² n° 616.

VARIANTES : (*a*) B² cuiquam; (*b*) B1 dijudicavimus; (*c*) B¹ et B² ita quod; (*d*) B² toltum; (*e*) B² Beate marie septembris; (*f*) B¹ et B² in hac; (*g*) B¹ et B² providere; (*h*) B¹ et B² cliencium; (*i*) B¹ et B² Gasfridi; (*j*) B¹ Ugonis; (*k*) B¹ Ugonis; (*l*) B¹ et B² prepositi loci; (*m*) B¹ senescali, B² seneschali; (*n*) B¹ Fulci; (*o*) B² Gasfredi Cozheta; (*p*) B² Lesani; (*q*) B¹ Gausfridus; (*r*) B¹ Forsenex; (*s*) B¹ et B² Temperi.]

Littera de consuetudinibus de Hispaniaco, quas Fulco, Andegavensis comes, dedit et concessit in helemosina ecclesie Sancti Salvatoris Villelupensis. — (Cartha MCVI.)

Quoniam vita mortalium ita labilis et transitoria est quod visione et memoria atque relacione hominum vix quicquam *(a)* alicui notificatur, idcirco quod memorie commendatum dijudicamus *(b)*, per scriptum nobis retinere et posteris nostris dimittere, ut illis testimonium et memoria sit, statuimus. Quapropter, ego Fulco, Andegavensium comes, hanc cartam faciens confirmando, quicquid consuetudinis in villa que dicitur Hispaniacus habeo, pro anima patris et matris mee et pro mea et omnium parentum meorum, Sancto Salvatori de Villalupe et fratribus inibi habitantibus dono, quod *(c)* neque biannum, neque toltam *(d)* nec aliud quod ibi habuissem mihi retineo, preter modium frumenti quod in festivitate Sancte Marie *(e)* in medio augusti reddendum judico, et viginti solidos in alio festo septembris. Iterum si exercitum facerem ubi ego personaliter essem et, resistente aliquo hoste, prelium veraciter expectarem, si in hoc confinio quod est ex *(f)* hac parte Turonie a Turono usque ad Sanctum Anianum, vel in aliquo circumjacenti loco exercitus esset, habitatores ipsius predicte ville quindecim diebus utilitati mee ad exercitum venientes laborent previdere *(g)*. Hec carta non solum me confirmante et presente facta est sed eciam in presenti confirmacione omnium meorum nobilium et diencium *(h)*, scilicet in presencia: Gazfridi *(i)* de Meduana; et Hugonis *(j)* de Sancta Maura; et Hugonis *(k)* Langaiacensis; et Aimerici de Torro; et Berengarii, Lochis prepositi *(l)*; et Petri, senescalli *(m)*; et Segebrandi, stabularii; et Petri de Morniaco, ipsius terre prepositi; et Fulcoi *(n)* de Ambacia; et Girardi Merul[li]; et Gazfridi Corheta *(o)*; et Odardi Rufi; et Cesarii *(p)* Ambaie; et Galteri de Montesaurello; et Bertholomei Insule; et Galterii Gerori. Hiis omnibus presentibus et confirmantibus ex parte comitis, carta facta est. Et ex parte autem Sancti Salvatoris: Gazfridus *(q)*, abbas et monachi ejus; Mauricius; Hodo; Letardus, capellanus, et Ulricus, frater ejus; et Girardus, stabularius; Hingelricus Forsenez *(r)*, et Aimo Tempers *(s)*. Hanc cartam Rotbertus, comitis cancellarius, confirmans scripsit.

[CXLVII. — 1241, 1er novembre, Villeloin. CHARTE DE H., ARCHIDIACRE DE TOURS, ATTÉSTANT QUE RICHARD FILLÈTE ET BENOITE, SA FEMME, SE SONT DONNÉS EUX ET LEURS BIENS A L'ABBAYE DE VILLELOIN.]

Littera de conquestis quo Richardus Fillete et ejus uxor dederunt in helemosima ecclesie Villelupensi. — (Cartha DLXXXIIII.)

H., archidiaconus Turonensis, omnibus presentes [90] litteras inspecturis, salutem in Domino. Noverint universi quod, in nostra presencia constituti, Richardus Fillete et Benedicta, uxor ejus, uterque incolumis et compos mentis, zelo devocionis accensi, sibi viam ad celestem patriam preparantes, se Deo et monasterio Sancti Salvatoris Villelupensis, cum omnibus conquestis suis, quas fecerunt insimul et facient durante matrimonio inter eos, unanimiter contulerunt. Elemosinantes etiam dicto monasterio de bonis suis mobilibus et immobilibus quicquid de jure dare poterant et debebant post mortem eorumdem habendis et pacifice possedendis, excepta domo sua in parrochia de Loche, cum pertinentiis de patrimonio suo provenientibus, que adquisivit, et exceptis etiam hiis que in eodem patrimonio adquireret in dicta parrochia ultra Grimoart, que heredibus dicti R[ichardi,] si ipsum sine prole superstite suscepta de ista vel alia uxore legitima decedere contingerit, remanebunt, ita tamen quod dictum monasterium super hiis habebunt imperpetuum XXX solidos annui redditus, scilicet super dicta domo et pertinenciis, pro dictorum R[ichardi] et B[enedicte], ejus uxoris, anniversariis in dicto monasterio annis singulis faciendis. Si vero, ut dictum est, dictum R[ichardum] de uxore legitima prolem superstitem habere contingerit, voluit idem R[ichardus] et precepit quod super domo et pertinenciis dictum monasterium habeat X libras in pecunia numerata pro anniversario dicte uxoris annis singulis in dicto monasterio faciendo. In cujus rei memoriam et ut in futurum presens donacio rata maneat, ad peticionem dictorum R[ichardi] et uxoris ejus, presentes dedimus litteras sigilli nostri munimine roboratas. Datum apud Villelupensem, anno Domini M° CC° XL^mo^ primo, in festo Omnium Sanctorum, mense novembri.

[CXLVIII. — 1184-1200. Transaction par laquelle Pierre Mengeit abandonne a l'abbaye de Villeloin tout le droit qu'il avait sur la dime de l'aleu d'Ecueillé.]

Littera de decima de alodo de Escuilleio. — (Cartha MCLXV.)

Quoniam mobilitate temporum presencia fuerint preterita, preterita autem a memoria hominum cicius dilabuntur, idcirco litterarum testimonio tam presentibus quam futuris notificare decrevimus quod contencio que diu fuerat inter Villelupensem ecclesiam et Petrum Mengeit ita pacificata est : concessit idem P[etrus] ecclesie Villelupensi, si quid juris habebat in decima de alodio de Scuillio unde contencio emerserat, cum assensu uxoris sue Columbe et filiorum suorum P., S., et Johannis et Jocelin. Et ut gratior fieret concessio, Pinardus, tunc temporis prior de Scuillio, dedit : P[etro] Mengeit, L solidos ; uxori vero ejus et filiis, III solidos et VI denarios, et Stephano, militi de Montenai (1), qui huic convencioni interfuit, V solidos. Et ut hec paccio firmior haberetur, corroboravit eam Johannes, archipresbyter de Leproso, sigillo suo. Hujus rei testes sunt : Johannes, archipresbyter ; Pinardus, prior de Scuillio ; Aymericus de Voo ; Bernardus, capellanus de Croz ; Raginaudus,

(1) Montenay, ancien fief, commune de Baudres (Indre).

capellanus de Baleresme (1); Stephanus de Montenai. Factum est hoc regnante Philippo, rege Francorum, H[enrico], archiepiscopo.

[CXLIX. — 1243, février. CHARTE DE NICOLAS, ARCHIDIACRE DE TOURS, ATTESTANT QU'ACELINE, VEUVE DE FEU TRANCHENT, A DONNÉ A L'ABBAYE DE VILLELOIN TOUS SES CONQUÊTS.]

Littera de conquestis quos Acelina, relicta defuncti Tranchent, dedit ecclesie Villelupensi.

Universis presentes litteras inspecturis, Nicholaus, archidiaconus Turonensis, salutem in Domino. Noverint universi quod, constituta coram *(sic)*, Acelina, relicta defuncti Tranchent, recognovit coram nobis se Deo et ecclesie Sancti Salvatoris Villelupensis, pro remedio anime sue, contulisse omnes conquestas suas et omnia mobilia sua post mortem suam ubicumque sint. Et ad peticionem ipsius dedimus predicte ecclesie presentes litteras hujus testimoniales, sigilli nostri munimine roboratas. Datum anno Domini M° CC° XL° secundo, mense februario.

[CL. — 1273, 19 mars, Villeloin. TRANSACTION PASSÉE ENTRE PIERRE, ARCHIDIACRE DE TOURS, ET ARCHEMBAULD, ABBÉ DE VILLELOIN, AU SUJET DES PROCURATIONS QUE LEDIT ARCHIDIACRE RÉCLAMAIT AUX PRIEURÉS D'ECUEILLÉ ET DE SAINT-SAUVEUR D'AMBOISE LORSQU'IL LES VISITAIT.]

Littera de procuracione quam Petrus, archidiaconus Turonensis, petebat a prioratibus de Escuilleio et de Ambazia.

Omnibus presentes litteras inspecturis et audituris, P[etrus], archidiaconus Turonensis, salutem in Domino. Noverint universi quod, cum nos peteremus a religiosis viris de Escuilleio et Sancti Salvatoris de Insula Ambazie prioribus procuraciones nobis racione visitacionis debitas, racione dictorum de Escuilleio et Sancti Salvatoris de Ambazia prioratuum, nobis impendi et reddi, predictis prioribus econtra asserentibus ad id se non teneri; tandem de bono pacis et quietis, que religiosis est convenientissima, **[91]** ordinatum extitit et amicabiliter compositum inter nos, ex una parte et fratrem Archembaudum, abbatem Villelupensem et dictos priores, consensu tocius sui capituli accedente, ex altera : quod quilibet prior dictorum prioratuum, qui erit pro tempore, nobis et nostris successoribus quinque solidos monete currentis ad sacram synodum Pentecostes annis

(1) Balzème, ancienne paroisse réunie à la commune de Baudres.

singulis persolvet et totidem ad sacram senodum post festum beati Luce evangeliste, racione procuracionum quas ab eis petebamus, nos vero nichil ulterius sue successores nostri ab ipsis petere seu exigere poterimus aut debebimus racione procuracionum predictarum in futurum. Preterea actum fuit et concessum inter nos, ex una parte, et dictos abbatem et priores, ex altera, quod nos predictam ordinacionem seu amicabilem composicionem infra mensem post adventum reverendi patris Dei gratia Turonensis archiepiscopi, dum ab ipsis super hoc requisiti fuerimus, per ipsum reverendum patrem confirmari procurabimus et faciemus sigillo ipsius roborari. In cujus rei testimonium predictis religiosis presentes litteras dedimus nostro sigillo sigillatas. Datum apud Villamlupensem nobis archidiaconatum nostrum visitantibus, die Dominica qua cantatur *Letare Jerusalem*, anno Domini M° CC° LXX^mo secundo.

[CLI. — 1188, Tours. Charte par laquelle Barthélemy, archevêque de Tours, confirme l'abbé Arnulfe et les moines de Villeloin dans la possession de toutes les églises qui leur appartenaient au diocèse de Tours.]

Littera de ecclesiis ad collacionem abbacie Villelupensis pertinentibus, sigillo Bartholomei, quondam archiepiscopi Turonensis, sigillata.

Bartholomeus, Dei gratia Turonensis archiepiscopus, dilectis filiis Arnulfo, abbati, et universo conventui Villelupe monasterii, imperpetuum. Sicut ea que a nobis fiunt vellemus a posteris nostris futuris temporibus illibata et integra custodiri, ita justum et rationi congruum reputamus ut que juste et canonice a predecessoribus nostris facta sunt, in robore et firmitate debita conservemus. Ea propter, dilecti in Domino filii, antecessorum nostrorum Turonensium pontificum, Hugonis, videlicet et Engilbaudi, bone memorie avunculi nostri, vestigiis inherentes, et libenter annuere volentes juste postulacioni vestre, sicut qui tranquillitatem vestram diligimus et quietem, vos omnes et monasterium vestrum suscipimus in proteccione Sancte Turonice ecclesie et in nostra, ecclesias et possessiones et alia bona vestra, que in Turonia nostra, donacione fidelium, largicione principum, concessione pontificum, in presenciarum adepti estis, vel in futurum, volente Deo, justis modis poteritis adipisci, auctoritate Sancte matris ecclesie Turonensis et nostra concedimus et confirmamus vobis et monasterio vestro, et specialiter quicquid habetis in ecclesiis Turonie nostre, tam in presentacionibus quam in oblacionibus seu aliis proventibus, sicut possidetis ad presens et usque ad tempora nostra, pacifice possedistis. Ecclesias autem illas propriis duximus vocabulis exprimendas : ecclesiam videlicet de Sivrayo ; ecclesiam de Francolio ; ecclesiam de Chisseio ; ecclesiam de Marulio ; ecclesiam de Chezineio ; ecclesiam de Vodolio ; capellam de Monte Thesauri et capellam de Villalupensi ; ecclesiam de Colungeio ; ecclesiam de Noento ; ecclesiam de Locheio ; ecclesiam de Espeniaco ; ecclesiam Sancte Marie Divitis in castro Turonico et Sancti Medardi ; ecclesiam de Azaio. Ad tollendam igitur super hiis omnem de cetero contencionis et oblivionis materiam, et ad pacem et tranquillitatem vestram et monasterii vestri perhenniter conservandam, in memoriam hujus confirmacionis nostre, paginam hanc conscribi fecimus et sigilli nostri munimine roborari. Astantibus et audientibus : Hugone, decano Turonensi, fratre nostro ; Garnerio, precentore ; Petro, cancellario ; Frodone, cellerario ; Alberico, capicerio Cainonensi ; magistro Petro de Augeria ; Girardo, archipresbytero Ultraligerino ; magistro Garinerio de Losouno ; Gaufrido de Montebasonis ; Johanne de Recalciaco ; Johanne Aurelianensi, canonicis Turonensibus ; magistro Arnaudo de Metulo ; magistro Balduino et Gaufrido Anguille, canonicis Sancti Martini Turonensis. Et [92] ex parte abbatis et fratrum : Pagano, priore Villelupensis monasterii ; Michaele, priore Espeniaci ; Roberto, priore Sancti Medardi ; Wuillermo, priore de Crot ; Reginaldo Francolii ; Johanne, elemosinario abbacie Villelupensis ; Vallino, presbytero Villelupensi ; Michaele, presbytero Espeniaci ; Robino, diacono, persona ecclesie de Syvraio ; Wuillermo, serviente abbatis et aliis multis. Actum est Turonis, anno ab Incarnacione Domini M° C° octogesimo VIII°, poscidente domino papa Clemente, regnantibus Philippo in Francia, Henrico in Anglia. Data per manum Petri, cancellarii Turonensis.

[CLII. — 1232, avril. CHARTE PAR LAQUELLE DREUX DE MELLO, SEIGNEUR DE LOCHES, DONNE AUX MOINES DE VILLELOIN LE DROIT DE CONSTRUIRE DES HALLES A VILLELOIN.]

(Cartha CXLVI.) (1)

Omnibus Xristi fidelibus presentes litteras inspecturis vel audituris, ego Drocho de Melloto, dominus Locharum, notum facio

(1) La rubrique est effacée.

quod ego, pro salute animee mee et pro salute animarum patris et matris et antecessorum meorum, dedi et concessi in puram et perpetuam elemosinam abbati Villelupensi ut ipsi de novo constituant forum in Villalupense, ipsis de cetero imperpetuum quiete et pacifice tenendum et habendum ad tale dominium et ad talem justiciam ad qualem ipsi tenent et habent suas nundinas in dicta villa constitutas. In cujus rei memoriam et munimen, predictis abbati et conventui dedi presentes litteras sigilli mei munimine roboratas. Actum anno gratie M° CC° tricesimo secundo, mense aprili.

[CLIII. — 1212. CHARTE DE GEOFFROY, ARCHIDIACRE DE TOURS, ATTESTANT LA DONATION FAITE A L'ABBAYE DE VILLELOIN PAR GILLES D'AMBOISE ET BENOITE, SA FEMME, DE LEUR HÉBERGEMENT SITUÉ PRÈS LE CIMETIÈRE DE SAINT-DENIS D'AMBOISE.]

Littera de herbergamento sito prope cimiterium Sancti Dionisii Ambazie, quod [Egidius et Benedicta], ejus uxor, de[derunt monasterio Villelupensi.]

Gaufridus, archidiaconus Turonensis, omnibus presentes litteras inspecturis, salutem in Domino. Universitati vestre volumus innotescat quod, constituti in presencia nostra, Egidius de Ambazia et Benedicta, uxor ejus, recognoverunt se dedisse in puram et perpetuam elemosinàm Deo et monasterio Villelupensi herbergamentum suum prope cimiterium Sancti Dyonisii Ambazie situm, cum pertinenciis suis et duo arpenta vinearum, ita quod dicta Benedicta tenebit ab ipso monasterio dictum herbergamentum et alterum arpentum vinearum quamdiu vixerit, et alterum tenebit monasterium supradictum. Post obitum vero ipsius Egidii, dicta Benedicta in viduitate sua ad nos accedens iterum dictam donacionem recognovit, promittens se ipsam elemosinam ratam et firmam perpetuo habituram. Abbas vero recepit eos in oracione et beneficia que fiunt et perpetuo fient in monasterio prenominato, et in recompensacionem istius beneficii dedit eidem B[enedicte] unum modium siliginis Ambazie apud Ambaziam persolvendum. Cumque dicta Benedicta unanimitus contigerit, ipsum monasterium omnia premissa in proprios usus prout sibi melius placuerit perpetuo possidebit. In cujus rei memoriam, ad partium peticionem, presentes litteras conscribi et sigilli nostri impressione fecimus communiri. Actum anno Domini M° C° duodecimo.

[CLIV. — 1248, juin. TRANSACTION ENTRE DREUX DE MELLO, SEIGNEUR DE LOCHES ET DE MAYENNE, ET L'ABBAYE DE VILLELOIN, AU SUJET DU DROIT DE VIGERIE QUE LE SEIGNEUR DE LOCHES PRÉTENDAIT AVOIR SUR LES TERRES DE L'ABBAYE DE HYS ET DE CORTVER.]

Littera de vigeria quam Droco de Melloto, dominus Locharum, dicebat se habere in terra monachorum Villelupensium videlicet et Hiis.

Universis presentes litteras inspecturis Droco de Melloto, dominus Locharum et Meduane, salutem in Domino. Noveritis quod cum inter nos, ex una parte, et religiosos viros abbatem et conventum Villelupensem, ex altera, contencio verteretur super vigeria quam dicebamus nos habere in terra eorum de Yis et in terra eorum de Cortver, predictis monachis econtrario asserentibus eandem vigeriam de jure ad ipsos in locis predictis pertinere, super eciam justicia cujusdam tesauri in territorio Villelupensi inventi, et super alia alta justicia in eodem territorio similiter dicebamus nostra esse, dictis monachis econtrario asserentibus et ipsa pro suis vendicantibus, super eciam stagno dictorum monachorum sito in territorio ipsorum de Yis, quod dicebamus ipsos non posse ampliare vel augere, eisdem monachis in contrarium asserentibus; nos tandem [93] ad peticionem eorumdem monachorum, super premissis facta a nobis diligenti inquisicione per bonos viros tam de jure eorum quam de possessione eisdem monachis, de consilio bonorum virorum, predictam vigeriam de dictis territoriis de Yis et de Cortver, cum omnimoda alta justicia et eciam justicia thesauri inventi seu inveniendi in territorio abbacie Villelupensis, tanquam jus eorum eisdem quitavimus et dimisimus libere et pacifice de cetero imperpetuum possidendam, retinta tamen nobis alta justicia in predictis territoriis de Yis et de Cortver, retento eciam nobis quod si aliquis extraneus ab eisdem capiatur, qui super aliquo furto coram ipsis vel eorum mandato convictus fuerit in territorio supradicto, dicti abbas et conventus ipsum latronem nudum in braccis in area defuncti Arietis nobis reddere tenebuntur, salva eciam nobis justicia nostra abbenagii in dictis territoriis et ratione forrarum nostrarum in eisdem secundum quod habere consuevimus eandem. Volumus eciam et concedimus eisdem monachis liberam protestatem ampliandi seu augendi stagnum suum de Yis supradictum prout melius viderint expedire, ita tamen quod si inundacio dicti stagni terras hominum in feodo nostro existencium eidem stagno adjacentes occupaverint, idem homines super dicta occupacione dictos abbatem et conventum impetere non poterunt vel etia mimpedire quominus ad voluntatem suam dictum stagnum possint augere, dum tamen dicti abbas et conventus ad dictum seu arbitrium bonorum virorum compensionem dictis hominibus fecerint vel facere voluerint competentem, et ipsos pro posse nostro ad dictam compensacionem recipiendam bona fide quantum in nobis est judicemus. In cujus rei testimonium et munimen, presentes litteras dictis abbati et conventui dedimus sigilli nostri munimine roboratas. Datum mense junio, anno Domini M° CC° XL° octavo.

[CLV. — 1208, octobre. JUGEMENT RENDU PAR R., ABBÉ, ET P., PRIEUR DE SAINT-MAUR, ET GUILLAUME, PRIEUR DE CUNAULD, JUGES DÉLÉGUÉS PAR LE PAPE, DANS LE PROCÈS PENDANT ENTRE GIRARD, ABBÉ DE VILLELOIN, ET GUILLAUME DE FRETAY, CHEVALIER, AU SUJET DE LA MOITIÉ DE LA DIME DE FRETAY.]

Littera supra medietatem decime de Freteio. — (Cartha DCV.)

R., abbas, et P., prior Sancti Mauri, et Wuillermus, prior Cunandi, omnibus presentes litteras inspecturis, salutem in Domino. Universitati vestre volumus innotescat quod, cum causa que vertebatur inter dilectum nostrum Girardum, abbatem Villelupensem, ex una parte, et Wuillermum de Freteio, militem, super medietate decime de Freteio, ex altera, nobis esset a domino papa commissa et nos utrique parti plures terminos secundum juris ordinem assignassemus, tandem lite contestata et demum partibus apud Trencas (1) in nostra presencia constitutis, prefatus miles coram nobis appellavit, frivolam causam sue appellacionis pretendens, ipsi et nunc postmodum abbas et miles ad producendum testes super principali, sibi a nobis dari auditores postularunt, quibus venerabiles viros G., archidiaconum et Archembaudum, archipresulem, Turonenses, de utriusque partis consensu, concessimus eisdem auctoritate apostolica dantes firmiter in mandatis ut eorum testes diligenter examinarent et ipsorum testium attestaciones sub sigillis suis inclusas nobis fideliter destinarent. Qui sicut viri discreti, mandatum nostrum adimplentes, testes ipsius abbatis et militis ratione ceperunt prout utraque pars duxit eos producendos et nobis atestaciones ipsas clausas transmiserunt. Nos siquidem, visis atestacionibus ipsis et utraque parte presente publicatis,

(1) Les Tranches, commune de Chemillé-sur-Indrois.

cognoscentes per dicti abbatis testes ipsum et abbaciam suam decimam illam, de qua erat contencio, pacifice possedisse, habentes eciam pro constanti per utriusque partis testimonium quod nominatus miles decimam illam occupaverat violenter, cum interrogatus a nobis sepe, nollet testes abbatis et eorum dicta aliquatenus improbare, communicato prudencium virorum consilio, sepedicto abbati et ejus monasterio illius decime veram adjudicamus possessionem, ipsum militem in dampnis et expensis ipsi abbati refundendis condempnantes, dante is eis litteras nostras ad majorem rei confirmacionem sigillorum nostrorum munimine roboratas. Actum [**94**] anno gratie M° CC° VIII°, mense octobri.

[CLVI. — 1216, octobre. Charte par laquelle Geoffroy de Loudun, sur le point de partir pour Jérusalem, fait remise a l'abbaye de Villeloin de la rente de deux faucons qu'elle lui devait.]

Litteris de duobus nisis nidalibus, quas G[aufridus] de Louduno monasterio Villelupensi pro amore Dei contulerat.

Ego Gaufridus de Louduno notum facio omnibus presentes litteras inspecturis quod, cum ego et antecessores mei quemdam redditum sive redibicionem annuam in monasterio Villelupensi haberemus, videlicet duos nisos nidales competentes in recognicionem quarundem possessionum quas predecessores mei pro amore Dei dicto monasterio contulerant, mihi vel certo mandato meo in vigilia Beate Marie cum procuracione duorum serviencium cum duobus equis, apud Villamlupe persolvendos, hoc adjecto quod, si dicti nisi ipsa die, prout dictum est, nullatenus redderentur, abbacia Villelupensis teneretur mihi vel heredibus meis reddere duos ciphos argenteos marchales ad pondus turonense; tandem ego, constitutus in procinctu peregrinacionis mee Jerosolimitane, dedi et concessi, cum consensu, laudacione et voluntate filiorum meorum Hemerici, primogeniti, et Gaufridi, in puram et perpetuam elemosinam prefato Villelupensi monasterio dictum redditum sive redibicionem, pro anniversario Gaufridi Focre, Hemerici de Louduno, avi mei, patris et matris mee, Beatricis, uxoris mee, Wuillermi de Precigni, fratris mei, et Foquetti et aliorum filiorum meorum, de cetero, et pro meo et dictorum filiorum meorum Hemerici et Gaufridi et filie mee, quando de nobis vel de quolibet nostrum humanitus contigerit, annis singulis simul eadem die imperpetuum faciendo. Volui eciam et volo, statuo et concedo, cum assensu et laudacione dictorum filiorum meorum, quod nec ego nec aliquis heredum meorum dictam redibicionem ab abbatia prefata modo aliquo repetere valeamus, vel illam super hoc in aliquo molestare, nisi prius a me vel ab illo heredum meorum qui prefatam redibicionem repetere voluerit centum solidos annui redditus in loco competenti predicte fuerint abbacie assignati, vel centum viginti libre turonensis monete date ad emendum centum solidos annui redditus pro anniversario, ut dictum est, faciendo. Hanc autem elemosinam et hoc donum feci in manu venerabilis patris domini Johannis, Turonensis archiepiscopi, supplicans humiliter eidem ut illud ratum haberet ac provide confirmaret. Actum anno gratie M° CC° sexto decimo, mense octobri.

[CLVII. — XVe siècle. ETATS DES BIENS DE L'ABBAYE DE VILLELOIN SITUÉS AUX ENVIRONS DE CHATILLON.]

Ce sont les choses qui crère séans environ Chateillon : le pré de Langle, trois quartiers ; item demy arpent en Sauvager; item VII quartiers dres le bout de la levée; item demy arpent à la fonteine de la Getinerie ; item trois quartiers souz Cralay ; item souz le bois au Chat en la ligne ou quartiers de trois ans en troys ans ; item le tiers d'une sexterée souz le cemetiel nouveau garnie de VIII noers ; item une sexterée à la Gruadière ; item une mine darrière la meson Jehan Marchant ; item une provenderée en Bray souz Anne Martin ; item III boisselées oudit lieu ; item de Gerasce Theme II boisseaux ; item de Charles Brice un quartier et demy de vigne ; item ous paroillement un arpent de vigne ; item par Greffier de demy arpent de vigne ; item en trois [...] en quartier de de Serot; item les enfants de Philippe Gaigné et la Picaude de sa meson ; item la Bouguerre un sol et un [...] de bonne partie de sa meson; item la fame Thibault Buluteau XII s. par cause de la meson et l'oche qui est de Cres ; item une mine d'avaine et une geline d'un hebergement qui est appelé de l'oche; item P. Sauvaigt [...] le molin [.....].

TABULA SIVE INDEX LIBRI III TITULORUM ABBATIÆ VILLELUPENSIS, DISPOSITUS A R. P. PETRO BRUNET, PRIORE, 1629.

[Cette table n'est que la reproduction des rubriques des chartes, dans l'ordre qu'elles occupent dans le manuscrit.]

CATALOGUS REVERENDORUM ABBATUM HUJUS INCLITI MONASTERII SANCTI SALVATORIS VILLELUPENSIS, ORDINIS SANCTI BENEDICTI, TURONENSIS DIOCESIS (1).

Nobilissimi viri Mainardus et Mainerius, fratres, ex illustri prosapia orti, oblati fuerunt invictissimo et christianissimo regi et imperatori Charolo [Calvo], fondatori hujus domus, per venerabilem virum ac religiosum Audachredum, abbatem vigillantissimum cenobii Cormaricencis, circa annum 8[50], offerendi causa Deo res suæ proprietatis, quæ possidebat in hoc loco rustico vocabulo Villa Luppæ nuncupato.

Domnus AUDACHER, abbas Villelupensis et Cormaricensis, 813.

Domnus AMALRICUS, abbas Villeluppensis.

Domnus AIMERICUS, primus nomine.

Domnus HUMBERTUS primus.

Domnus STEPHANUS.

Domnus GISLARDUS.

Domnus sanctus AYRARDUS.

Domnus PETRUS, primus nomine.

Domnus ARNAULDUS.

Domnus WIDO, abbas Cormaricensis et Villelupensis, 960.

[Nota. Hic ordo abbatum Cormaricensium et Villelupensium

(1) Un catalogue quelque peu différent de celui-ci a été publié au tome XIV du *Gallia* par Hauréau, qui l'a établi à l'aide de deux listes, l'une de l'abbé de Marolles, conservée par Gaignières, et l'autre qui se trouve au tome 22 des manuscrits de la collection Du Chesne.

usque ad Widonem incertus est secundum diplomata Cormaricensium (1).]

Domnus HUNCBERTUS secundus, primus electus 965 abbas Villeluppensis, post disjonctionem factam Cormaricensis cœnobii cum Villaluppensi.

[Desunt hic multi abbates (2).]

Domnus ODO, 1106 (3).

Domnus RAGINALDUS primus, 1150 (4).

Domnus AIMERICUS secundus, 1156 (5).

Domnus HERVEUS primus, 1169 (6).

Domnus ARNULPHUS, 1188 (7).

Domnus GIRARDUS primus, 1200.

Domnus GIRARDUS secundus, 1218 (8).

---

(1) Hauréau (*Gallia*, t. XIV, col. 257 et 258) donne la liste suivante des abbés de Cormery depuis Audacher, 839-868 : Ivo, 893 ; Aimo, 900 ; Fulco, 944 ; Guido 965-976. Carré de Busserolle (*Dict.*, t. II, p. 358) l'augmente de quelques noms et place entre Ives, qui d'après lui fut abbé de 893 à 897, et Foulques qui vivait en 944 : Ingenald ; Odabald ; Godefroy ; Raimbauld et Gosbert. Hauréau, bien qu'il ait connu ces personnages, n'a pas osé les faire figurer dans la liste des abbés de Cormery, parce qu'aucune mention n'est faite d'eux au nécrologe de l'abbaye et que leurs noms ne paraissent pas sur les documents de l'époque. — L'abbé Guy, de la famille des comtes d'Anjou, était fils de Foulques le Bon et de Gerberge. Il fut promu à l'évêché du Puy en 975. (Cf. Halphen, *Le Comté d'Anjou*, pp. 5, 6 et 82.)

(2) Le *Gallia* comble cette lacune en plaçant entre Humbert et Eudes : Etienne, qui mourut en 1034 ; Geoffroy I, (Gazfridus) vers 1060 ; Renauld, 1081 ; Geoffroy II, 1091. Le nom de Geoffroy I doit être définitivement rayé du catalogue : la charte dans laquelle parait Gazfridus, qui est celle que nous avons publiée sous le n° CXLVI, a été à tort datée de vers 1060, et M. Halphen, dans son *Comté d'Anjou*, p. 322, a démontré que l'époque de son émission doit être circonscrite entre le 8 mai 1085 et le 6 février 1093. C'est donc en faveur du Geoffroy de 1091 qu'elle a été donnée.

(3) Eudes était abbé en 1105 (Cf. n° LII).

(4) Renauld vécut de 1141 à 1150 (Cf. n°s XXIX, XLIII et XLVI).

(5) L'abbé Aimery, dont le nom est donné dans une bulle du pape Adrien IV, du VIII des ides de décembre 1156, occupa le siège abbatial pendant treize ans (*Gallia*).

(6) Hervé fut abbé de 1164 à 1178 (*Gallia*).

(7) L'abbé Arnulphe est nommé dans la charte n° CV datée de 1183, dans celle n° CL, de 1188, et dans celle n° XC, de 1193. Hauréau pense que cette dernière charte est fausse, parce qu'en 1191 l'abbé de Villeloin était Hugues, dont le nom paraît dans une charte de cette année, donnée en faveur de l'abbaye de Chezal Benoit.

(8) Le *Gallia* ne mentionne qu'un seul abbé du nom de Girard ayant vécu de 1200 à 1218. Les chartes du Cartulaire nous apprennent que 1200 à 1219 l'abbé de Villeloin se nommait Girard, mais il est impossible d'après leur texte

Domnus RAGINAUDUS secundus, 1223 (1).
Domnus JOHANNES primus, 1229 (2).
Domnus GIRARDUS tertius, 1231 (3).
Domnus THOMAS, 1235 (4).
Domnus MICHAEL primus, 1239 (5).
Domnus ROBERTUS primus DE PERENÉ, 1242.
Domnus ROBERTUS secundus DE DREUX, 1248.
Domnus GASFRIDUS DE VILLEDOSMAIN, 1250.
Domnus ROBERTUS tertius, 1266 (6).
Domnus ARCHAMBALDUS primus, 1271.
Domnus HARVEUS secundus, 1283.
Domnus ARCHAMBALDUS secundus, 1285 (7).
Domnus JOHANNES secundus, 1293.
Domnus GODOFREDUS primus, 1297 (8).
Domnus JOHANNES DU MESNIL tertius, 1308 (9).

---

d'établir s'il s'agit d'un seul personnage ou de deux homonymes (Cf. nos XIII, XVI, XIX, XLI, XLVIII, LI, LIV, LXI, LXXI, LXXII, LXXVI, LXXVIII, LXXXII, LXXXVII, XCIV, CIV, CXX, CXXIII, CXXV, CXXVI. CXXXVIII, CXLIV, CLV.)

(1) Cf. no CVIII.

(2) Plus exactement 1229-1231 (Cf. nos LXXV et CXXXIV).

(3) La charte CIX, dans laquelle est nommé l'abbé Girard, est de janvier 1231 (v. s.), par conséquent de 1232.

(4) Thomas fut abbé de 1235 à 1238, d'après le *Gallia*.

(5) Michel était encore en charge en 1247 (Cr. no XXXI). La date de 1 242 assignée à son successeur est donc erronée.

(6) Hauréau ne fait des trois abbés Robert qu'un seul et même individu, qui aurait exercé sa charge de 1248 à 1266. Il retranche de la liste le nom de Geoffroy de Villedomain, qui ne figure pas davantage sur celle de l'abbé Marolles. Un abbé Robert paraît dans la charte no XLVII, datée de mars 1249.

(7) Sur la liste du *Gallia* il n'est fait mention que d'un seul Archambauld, de 1270 à 1288, et le nom d'Hervé est supprimé. Dans la charte CVII du 22 octobre 1283, l'abbé de Saint-Pierre de Vierzon, Guy, notifie à Archambauld un traité de confraternité fait entre les deux abbayes du temps de Pierre, abbé de Vierzon, et d'Hervé, abbé de Villeloin : or le *Gallia* nous apprend que l'abbaye de Saint-Pierre de Vierzon eut deux abbés du nom de Pierre, dont le premier vivait en 1163 et 1164 et le second en 1263. Il nous semble que l'abbé de Villeloin, dont il est question, était le contemporain du premier et par conséquent Hervé I, qui, d'après le *Gallia*, fut en charge de 1164 à 1178.

(8) Le GALLIA le nomme Geoffroy Donil et signale son existence en 1297 et 1299.

(9) 1308-1317 (*Gallia*).

Domnus HUGO DE NOTZ, 1320 (1).
Domnus JOHANNES quartus GASTINEAU, 1341 (2).
Domnus PHILIPPUS, 1355 (3).
Domnus PETRUS secundus, 1361 (4).
Domnus BERTRANDUS primus DE LA MARCHE, 1376 (5).
Domnus GODOFREDUS secundus, 1390.
Domnus BERTRANDUS secundus, 1406.
Domnus PETRUS AALANT tertius, 1415.
Domnus PETRUS quartus, 1428.
Domnus RENARDUS tertius, 1445.
Domnus SYMON DE COUFEYS, 1459 (6).

Domnus JOHANNES GODOFREDUS quintus, cardinalis episcopus Albianensis, abbas Sancti Dionisii in Francia et Villeluppensis commendatarius, 1464 (7).

Domnus JOHANNES sextus DE BARAS BEDUEIL, 1480 (8).

Domnus ANTHONIUS primus DE BARAS BEDUEIL, 1495 (9).

Domnus JACOBUS LE ROY, archiepiscopus Bituricensis, electus Cluniacensis, abbas Sancti Florentii et Sancti Salvatoris Villeluppensis, 1516 (10).

Domnus ROBERTUS quartus DE LENONCOURT, cardinalis, episcopus Metensis *alias* de Metz, abbas commendatarius, 1551 (11).

Domnus JOHANNES septimus DE LA ROCHEFOUCAULT, abbas Majoris Monasterii, Cormaricensis et Villeluppensis commendatarius, 1558. Moritur XXV[a] mensis maii anno Domini 1583;

---

(1) Hugues de Notz était sacristain de l'abbaye en 1317 (*Arch. d'Indre-et-Loire, H 593*). Il fut, d'après le *Gallia*, abbé de 1320 à 1339.

(2) 1341-1352 (*Gallia*).

(3) Philippe Rigot, *alias* de Luc, abbé de 1354 à 1357, suivant le *Gallia*.

(4) 1357-1377 (*Gallia*).

(5) 1386-1414 (*Gallia*).

(6) La liste du *Gallia* donne, comme successeur immédiat de Bertrand de la Marche, Pierre Aalant, qui aurait été abbé de 1415 à 1438 et aurait été remplacé dans sa charge par Simon de Coufis, lequel l'aurait exercée de 1438 à 1462.

(7) 1463-1471 (*Gallia*).

(8) Jean de Barasc de Beduer, abbé de Villeloin depuis 1472, ressigna en 1493 en faveur du suivant.

(9) Antoine de Barasc de Beduer, neveu du précédent, clerc du diocèse de Cahors, occupa le siége abbatial de 1493 jusqu'à sa mort qui survint en 1518.

(10) 1519-1551 (*Gallia*).

(11) 1551-1557 (*Gallia*).

vacavit sedes fere biennio, fruens bonis temporalibus hujus abbatiæ quidam nobilis vir dictus de La Vergne (1), sub nomine cujusdam canonici Senonensis qui vocabatur Petrus quintus Roussel, 1584.

Domnus ANTHONIUS secundus DE BRUYÈRES *alias* DE CHALABRE, abbas commendatarius de Fontanis Albis, ordinis Cisterciensis et Sancti Salvatoris Villeluppensis, ordinis Sancti Benedicti, 1585 (2).

Domnus ACHILLES DE HARLAY DE SANCY, designatus episcopus Vaurensis, abbas commendatarius monasteriorum Sancti Benedicti supra Ligerim et Villeluppensis, 1599 (3).

Domnus GALLIARDUS DE CORNAC, abbas commendatarius Sancti Salvatoris Villeluppensis et Beatæ Mariæ de Perignac, ordinis Cisterciensis, 1608 (4).

Domnus MICHAEL DE MAROLLES (5), secundus nomine, abbas commendatarius Sancti Salvatoris Villeluppensis et Beatæ Mariæ de Balgezeio, ordinis Cisterciensis, 1627.

---

(1) Hugo de Lavergne (*Gallia*).

(2) 1585-1597 (*Gallia*).

(3) 1597-1607 (*Gallia*).

(4) 1607-1626 (*Gallia*).

(5) Michel de Marolles, nommé par le roi à l'abbaye de Villeloin le 5 décembre 1626, reçut des lettres de collation du pape, le 19 mars 1627, et prit possession le 6 juillet de cette année. Il permuta en 1674 avec GILLES BRUNET l'abbaye de Villeloin pour celle de Mirevaux. Gilles Brunet mourut en 1709 et eut pour successeur JUSTIN DE LEE, qui lui-même décéda en 1754. Le dernier abbé de Villeloin fut Joseph-FRANÇOIS-XAVIER RIGAULT, nommé en 1754. (*Gallia* et Carré de Busserolle, *Dict.*, t. VI, p. 422.)

TABLE CHRONOLOGIQUE DES CHARTES

1188, Tours. Charte par laquelle Barthélemy, archevêque de Tours, confirme l'abbé Arnulfe et les moines de Villeloin dans la possession de toutes les églises qui leur appartenaient au diocèse de Tours, nº CLI, p. 164.

1174-1206. Charte de Barthélemy, archevêque de Tours, qui atteste que Barthélemy Marques, chevalier, a fait remise aux moines de Villeloin d'une procuration qu'il prétendait lui être due, nº LVI, p. 78.

1184-1200. Transaction par laquelle Pierre Mengeit abandonne à l'abbaye de Villeloin tout le droit qu'il avait sur la dime de l'aleu d'Ecueillé, nº CXLVIII, p. 162.

1193. Charte par laquelle Foulques de Villentrois déclare prendre sous sa protection tout ce qu'Arnulfe, abbé de Villeloin, ses prieurs et ses serviteurs possédaient en sa terre et en ses fiefs, nº XC, p. 111.

1194. Charte de Barthélemy, archevêque de Tours, qui atteste qu'en sa présence Adam de Courcelles, chevalier, a renoncé à la procuration qu'il réclamait au prieuré de Saint-Médard, nº XLII, p. 64.

1200. Charte de Lisiard, abbé de Baugerais, et de Jean, archiprêtre de Loches, attestant que Girard, abbé de Villeloin, et Pierre Zacharie se sont fait remise de cens qu'ils se devaient mutuellement, nº LIV, p. 77.

1200, 12 avril. Charte de Geoffroy de Palluau, seigneur de Montrésor, relatant la donation de la dime de Marsain, faite à l'abbaye de Villeloin pour l'entretien du luminaire par Renauld de Marsain, nº XIII, p. 35.

1201. Jugement du sénéchal de Touraine, qui tranche les difficultés survenues au sujet de la forêt de Chédon entre Tancrède et les moines de Villeloin, nº CXLV, p. 158.

1201, Loches. Charte de Guillaume des Roches, sénéchal d'Anjou, qui règle les difficultés survenues au sujet de la forêt de Chédon entre Tancrède et les moines de Villeloin, nº XXV, p. 50.

1202, mai. Charte d'Hervé, comte de Nevers, seigneur de Donzy, dans laquelle est relaté l'accord survenu au sujet de la terre de Lucioux entre l'abbaye de Villeloin et Franquelin de Villentrois, nº XIX, p. 43.

1205. Charte par laquelle Geoffroy de Palluau, seigneur de Montrésor, du consentement de sa femme Mathilde et de son fils Bouchard, donne les deux tiers du fief de la dîme de Fretay à l'abbaye de Villeloin et l'autre tiers à l'abbaye d'Aiguevive, nº LXXVIII, p. 104.

1205. Lettre de Geoffroy de Palluau à Barthélemy, archevêque de Tours, lui demandant de confirmer la donation du fief de la dime de Fretay aux abbayes de Villeloin et d'Aiguevive, nº LXXIX, p. 105.

Vers 1205. Charte de Geoffroy de Palluau, par laquelle il fait savoir qu'en reconnaissance de la donation du fief de la dîme de Fretay, qu'il a faite à Villeloin, l'abbé Girard et les moines lui ont donné quarante livres, nº LXXXII, p. 106.

1206. Charte de Geoffroy de Palluau, attestant qu'Odon, chevalier de Saint-Amand, a vendu à condition son fief de Sales à Girard, abbé de Villeloin, qui s'était engagé pour lui vers ses créanciers juifs, nº LXXXVII, p. 109.

Vers 1206. Charte de Dreux de Mello attestant l'engagement du fief de Sales, fait à l'abbaye de Villeloin par Odon, chevalier de Saint-Amand, nº CXXXVIII, p. 153.

1206. Charte de Barthélemy, archevêque de Tours, qui atteste que Guérin Aguillons et Aeles, sa femme, ont donné aux abbayes de Villeloin et d'Aiguevive la moitié de la dîme de Fretay, nº L, p. 72.

1206. Donation de l'église de Vou faite à l'abbaye de Villeloin par Philippe de Remmefort, nº XLVIII, p. 71.

1207. Charte de Geoffroy, archevêque de Tours, attestant la vente faite à l'abbaye de Villeloin par Sulpice Gaudricus d'un bien situé à Villeloin, nº CXVIII, p. 132.

1207. Charte de Geoffroy, archevêque de Tours, par laquelle il règle l'emploi du luminaire fondé en l'abbaye de Villeloin par Renaud de Marsain, nº CXXXIX, p. 154.

1207, octobre. Charte de fondation du prieuré de l'Ile, à Amboise, faite au profit de l'abbaye de Villeloin par Sulpice, seigneur d'Amboise, nº XVII, p. 41.

1207. Charte de Geoffroy, archevêque de Tours, relatant la fondation du prieuré de l'Ile, à Amboise, et la dotation de ce prieuré par Girard, abbé de Villeloin, nº CXXV, p. 140.

1208, Villeloin. Charte de Jean, archevêque élu de Tours, attestant qu'en sa présence Laure, veuve de Pierre Zacharie, a renouvelé la donation qu'elle et son mari avaient faite à l'abbaye de Villeloin, nº CXLIV, p. 158.

1208, octobre, Tours. Charte de Geoffroy, archidiacre de Tours, qui maintient à l'abbaye de Villeloin le droit de patronage de la chapelle de Vou que lui avait donné Philippe de Remmefort, nº LI, p. 73.

1208, octobre. Jugement rendu par R., abbé, et P., prieur de Saint-Maur, et Guillaume, prieur de Cunauld, juges délégués par le pape, dans le procès pendant entre Girard, abbé de Villeloin, et Guillaume de Fretay, chevalier, au sujet de la moitié de la dîme de Fretay, nº CLV, p. 168.

1200-1219. Charte par laquelle Geoffroy de Palluau, chevalier, seigneur de Montrésor, déclare prendre sous sa protection toute la terre de Girard, abbé de Villeloin, et ceux qui habitent sur cette terre, n° XCIV, p. 113.

1209. Charte par laquelle Geoffroy de Palluau, seigneur de Montrésor, concède à l'abbaye de Villeloin, pour son prieuré de Luçay, le droit d'usage en la forêt de Luçay, n° XCVII, p. 114.

1209. Charte de Geoffroy de Palluau, seigneur de Montrésor, qui s'engage à garantir à l'abbé Girard et aux moines de Villeloin cinq muids de froment de rente à prendre sur la paroisse de Nouans, que leur avait vendue Tancrède du Plessis, chevalier, n° LXXVI, p. 102.

1212. Charte de Geoffroy, archidiacre de Tours, attestant la donation faite à l'abbaye de Villeloin par Gilles d'Amboise et Benoîte, sa femme, de leur hébergement situé près le cimetière de Saint-Denis d'Amboise, n° CLIII, p. 166.

1205-1219, Loches. Charte de Dreux de Mello, connétable de France, qui atteste que Jeanne, femme de Maurice Rembaud, s'est désistée du procès qu'elle faisait à Girard, abbé de Villeloin, au sujet des biens que son mari avait donnés à cette abbaye en y prenant l'habit monastique, n° CIV, p. 120.

1205-1219. Charte par laquelle Dreux de Mello, seigneur de Loches, à la demande de Dreux, son père, donne aux chartreux du Liget une coutume dont il jouissait aux Roches, n° CXXIII, p. 138.

1213. Charte de Jean, archevêque de Tours, qui ratifie la donation faite à l'abbaye de Villeloin par Geoffroy d'Aubigny, chevalier, d'une rente de deux septiers de blé sur la dîme d'Aubigny et du droit d'usage dans le bois d'Hyglas pour les besoins de la cuisine du monastère, n° XXXV, p. 57.

1213. Charte par laquelle Sulpice, seigneur d'Amboise, ratifie la vente et la donation faites à l'abbaye de Villeloin par Geoffroy Drocon, Pétronille, sa femme, et Julienne, leur fille, de tout ce que ladite Pétronille avait eu en mariage en la paroisse de Nouans, n° XVI, p. 40.

1213. Charte de Foulques de Villentrois, attestant que Guillaume Grailloit, chevalier, a reconnu devoir annuellement à l'abbaye de Villeloin trois sextiers de blé sur son moulin de Roilling, n° XXII, p. 47.

1213, avril, Montrésor. Charte de Geoffroy de Palluau, chevalier, seigneur de Montrésor, attestant la donation à l'abbaye de Villeloin par Geoffroy, seigneur de Marsain, d'une terre en la paroisse de Genillé, n° LXIX, p. 96.

1213, Montrésor. Charte de Geoffroy de Palluau, chevalier,

seigneur de Montrésor, qui atteste qu'en sa présence Geoffroy de Marsain, fils de Tancrède, s'est engagé, au cas où la terre qu'il a donnée à l'abbaye de Villeloin au territoire de Marsain ne comprendrait pas cinq boisselées, à compléter les cinq boisselées, n° LXVIII, p. 95.

1214. Charte par laquelle Sulpice, seigneur d'Amboise, concède aux religieux du prieuré de Saint-Sauveur de l'Ile d'Amboise le droit d'usage dans la forêt de Chaumontais, n° XVIII, p. 43.

1214. Charte de Geoffroy, archidiacre de Tours, attestant la concession du droit d'usage en la forêt de Chaumontais, faite au prieuré de Saint-Sauveur de l'Ile par Sulpice, seigneur d'Amboise, n° CXIX, p. 133.

1214. Charte de Geoffroy de Palluau attestant qu'en sa présence Tancrède, chevalier, a promis à Girard, abbé de Villeloin, de ne vendre sa part de la forêt de Chédon qu'à quelqu'un de sa famille, n° LXXII, p. 100.

1214, janvier. Charte de Jean, archevêque de Tours, attestant la vente et la donation de biens en la paroisse de Nouans faites à l'abbaye de Villeloin par Geoffroy Drocon, chevalier, et Pétronille, sa femme, n° XLIX, p. 71.

1216, octobre. Charte par laquelle Geoffroy de Loudun, chevalier, sur le point de partir pour Jérusalem, fait remise à l'abbaye de Villeloin de la rente de deux faucons qu'elle lui devait, n° CLVI, p. 169.

1216. Charte de Jean, archevêque de Tours, qui atteste que Geoffroy de Loudun, chevalier, sur le point de partir pour Jérusalem, avait fait remise à l'abbaye de Villeloin de la redevance de deux faucons qu'elle lui devait, n° XLIX, p. 66.

1216. Charte de Foulques de Villentrois relatant le partage de la forêt de Chédon fait entre lui, l'abbaye de Villeloin et Tancrède du Plessis, chevalier, qui la possédaient par indivis, n° XX, p. 45.

1214-1216. Charte de Geoffroy de Palluau, seigneur de Montrésor, attestant que Girard, abbé de Villeloin, l'a associé avec lui dans l'acquisition qu'il a faite de Tancrède, chevalier, et d'Hélie d'Argy, de la forêt de Chédon, n° LXXI, p. 99.

1217. Charte de Jean, archevêque de Tours, attestant que Tancrède du Plessis, chevalier, après avoir vendu à Girard, abbé de Villeloin, la forêt de Chédon, a donné à sa femme A. certains biens en échange du tiers de cette forêt, qui lui appartenait en dot, n° CXX, p. 133.

1217, Tours. Charte de Jean, archevêque de Tours, attestant qu'Hélie d'Argy, chevalier, a transféré à Girard, abbé de Villeloin, l'hommage que Tancrède du Plessis, chevalier, lui devait à cause de la forêt de Chédon et de sa maison du Plessis, n° CXXVI, p. 141.

1218. Transaction faite entre Geoffroy de Palluau, chevalier, seigneur de Montrésor, et les moines de Villeloin, par laquelle ceux-ci lui abandonnent leur moulin de Montrésor et reçoivent en récompense le fief que Jourdain de Nazelles, chevalier, tenait dudit Geoffroy, situé en la paroisse de Beaulieu, au faubourg de Guigné, et trois boisseaux de blé de rente à prendre sur la dîme de Bichepot, paroisse de Luçay, n° LXI, p. 87.

1218. Charte de Geoffroy de Palluau, chevalier, seigneur de Montrésor, exposant dans quelles conditions peut être partagé entre lui et l'abbaye de Villeloin le bois de Cléoffy, n° XCV, p. 113.

1208-1228. Vidimus donné par Jean, archevêque de Tours, d'une charte par laquelle Geoffroy, son prédécesseur, réglait l'emploi du luminaire fondé en l'abbaye de Villeloin par Renauld de Marsain, n° LXXXVI, p. 109.

1219, janvier. Charte de Foulques, seigneur de Villentrois, attestant que « Levraudi », chevalier, a affranchi son serf Bernard Droet, n° XCII, p. 112.

1219. Charte d'Enjorrand, archidiacre d'Outre-Vienne, et de Jean, archiprêtre de Loches, attestant l'accord fait au sujet de la dîme de Villorsin, entre Girard, abbé de Villeloin, d'une part, et Milon, chevalier, Baudouin, fils de feu Renauld de Marsain, et Guillaume Marrant, gendre de Renauld, n° XLI, p. 62.

1220, novembre. Charte de Geoffroy de Palluau attestant une transaction au sujet de la dîme d'Epeigné entre l'abbaye de Villeloin et Eudes et Hervé Jaquelin, frères, n° LXXXV, p. 108.

1222. Charte de Geoffroy de Palluau, seigneur de Montrésor, attestant que Geoffroy de Marsain a hypothéqué pour cent quatre-vingts livres sa part de la dîme de Marsain au profit des religieuses de Moncé, n° LXXVII, p. 103.

Vers 1223. Lettre adressée par Michel, abbé de Beaugerais, et Jean, archiprêtre de Loches, à Jean, archevêque de Tours, pour lui notifier, qu'en leur présence, Aiglantine, femme de Geoffroy de Marsain, avait approuvé la vente faite par son mari à l'abbaye de Villeloin, n° CXLII, p. 156.

1223, Beaulieu. Charte de Jean, archevêque de Tours, attestant, qu'en présence de Michel, abbé de Beaugerais, et de Jean, archiprêtre de Loches, Aiglantine, femme de Geoffroy de Marsain, avait approuvé la vente faite par son mari à l'abbaye de Villeloin, n° CXXX, p. 146.

1223. Charte par laquelle Renaud de l'Ile, chevalier, relate que les moines de Villeloin lui ayant donné le cours d'eau qu'ils possédaient à Chissay, il leur a de son côté donné la dîme du moulin qu'il avait construit sur ce cours d'eau, nº CVIII, p. 124.

1210-1236. Charte de Mathieu, abbé de Pontlevoy, attestant que Girard Rose avait donné à son abbaye le tiers de sa dîme du Boulay et lui avait hypothéqué les deux autres tiers, nº CXLI, p. 155.

1225. Charte d'Aimon, archiprêtre de Tours, qui atteste que Dacles, chevalier, a engagé au profit de l'abbaye de Villeloin huit livres tournois sur sa dîme de Vou, nº LV, p. 77.

1226. Charte de Philippe, archidiacre de Tours, qui atteste la vente faite à l'abbaye de Villeloin par Geoffroy de Marsain de l'hébergement du Plessis, nº XXXIII, p. 56.

1226. Charte de Philippe, archidiacre de Tours, attestant que Bouchard de Vendôme, chanoine de Loches, a renoncé à ses prétentions sur une métairie appartenant à l'abbaye de Villeloin, située au delà du pont d'Amboise entre la Loire et la Cisse, moyennant une pension viagère de soixante sols tournois, nº CXIII, p. 128.

1228. Jugement arbitral rendu par O., abbé de Pontlevoy, J., abbé de Beaulieu, et Martin, chanoine d'Amboise, dans le différend au sujet de l'étang et de la chaussée de Montpoupon, survenu entre l'abbaye de Villeloin et Richard de Beaumont, seigneur d'Amboise, nº III, p. 21.

1228. Charte de Richard de Beaumont, seigneur d'Amboise, et Mathilde, son épouse, par laquelle ils déclarent accepter le jugement arbitral rendu dans le procès pendant entre eux et l'abbaye de Villeloin, au sujet de l'étang et de la chaussée de Montpoupon, nº VII, p. 27.

1228, mars. Vidimus donné par Juhel, archevêque de Tours, de la charte de Richard de Beaumont, seigneur d'Amboise, et Mathilde, son épouse, portant acceptation de la sentence arbitrale prononcée par les abbés de Pontlevoy et de Beaulieu et Martin, chanoine d'Amboise, dans la contestation existant entre lesdits seigneur et dame d'Amboise et l'abbaye de Villeloin, au sujet de l'étang et de la chaussée de Montpoupon, nº II, p. 21.

1228, Le Liget. Charte de Rainauld, prieur du Liget, attestant la transaction faite entre l'abbaye de Villeloin et Bouchard de Saint-Michel, chevalier, au sujet de la procuration que celui-ci prétendait être en droit de réclamer pour trois chevaliers dans le prieuré de Hys, nº CXXIX, p. 145.

1228, octobre. Echange de terres entre l'abbaye de Villeloin et Foulques, seigneur de Villentrois, nº XCIII, p. 112.

1229, décembre. Transaction par laquelle Jean Zacharie, fils de feu Pierre Zacharie, abandonne à Jean, abbé, et à l'abbaye de Villeloin certains individus qu'il prétendait lui appartenir comme serfs, n° LXXV, p. 102.

1230, mai. Sentence arbitrale qui juge un différend entre l'abbaye de Villeloin et Jean de Nouzilly, au sujet de la propriété d'un cours d'eau près le prieuré de Seur, n° CXXXI, p. 146.

1230. Charte de Bouchard de Palluau, chevalier, seigneur de Montrésor, attestant qu'il a donné aux moines de Villeloin son terrage de Beaumont, n° XCVI, p. 114.

1230. Charte de Foulques, seigneur de Villentrois, qui relate la transaction faite entre lui et Geoffroy de Palluau, au sujet des plessis de Beaumortier, n° XCI, p. 111.

1231. Charte de Rainauld, archiprêtre de Levroux, attestant que l'abbé Jean et les moines de Villeloin ont donné certains biens à Robert, chapelain de Veuil, pour augmenter les revenus de sa chapelle, n° CXXXVI, p. 151.

1231. Charte de Geoffroy de Palluau, seigneur de Montrésor, attestant que, par son intermédiaire, l'abbé et le couvent de Villeloin ont racheté d'Hélie d'Argy, chevalier, la redevance d'un gobelet d'argent qu'ils lui devaient, n° LXXXI, p. 106.

1232, janvier. Donation d'un dîme faite à l'abbé Girard et aux moines de Villeloin par Foulques, seigneur de Villentrois, du consentement de sa femme Isabeau et de son frère Rideau, n° CIX, p. 125.

1232, février. Charte de Philippe, archidiacre de Tours, qui confirme les religieux de Villeloin dans la possession du plessis de feu Tancrède que leur disputait Pierre d'Azai, chanoine de Saint-Martin de Tours, n° XXXVII, p. 58.

1232, avril (après le 11). Charte par laquelle Dreux de Mello, seigneur de Loches, donne aux moines de Villeloin le droit de construire des halles à Villeloin, n° CLII, p. 165.

1232. Charte de Juhel, archevêque de Tours, relatant l'accord survenu entre l'abbaye de Villeloin et le chapitre de Tours, au sujet du bourg de Guigné et des dîmes de certaines paroisses, n° CXII, p. 127.

1333, 26 janvier. Charte d'Hilaire, abbé de Méobecq, qui approuve la vente de douze deniers de rente à « Hosiler » faite par J., sacriste de Méobecq, à l'abbaye de Villeloin, n° XXXVI, p. 58.

1234, mai. Charte de J., abbé de Beaulieu, attestant une transaction faite entre l'abbaye de Villeloin et Bouchard, de Saint-Michel, chevalier, au sujet du droit d'usage qu'avait le prieuré de Hys dans le bois de Biard, appartenant audit chevalier, n° CXXVII, p. 143.

1235, juin. Donation à l'abbaye de Villeloin par Acceline la Burdoille, veuve, et Pierre Oger, son fils, de douze deniers de cens à Nouans, n° XXVII, p. 52.

1236, octobre. Charte de Geoffroy, doyen, et du chapitre de Tours, relatant l'accord survenu entre ledit chapitre et l'abbaye de Villeloin, au sujet du bourg de Guigné et des dîmes de certaines paroisses dont l'abbaye avait le patronage, n° CXI, p. 126.

1237. Charte de Bouchard de Palluau, seigneur de Montrésor, relatant la donation faite à l'abbaye de Villeloin par Geoffroy de Palluau, son père, du consentement de Guy, chevalier, et de Pierre, clerc, ses fils, des deux parts du profit qu'il avait dans le bois de Cléoffy, n° LXXX, p. 105.

1239, juillet. Charte de Bouchard de Palluau, chevalier, seigneur de Montrésor, attestant que Golbert et Guillaume Poleins, Guillaume Assiliz, Jean Le Roux, chevaliers, et la veuve de feu Nicolas Meteau, ont donné à l'abbaye de Villeloin une dîme qu'ils possédaient en la paroisse de Beaumont, n° LXXXIII, p. 107.

1239, juillet. Donation faite à l'abbaye de Villeloin par Bouchard de Palluau, chevalier, seigneur de Montrésor, de vingt-cinq sols de rente sur son moulin fouleret de Montrésor, pour la fondation de son anniversaire et de celui de son père, n° LXXXVIII, p. 110.

1239, juillet. Autre charte relatant la précédente donation, n° LXXXIX, p. 110.

1241, 1er novembre, Villeloin. Charte de H., archidiacre de Tours, attestant que Richard Fillète et Benoîte, sa femme, se sont donnés, eux et leurs biens, à l'abbaye de Villeloin, n° CXLVII, p. 161.

1242, janvier. Charte de l'official de Tours attestant l'engagement fait à l'abbaye de Villeloin par Sibylle de Bossay, Guillaume Marran, chevalier, et Hugues, ses fils, d'une dîme en la paroisse de Nouans, n° XLV, p. 67.

1242, février. Charte par laquelle Hue de Couffy, chevalier, engage au profit de l'abbaye de Villeloin trente livres sur sa dîme de Nouans, sur laquelle il avait précédemment obligé vingt livres au profit de ladite abbaye, n° LIII, p. 76.

1242, 20 juin. Compromis fait devant Juhel, archevêque de Tours, entre les moines de Villeloin et leurs hommes habitant Villeloin au sujet des coutumes que réclamaient les moines, n° CXXI, p. 134.

1243, février. Charte de Nicolas, archidiacre de Tours, attestant qu'Aceline, veuve de feu Tranchent, a donné à l'abbaye de Villeloin, tous ses conquêts, nº CXLIX, p. 163.

1243, mars. Charte d'Ogis Savary, de Sennevières, attestant que Jean de la Roche, chevalier, et Agathe, sa femme, ont obligé à l'abbaye de Villeloin pour douze livres tournois, la rente d'un muid de blé sur leur dîme de la Chapelle-Saint-Hippolyte, nº XXIV, p. 49.

1243. Charte par laquelle Guillaume de Pellevoisin, chevalier, atteste que Persoise, veuve de Renauld de Villedomain, chevalier, et Etienne, son fils, ont engagé à l'abbaye de Villeloin un muid de seigle de rente sur leur dîme de Villedomain, nº XXXVIII, p. 59.

1244, mai. Charte de Geoffroy de Marsain attestant que Baudouin de Poryrs, chevalier, à la prière de Renauld de la Forest, a engagé aux religieux de Villeloin trente livres sur la dime de Villorsin, nº CXXXV, p. 151.

1247, janvier. Charte de Gaucher de Châtillon, seigneur de Saint-Aignan, qui atteste un échange fait entre l'abbaye de Villeloin et Jean de Nevers, châtelain de Saint-Aignan, nº XXX, p. 53.

1247, 7 janvier, Saint-Aignan. Charte de Gaucher de Châtillon, qui atteste la donation faite par Huet de Couffy, chevalier, à Michel, abbé de Villeloin, et au couvent dudit lieu, de trois setiers de froment et des trois parts de cinq sous que lui devaient les hommes d'Epeigné et de Ceré, nº XXXI, p. 54.

1248, juin. Transaction entre Dreux de Mello, seigneur de Loches et de Mayenne, et l'abbaye de Villeloin, au sujet du droit de voirie que le seigneur de Loches prétendait avoir sur les terres de Hys et de Cortver appartenant à l'abbaye, nº CLIV, p. 167.

1249, mars. Accord fait devant l'official de Tours entre l'abbé Robert et les moines de Villeloin, d'une part, et Jean de la Roche, chevalier, et Agathe, sa femme, d'autre part, au sujet des coutumes que ledit abbé et les moines prétendaient leur être dues sur les héritages que possédaient à Villeloin ledit chevalier et sa femme, nº XLVII, p. 70.

1250, juillet, Villeloin. Charte de Vincent, archidiacre de Tours, attestant que les moines de Villeloin ont donné à ferme à Geoffroy et Hugues Raigne, frères, trois arpents de terre au lieu de la Raignière, paroisse de Luzillé, nº CXVII, p. 131.

1253, 3 mai. Charte de Guillaume, archiprêtre de Loches, attestant que les moines de Villeloin ont donné à Jean et Guillaume Sauverre l'emphythéose de certaines terres situées à Genillé, nº CXXXIV, p. 150.

1256, 15 mars. Charte de l'official de Tours, qui relate l'accord survenu entre l'abbaye de Villeloin et Pierre de Palluau, chevalier, au sujet de l'étang d'Oignais, nº I, p. 17.

1258, mars (après le 24). Accord entre les religieux de Villeloin et leurs hommes habitant Villebaslin, nº X, p. 31.

1258, mars (après le 24). Accord entre les moines de Villeloin et leurs hommes habitant Villeloin, Montigny, et la Villate, au sujet des tailles que lesdits religieux prétendaient exiger desdits hommes, nº XI, p. 32.

1260, 21 juin. Charte de Guillaume, archiprêtre de Loches, attestant que Rose, fille de feue Sanxia, femme de feu Batholotus Sanxius, donné de l'abbaye de Villeloin, a confessé avoir reçu le paiement des héritages situés à Beaumont et à Coulangé qu'elle avait vendus audit Sanxius, nº CXLIII, p. 156.

1262, janvier. Vente faite devant l'official de Tours à l'abbaye de Villeloin par Haimon, prêtre, curé d'Ingrandes, d'une portion de vigne à Epeigné, nº CXXXIII, p. 149.

1262, juillet. Charte qui règle les droits des usagers en la forêt de Cléoffy, nº LVII, p. 79.

1262, juillet. Charte de Geoffroy de Palluau, chevalier, seigneur de Montrésor, contenant le partage du bois de Cléoffy, fait entre lui et l'abbaye de Villeloin, nº LIX, p. 82.

1265, 3 septembre. Jugement arbitral rendu par Gaultier Baldin, bailli de Touraine, dans le différend entre Jean de Berrie, chevalier, seigneur d'Amboise, et l'abbaye de Villeloin, au sujet du droit de ségrairie dans le bois de Boriuçon, nº IX, p. 30.

1265, septembre. Charte de Jean de Berrie, chevalier, seigneur d'Amboise, qui relate la sentence arbitrale rendue par Gaultier Bardin, bailli de Touraine, dans un différend entre ledit seigneur d'Amboise et l'abbaye de Villeloin, au sujet du droit de ségrairie dans le bois de Boriuçon, nº VIII, p. 29.

1265, octobre. Charte de Geoffroy de Palluau, chevalier, seigneur de Montrésor, qui relate l'accord entre Pierre de Palluau, son oncle, et l'abbaye de Villeloin, au sujet de l'étang d'Oignais, nº LX, p. 84.

1266, janvier. Charte de l'official de Tours, attestant que Renaud de Céphoux, chevalier, et Renaud, son fils aîné, ont vendu à l'abbaye de Villeloin la dîme qu'ils possédaient sur le territoire de Villorsin, en la paroisse de Nouans, nº XII, p. 34.

1266, 19 mars. Charte par laquelle Jean Maurice, damoiseau, donne à la commanderie de l'Espinat deux setiers de blé de rente sur la dîme de la Carte, en la paroisse de Villentrois, nº CIII, p. 120.

1267, 28 juillet, Villeloin. Jugement arbitral rendu par Geoffroy Freslon, évêque du Mans, et Geoffroy de Lavardin, chevalier, qui tranche les différends existant entre l'abbaye de Villeloin et Geoffroy de Palluau, seigneur de Montrésor, nº XIV, p. 36.

1267, 28 juillet. Charte de Geoffroy Freslon, évêque du Mans, qui règle certains litiges existant entre l'abbaye de Villeloin et Geoffroy de Palluau, chevalier, nº XV, p. 39.

1269, septembre. Charte de Resmondus, archiprêtre de la Châtre, attestant la vente de sept setiers de blé faite à l'abbaye de Villeloin par Raoul Bergerolle, chevalier, et Acceline, sa femme, nº XXXIV, p. 57.

1270, avril. Charte de Geoffroy de Palluau, chevalier, seigneur de Montrésor, par laquelle il donne son consentement au jugement arbitral de Geoffroy Freslon, évêque du Mans, et de Geoffroy de Lavardin, nº LVIII, p. 79.

1270, 10 mai. Charte de Geoffroy de Palluau, chevalier, seigneur de Montrésor, par laquelle il donne aux moines de Villeloin les fouages qu'il avait droit de percevoir en la forêt de Chédon, et leur assigne sur sa prévôté de Nouans les cinq sous de rente qu'il devait sur lesdits fouages au terme de la Circoncision, nº LXXIII, p. 100.

1272, 1er août. Echange de serfs entre Geoffroy de Veuil, chevalier, et l'abbaye de Villeloin, nº CXXXII, p. 147.

1273, 19 mars, Villeloin. Transaction passée entre Pierre, archidiacre de Tours, et Archambauld, abbé de Villeloin, au sujet des procurations que ledit archidiacre réclamait aux prieurés d'Ecueillé et de Saint-Sauveur d'Amboise lorsqu'il les visitait, nº CL, p. 163.

1273, 20 mars, Loché. Charte de Pierre, archidiacre de Tours, attestant qu'en sa présence, Jean, curé de Villeloin, a voulu que l'abbé et le couvent perçoivent à l'avenir deux deniers de cens sur une maison et une roche qu'ils ont construites près le cimetière, nº CXVI, p. 131.

1274, mars. Charte de Guillaume, archidiacre de Buzançais, attestant que Sibylle, veuve de Robert « de Pereio », a engagé à l'abbaye de Villeloin la huitième partie des dîmes qu'elle possédait en la paroisse de Saint-Martin de Mézières, nº XXVI, p. 51.

1274, 2 août. Compromis entre les moines de Villeloin et les Chartreux du Liget, nº CXXII, p. 136.

1275, 8 mars. Echange de terres à Crox, fait en présence de Pierre, archiprêtre de Levroux, entre l'abbaye de Villeloin et Jean Fornier, nº CXXVIII, p. 144.

1275, septembre. Charte de Geoffroy de Palluau, chevalier, seigneur de Montrésor, attestant la vente faite à l'abbaye de Villeloin par Payen de la Roche, damoiseau, de tout ce qu'il possédait en la dime de la Quarterie, nº LXV, p. 93.

1276, 16 mars. Charte par laquelle Barthélemy et Guillaume, fils de feu Guillaume Polein, chevalier, pour s'acquitter envers l'abbaye de Villeloin de la somme de cinquante livres à laquelle étaient estimés les arrérages d'un boisseau de blé de rente sur le lieu d'Hyglas, paroisse de Coulangé, constituent à son profit une rente de sept setiers de blé en la paroisse de Coulangé, nº CII, p. 118.

1276, octobre. Charte de Geoffroy de Palluau, chevalier, seigneur de Montrésor, par laquelle il concède à l'abbaye de Villeloin tout ce qu'elle pourrait acquérir dans son fief, dans les paroisses de Nouans, Coulangé et Loché, jusqu'à concurrence de dix livres tournois de rente, nº XXI, p. 46.

1276, novembre. Charte d'Oger, archidiacre d'Outre-Vienne, attestant la vente faite à l'abbaye de Villeloin par Guillaume Lane, valet, et Jeanne, sa femme, de ce qu'ils possédaient en la dîme de la Quarterie, nº LXVI, p. 94.

1277, mars. Charte par laquelle Renauld et Philippe du Puits, pour se libérer envers les moines de Villeloin de deux boisseaux de blé de rente sur le moulin de Mazelais, cèdent ce moulin auxdits moines, nº CXXXVII, p. 152.

1277, juin. Charte de Geoffroy de Palluau, chevalier, qui atteste la vente faite par Renauld de Céphoux, chevalier, et Renauld et Jean, ses fils, de ce qu'ils possédaient dans les dîmes de la Quarterie, d'Orsay et de Villorsin, nº LXIV, p. 91.

1278, 25 mars, Ecueillé. Charte de P., archidiacre de Tours, qui atteste que les moines de Villeloin ont affranchi leur serf Clément sous certaines conditions et en particulier de leur payer une rente annuelle de six deniers, nº XL, p. 61.

1279, juin, Loches. Vente faite à l'abbaye de Villeloin par Philippe de Villemereau, valet, d'une rente annuelle d'un setier de froment assignée sur les héritages en la paroisse de Genillé, nº XXIII, p. 48.

1280, 19 mars. Charte de Geoffroy de Palluau, chevalier, seigneur de Montrésor, attestant la vente de la maison de la Mère, située en son fief, en la paroisse de Nouans, faite à l'abbaye de Villeloin par Renauld de Céphoux, chevalier, Renauld de Céphoux, écuyer, son fils aîné, et Jean de Céphoux, son autre fils, émancipés, nº LXII, p. 89.

1281, avril. Charte de Geoffroy de Palluau, attestant que Renauld de Céphoux, chevalier, Renauld, son fils aîné, et Jean, son autre fils, ont devant lui déclaré, qu'au cas où le seigneur d'Amboise voudrait contraindre les religieux de Villeloin à mettre hors de leur main une partie du bien qu'ils leur avaient donné à la Mère, ledit seigneur d'Amboise serait obligé à leur restituer le prix que fixeraient l'abbé de Beaulieu et le seigneur de Montrésor, nº LXXXIV, p. 107.

1281, 18 avril. Charte de Geoffroy de Palluau, qui atteste que Rainauld Drocon de Luçay, damoiseau, et Isabelle, sa femme, ont ratifié la vente du lieu de la Mère faite à l'abbaye de Villeloin par Rainauld de Céphoux et ses fils, nº LXIII, p. 91.

1281, juin, Montrésor. Charte de l'official de Bourges, pendant la vacance du siège, attestant la vente faite à l'abbaye de Villeloin par Guillaume Le Roux, dit Gachet, de sa part de la dime de la Quarterie, nº LXVII, 94.

1282, mars (après le 12). Charte par laquelle les héritiers de feu Gilles Manseau, donné de l'abbaye de Villeloin, renoncent aux prétentions qu'ils avaient sur l'héritage de feu frère de la Levée, nº CXIV, p. 129.

1282, 2 juin, Villeloin. Charte de Pierre, archidiacre de Tours, attestant qu'en sa présence l'abbé Archambauld et les moines de Villeloin, ont donné au camérier de l'abbaye la jouissance de certains biens situés à Chédigny et à Beaumont, nº CVI, p. 122.

1283, 15 mai. Charte de Geoffroy de Palluau, chevalier, seigneur de Montrésor, qui déclare qu'il a fait enlever les fourches et le trépied de sa justice qu'à tort il avait fait placer sur une terre appartenant à l'abbaye de Villeloin, nº LXXIV, p. 101.

1283, 22 octobre. Charte de confraternité entre les abbayes de Villeloin et de Saint-Pierre de Vierzon, nº CVII, p. 123.

1284, 5 juin. Charte par laquelle les paroissiens d'Epeigné nomment des procureurs pour les représenter dans leur procès contre l'abbaye de Villeloin, nº V, p. 24.

1285, 16 août, Loches. Charte par laquelle les procureurs des habitants d'Epeigné acceptent de confier la solution du différend que ceux-ci avaient avec l'abbaye de Villeloin à l'arbitrage de Raoul de Monné, chevalier, et de Geoffroy de Villeloin, nº VI, p. 26.

1286, 19 septembre, Bléré. Jugement arbitral du procès entre les hommes d'Epeigné et l'abbaye de Villeloin, au sujet du droit de pacage dans la forêt de Chédon et du droit d'usage dans le bois de Boriuçon, que réclamaient les hommes d'Epeigné, nº IV, p. 23.

1287, janvier. Echange fait entre Geoffroy de Palluau, chevalier, seigneur de Montrésor, et l'abbaye de Villeloin, nº LXX, p. 97.

1288, 2 septembre. Transaction entre frère Jean Le Berruer, commandeur de L'Espinat, et l'abbaye de Villeloin, n° C, p. 116.

1291, novembre. Charte par laquelle Jeanne, comtesse d'Alençon et de Blois, restitue au prieur de Seur trois quartiers de vigne et cinq quartiers de terre à la Mallardière qu'elle avait unis à son fief, n° CI, p. 117.

1294, 28 mars, Villeloin. Charte de Gilbert d'Amboise, archidiacre de Tours, attestant que Jean, curé de Saint-Michel de Villeloin, a cédé à Robert, sacriste de l'abbaye dudit lieu, sa vigne de Chaufor, en échange de tous les revenus que ledit sacriste percevait en ladite église de Saint-Michel, n° XXXIX, p. 60.

1294. 14 novembre. Vente d'un setier de froment de rente faite à l'abbaye de Villeloin par Guillaume Lenglois, Agnès, sa femme, et Pasquère la Bugloiche, sa mère, n° CX, p. 125.

xve siècle. Etat des biens de l'abbaye de Villeloin situés aux environs de Châtillon, n° CLVI, p. 170.

TABLE ALPHABÉTIQUE

A

B

D

I

J

N

O

Q

R

T

ERRATA

Page 14, 2e alinéa, 4e ligne, lire *Villelupensi* au lieu de *Villelupensis*.

Page 22, à la rubrique, lire *calceia* au lieu de *calcia*.

Page 26, à la rubrique, lire *domini* au lieu de *dominis*.

Page 28, à la rubrique, lire *ejus uxoris* au lieu de *ejus uxor*.

Page 36, à l'avant-dernière ligne de la charte XIII, lire *Viridario* au lieu de *Virdario*.

Page 43, au sommaire de la charte XIX, 3e ligne, lire *Lucioux* au lieu de *Luçay*.

Page 51, au sommaire de la charte XXVI, 3e ligne, lire *la huitième partie* au lieu de *de la huitième partie*.

Page 55, à la rubrique de la charte XXXII, lire *Charchenay* au lieu de *Chachenay*.

Page 56, au sommaire de la charte XXXIII, 3e ligne, supprimer *écuyer*.

Page 64, à l'avant-dernière ligne, lire *Pereniaco* au lieu de *Pereniacoo*.

Page 65, ligne 17, lire *Astantibus* au lieu de *Aastantibus*.

Page 87, au sommaire de la charte LXI, 8e ligne, lire *Bichepot* au lieu de *Buchepot*.

Page 91, au sommaire de la charte LXIV, 3e ligne, lire *ce qu'ils possédaient* au lieu de *ce qu'il possedaient*.

Page 95, à la 5e ligne de la charte LXVII, lire *Bituricensis* au lieu de *Buturicensis* ; — à la 3e ligne du sommaire de la charte LXVIII, lire *Geoffroy* au lieu de *Geffroy*.

Page 96, au sommaire de la charte LXIX, 3e ligne, lire *Geoffroy* au lieu de *Geffroy* ; — à la 5e ligne de la même charte, lire *fratris* au lieu de *fatris*.

Page 98, à la note 2, 2e ligne, lire *Ecueillé* au lieu de *Ecuillé*.

Page 99, au sommaire de la charte LXXI, 4e ligne, lire *Tancrède* au lieu de *Trancrède*.

Page 102, à la 22e ligne de la charte LXXV, lire *Johannes* au lieu de *Johannis*.

Page 109, à la ligne 2e des chartes LXXXVI et LXXXVII, lire *pervenerint* au lieu de *perneverint*.

Page 115, au sommaire de la charte XCIX, 2e ligne, lire *Renauld de Céphoux* au lieu de *Renauld de Couffy*.

Page 116, à la rubrique de la charte C, lire *fratris Raimondi de Marolio*, au lieu de *fratis Raimondi de Marolior*.

Page 120, à la première ligne de la charte CIV, lire *conestabulus* au lieu de *constabulis*.

Page 129, à la rubrique de la charte CXIV, lire *Manseau* au lieu de *Monseau* ; — à la 7e ligne de la même charte, lire *ceu* au lieu de *cen*.

Page 139, à la 3e avant-dernière ligne, lire *Olgerius* au lieu de *Olgerius*.

Page 144, à la 15e ligne, lire *molendino* au lieu de *melendino* ; — au sommaire de la charte CXXVIII, lire *de Levroux* au lieu de *du Levroux*.

Page 146, au sommaire de la charte CXXX, 2e ligne, lire *Baugerais* au lieu de *Beaugerais*.

Page 152, à la rubrique de la charte CXXXVII, 2e ligne, lire *archipresbyteri* au lieu de *archipresbyleri*.

Page 158, à la 24e ligne de la charte CXLIV, lire *Actum apud* au lieu de *Actuma pud*.

Page 166, à la 3e ligne de la charte CLIII, lire *Egidius, de Ambazia* ; — à la 14e ligne de la même charte, lire *in oracionem* au lieu de *in oracione*.

Page 170, au sommaire de l'acte CLVII, lire *Etat* au lieu de *Etats*.

Page 172, à la note 1, ligne 5e, lire *Adalbald* au lieu de *Odabald*.

Page 174, à la note 8, lire *résigna* au lieu de *ressigna*.

Table des Matières

IMP. BENDERITTER, 11-13-15, RUE SAINT-JACQUES, LE MANS — 12642

www.ingramcontent.com/pod-product-compliance
Ingram Content Group UK Ltd.
Pitfield, Milton Keynes, MK11 3LW, UK
UKHW020115200726
13856UKWH00002B/551